차이나 리터러시

지은이 김유익

서울에서 태어나 다국적 기업의 금융 IT 컨설턴트로 일하며 서울, 홍콩, 베이징, 도쿄, 싱가포르 등 여러 대도시에서 거주했다. 2012년, 생태 농업 등 지속 가능한 라이프 스타일 활동가로 커리어를 전환해 일본의 자급자족생활센터와 서울의 하자센터에서 일했다. 이후 중국으로 건너가 상하이에서 청년들을 위한 생활 공동체 프로젝트를 진행했다. 현재는 중국인 아내와 광저우 근교 마을에 살면서 서로 다른 국적, 언어, 문화를 가진 사람과 지역을 연결해 주는 코디네이터로 활동하고 있다. 중국 현지에서 경험하고 느끼고 깨달은 것들과 인문학적 견문을 결합해《경향신문》에 정기 연재를 하고 있으며 그 외에도 다양한 매체와 SNS에 기고하고 있다. 공저로《민간중국》《자전거로 충분하다》《세계는 왜 한국에 주목하는가》등이 있고, 옮긴 책으로《30만 원으로 한 달 살기》《주변의 상실》(공역)이 있다.

차이나 리터러시

ⓒ 김유익, 2023

초판 1쇄 인쇄 2023년 6월 14일
초판 1쇄 발행 2023년 6월 30일

지은이 김유익
펴낸이 이상훈
인문사회팀 최진우 김경훈 **마케팅** 김한성 조재성 박신영 김효진 김애린 오민정

펴낸곳 ㈜한겨레엔 www.hanibook.co.kr
등록 2006년 1월 4일 제313-2006-00003호
주소 서울시 마포구 창전로 70(신수동) 화수목빌딩 5층
전화 02-6383-1602~3 **팩스** 02-6383-1610 **대표메일** book@hanien.co.kr
ISBN 979-11-6040-524-8 03300

차이나 리터러시

김유익 지음

혐중을 넘어 보편의 중국을 읽는 힘
China Literacy

한겨레출판

중국을 어떻게 이해해야 할까? 팬데믹이 종식되었어도 시진핑 체제의 중국이 쌓아 올린 벽은 여전히 견고하기만 하다. 대화도 판단도 쉽지 않다. 다시 냉전이라고들 한다. 하지만 국제 정세의 불안이 디스토피아적 상상만 부추기는 와중에도 영토 너머의 마주침은 멈출 줄 모른다. 반세기 전 널리 쓰이던 '죽의 장막'은 몸, 상품, 지식과 정보가 어지럽게 섞이고 흐르는 작금의 풍경에 적절한 비유는 아니다. 중국 이야기는 대개 연결의 부재보다 과잉 때문에 미궁에 빠진다. 무수한 연결을 따라가고, 매듭을 풀고, 때로 새로운 연결을 만들면서 한국인들의 이해, 논쟁, 성찰의 화두로서 '중국'을 등장시키는 작업이 쉬울 리 없다.

김유익은 이 작업을 수행하는 데 더할 나위 없는 생애 경험을 쌓아 왔다. 한때 다국적 기업의 컨설턴트로서 아시아의 글로벌 도시들을 횡단했다. 이후 서구 근대의 모범생이 아닌 대안 근대의 제작인으로서 아시아를 재발견하며 한국, 일본, 중국에서 생태적 전환을 위한 여러 실험을 도모했다. 현재는 광저우 근교 마을 주민이자 '사람과 지역을 연결하는 코디네이터'로서 살아간다.

《차이나 리터러시》는 연결을 업으로 살아온 저자의 이력이 고스란히 녹아 있는 책이다. 중국에서 일상을 살면서, 동시에 한국과 부단히 접속하면서 마주친 인물, 매체, 사건을 다채롭게 엮어 근래 쟁점이 된 '혐중'을 통찰하고 중국과 마주하는 법에 관해 흥미롭고 논쟁적인 주장을 펼친다. 청년과 세대, 대중문화, 민족주의, 농업과 도시화, 법과 통치, 한중·미중 관계, 홍콩 시위, 러시아–우크라이나 전쟁 등 다루는 쟁점이 방대한데 '연결의 전문가'인 저자의 내공 덕택에 주제의 다양성이 외려 읽는 이의 호기심을 북돋운다. 학계의 중국 연구자라면 이 책의 한 조각을 해부해서 보다 전문적인 식견을 펼칠 수도 있겠다. 하지만 그가 한국과 중국의 SF 소설, OTT 드라마, 애니메이션, 소셜 미디어, 인문학·사회 과학 서적, 다양한 지역과 현장에서의 경험을 자유롭게 넘나들면서 핀셋으로 집어 올린 조각을 살아 숨 쉬는 배치로 손쉽게 만들어 낼 것 같진 않다. 저자는 중국을 도구적으로 활용할 수 있는 플랫폼으로 삼자고 제안하는데, 이 책은 중국 연구 또한 (학계가 그 일부일 뿐인) 공동의 작업임을 새삼 일깨운다.

_조문영, 연세대학교 문화인류학과 교수, 《빈곤 과정》 저자

보통 우리의 편견 속에서 중국인들은 자기 우월적이고 맹목적인 애국주의자로 간단하게 일원화된다. 마찬가지로 중국은 주변국을 무시하는 오만한 제국이자 전체주의적 독재 국가로 납작하게 인식된다. 중국과 중국인들이 그런 속성을 가지고 있지 않다고 하기는 힘들지만 우리의 선입견에 비해 중국은 훨씬 더 다채로운 모습을 가진 나라고 중국인 역시 우리와 마찬가지로 현대사의 격류를 헤쳐 나가며 다양한 가치관을 가지고 묵묵히 일상을 살아 내고 있다. 이 책의 저자인 김유익은 다양한 지역에서의 생활과 직업 경험을 바탕으로 동아시아의 역사, 문화, 정치, 사회를 넘나들며 자신의 '부근'을 방법으로, 우리가 보지 못했던 중국과 한국의 면모를 새롭게 드러낸다.

루쉰은 자신을 기성세대의 모순을 지닌 마지막 인물이자 새로운 시대를 여는 청년들에게 길을 열어 주는 '역사적 중간물'로 인식했다. 이 루쉰의 중간물 개념을 빌려 오자면 김유익은 '지리적 중간물'이라 할 수 있겠다. 김유익은 중국과 한국 사이의 단순한 매개자가 아니다. 그는 중국의 문제의식으로 한국을 들여다보고, 다시 한국의 문제의식으로 중국을 들여다보며 두 나

라가 지닌 여러 문제를 성찰하게 만든다. 그가 이 성찰을 통해 내놓은 대안은 단순하고 임시방편적인 화해가 아니라 이 지역이 처한 모순들을 새롭게 바라보는 눈이다. 그렇기에 우리는 이 책에서 저자가 던지는 질문들을 함께 고민하고 토론해야 한다.

_하남석, 서울시립대학교 중국어문화학과 교수

'혐중'의 공기가 한국을 뒤덮고 있는 지금, 이 책은 중국 안으로 깊이 들어가 우리가 몰랐던 중국과 중국인들의 복잡한 면모를 발굴해 전해 준다. 애국주의로 무장하고 검열과 탄압에 몰두하는 '쇠로 만든 방'처럼 변해 가는 중국의 문제를 외면하지 않으면서도, 중국을 섬세하고 정확하게 이해함으로써 새로운 길을 만들어 보려 한다.

다국적 컨설팅 기업에서 일했던 저자는 서구와 아시아의 관계에 대한 깊은 고민을 안고 일본과 중국의 생태 공동체로 들어갔다. 그리고 지금은 중국 남부 마을에서 이웃들과 함께 생활하고 있다. 중국 사회의 토론들에 귀를 기울이고 책을 들여다보며 중국인들의 '생활 세계'를 예민하게 관찰한다. 애국주의와 정치적 '중화 민족 만들기', 허무한 강국몽과 폐쇄적으로 변해 가는 중국 사회와 그 역사적 맥락, 그 속에서 중국 사람들이 가지는 복잡한 감정을 예민하게 포착한다.

중국과 한중 관계를 고민하는 저자의 시선은 결국 한국 사회에 대한 질문으로 나아간다. 오랫동안 중화라는 '방법'에 의탁했던 한반도의 사람들은 지난 100여 년 동안 일본과 미국의 '글로벌 스탠다드'를 삶의 척도로 삼았다. 이제는 '준서구인'이라는 자부심을 느끼면서도 언제 주변부로 밀려날지 몰라 조바심하는 우리의 불안이 '공산당 중국 오랑캐'에 대한 혐오를 정당화하는 것은 아닌지, 도발적인 질문도 던진다. 그런데 '미운 중국'을 자세히 보면 한국과 중국 젊은이들의 고민은 크게 다르지 않다. 추상적 거대 담론을 넘어 구체적인 중국을 만나고, 중국을 플랫폼으로 활용할 방법을 찾아보자는 이 책의 제안은 갈등 너머 공존의 미래를 준비하는 데 소중한 디딤돌이 될 것이다.

_박민희, 《한겨레》 논설위원, 《중국 딜레마》 저자

차례

1부 생소한 중국, 생생한 중국인 이야기

2부 추상적인 거악을 넘어 새로운 보편으로

안에서 본 중국과 밖에서 본 중국

단오의 추억

　반중 감정이 한창 고조되기 시작하던 2020년 가을의 일이다. 나는 주간지 《시사인》으로부터 원고 청탁을 받아 중국 내 '반한 감정'에 대한 글을 쓰기로 했다. 우선 '동북공정'에 대해서 좀 정리를 하고 싶었다. 나는 사실 중국에 살면서 중국인들에게 이와 관련된 이야기를 한 번도 들어 본 적이 없었기 때문에 한국 여론이 들끓을 때마다 궁금했다. 중국 인터넷을 검색해도 별로 대단한 이야기들은 찾을 수 없었다. 그래서 가까운 친구이자 상하이의 한 고등학교 역사 교사인 판范 선생에게 직접 물어보기로 했다. 판 선생을 알게 된 것은 2014년 한국에서 열렸던 '한중일 청소년 역사 캠프'에 자원봉사자로 참석했을 때였다. 그는 중국 학생들의 인솔 교사였는데, 미소 띤 얼굴로 학생들과 조곤 조곤 이야기를 나누는 모습이 인상적이었다.

"동북공정이라고요? 역사 교사인 내가 어떻게 지역 개발 프로젝트('공정工程'은 '프로젝트'의 중국어 표현이다)에 대해서 알겠어요." 헛웃음이 나왔다. 동북공정이 뭔지 간단하게 설명해 준 후 학교에서 고구려 역사에 대해 어떻게 가르치는지 재차 물었다. "중국 역사 가르치기에도 시간이 부족한데, 옆 나라 고려의 역사를 가르칠 리가 없잖아요!" 중국의 주류 역사학계나 역사 교사들의 인식은 그러하단다. 오래전부터 보통 중국 사람들이 한반도의 국가와 그곳에 살던 민족을 총칭하는 말은 '조선'과 '고려'다.

하지만 같은 질문을 동북 지역의 만주족 역사학자에게 던진다면 어떤 반응이 나올까? 또 질문을 조금 비틀어 베이징의 역사 교사에게 발해에 대해 물어본다면 무엇이라고 답할까? 물어본 적은 없지만 짐작건대 결이 조금 다른 반응이 나올지도 모른다. 중국의 남서 지역에 위치한 쓰촨四川 출신이자 남동 지역의 대표 도시 상하이 시민인 판 선생과 북방에 사는 그들의 동북 지역을 바라보는 시각이 같을 리 없다는 것을 짐작하기 때문이다.

지금 한국인들에게 단오 명절에 대해 어떻게 생각하느냐고 물으면 무슨 대답이 나올까? 이미 50대에 접어든 서울 출신인 나조차 고개를 갸우뚱할 것이다. "교과서에서 그렇게 배우긴 했죠. 단옷날 여성들이 창포물에 머리를 감고 그네를 타고…." 중국 남부 도시 광저우의 근교 마을에 4년 넘게 살고 있는 나는 광둥을 비롯한 중국의 남방 사람들에게 단오가 중국의 설인 춘제春節 못지않게 중요한 명절이라는 사실을 잘 알고 있다. 그들은 한겨울을 제외하고 1년 내내 취미 활동으로 드래건 보트龍船 경주 연습을 한다. 단오 명절 한 달 전부터 마을 대항 드래건 보트 경주를 벌이다가 단옷날은 마을 종갓집 사당에 모여 거하게 마을 잔치를 벌인다. 남방인들은 단오 명절을 앞두고 잎에 찹쌀과 돼지고기나 단팥 소를 넣고 찐 간식인 쭝쯔粽子를 한 달 내내 질리도록 먹기도 한다. 이 기간 동안 소화불량으로 고생할 수도 있다.

그래서 이들은 한국이 강릉단오제를 유네스코 문화유산으로 등재한 이야기만 나오면 지금도 분통을 터뜨린다. 그런 게 아니라고 자초지종을 설명하고 싶지만 한편으로는 왜 흥분하는지 이해가 된다. 하지만 내가 베이징에서 단오절을 보냈던 2006년에는 남쪽이 고향인 이들을 제외하고는 별다른 감흥을 느끼지 못하는 것 같았다. 당시 뉴스에서 이 소식을 들은 베이징 친구들도 중국 문화를 훔쳐 가는 것이냐며 웃음 섞인 농담을 건넸을 뿐 핏대를 올리는 이들은 없었다. 중국 북방의 단오는 한국만큼이나 '썰렁하기' 때문이다.

문화 침략이냐 문화 도둑질이냐

'중화 중심주의'는 존재한다. 2006년 베이징에 머물 당시, 한번은 내가 재직하던 다국적 회사의 사내 행사에 참석했다. 그때 미국에서 온 한 중국인 동료를 만났다. 그는 초면인 나에게 다짜고짜 공격적인 질문을 던졌다. "한국인들은 왜 더 이상 한자를 사용하지 않는 거죠? 한국 전통문화에서 중국 문화를 몰아내려는 거 아닙니까?" 기습적인 질문에 어리둥절한 표정을 짓고 있을 때 홍콩인 동료가 나를 대신해서

답해 줬다. "한국도 경제가 발전하고 국력이 신장되면서 자기 전통문화를 더 중시하는 것이겠죠. 그들이 자기 언어와 문자를 사용하겠다고 결정한다면 누가 간섭할 일이 아니지 않을까요?"

나도 뒤늦게 정신을 좀 차리고 이렇게 답했다. "한자는 일국의 문자를 넘어서는 동아시아의 공통 문화유산이라고 생각합니다. 한국 내에서도 한자 병기론과 한글 전용론이 오랜 기간 논쟁을 벌여 왔습니다만 한국어는 표음 문자라서 한자를 병기하지 않아도 언어생활에 큰 문제가 없습니다." 그의 무례한 언동에 나도 표정이 굳어 있었지만 흥분한 상태로 굳이 더 말다툼을 이어 가고 싶지는 않았다. 나는 당시 미국에서 공부하거나 일하는 중국 사람들이 어떤 대접을 받고 있었는지 나중에 알게 되었는데, 그는 미국 생활 중 지속적인 인종 차별을 겪으며 '울분에 찬 애국심'을 키워 오다가 엉뚱하게 나에게 화풀이를 한 것이 아닌가 짐작된다.

또 다른 기억도 있다. 2018년 상하이의 친구들 몇을 데리고 한국에 갈 기회가 있었다. 여행을 준비하며 한 친구가 툴툴거렸다. "대체 한국은 왜 한자를 안 쓰는 거예요? 일본에 가면 일어를 못 해도 한자로 쓰인 표기가 대부분이라 중국 사람들이 이해하기 쉬운데 말이죠." 나는 잠시 할 말을 잊었다. 베이징에서의 불쾌했던 경험이 떠올랐기 때문이다. 이번에는 공격적인 어조가 아니라 '마이크로 어그레션micro aggression'에 해당하는 농담이었지만 기분이 나쁘긴 마찬가지였다. 중화 중심주의를 비판하려다가는 평정심을 잃을 것 같아서 그냥 예전과 같은 답변을 돌려줬다. 그들도 애써 한국 문화를 체험하고 공부하려는 마음으로 여행을 떠나는데 긴장감을 조성하고 싶지는 않았다.

각각 베이징과 상하이에서 만났던 두 사람의 공통점은 모두 나보다 연상이라는 것이었는데 이 이야기를 Z세대 중국인 친구에게 해 줬더니 다른 설명을 들려준다. "MZ 중국인들은 한국인들이 과거에 한자를 많이 썼었다는 사실 자체를 잘 모르는데 말이죠. 과거 한국 사람들의 생활 모습을 잘 모르기 때문에 한복이 한푸漢服를 베껴 갔다고 생각하게 된 것일 수도 있어요." 과거의 중화 중심주의가 "왜 우리 영향권에서 벗어나려는 거야?"라는 대국 중심주의였다면 지금은 "왜 우리 것을 훔쳐 가?"라는 소아 중심주의가 된 것일까?

'한韓민족 중심주의'도 존재할까? 당연히 존재한다. 이런 '중심주의'는 대개 위계를 가지고 작동하기 때문에 한국보다 낙후하다고 생각되는 나라들을 대할 때 더 쉽게 드러난다. 탈脫중국에 대한 대안으로 최근 한국에게 가장 '핫한' 나라가 된 베트남이 있다. 몇 년 전 박항서 감독이 베트남 축구 대표팀을 이끌 때 베트남과 관련한 다양한 기사와 유튜브 방송을 보면 놀라울 정도로 거들먹거리는 코멘트가 많았다. 한국의 투자, 박항서 감독의 지도는 일종의 시혜이기 때문에 베트남인들은 응당 우리에게 감사해야 한다는 어조였다. 그런데 모종의 이유로 한국에 대한 비판이 현지 언론에 쏟아지면 배은망덕하다는 식의 반응을 보이는 사람도 많았다. 이제 중국과의 '디커플링decoupling' 문제 때문에 우리에게 베트남이 중요해지니까 이런 코멘트는 눈에 띄게 줄어들고 있다.

세계적으로 각광을 받게 된 K-컬처와 관련된 사례는 수도 없이 많다. 예를 들어 몇 년 전 맥도날드 BTS 버거가 출시되었을 때 인도네시아에서 인파가 몰려 안전을 이유로 잠시 판매가 중단되는 해프닝이 벌어졌다. 이 소식을 전하는 보도와 이를 당연하다는 듯 바라보는 한국인들의 코멘트를 보고 묘한 기분이 들었다. 내가 만일 인도네시아 사람이라면 이 뉴스를 보고 어떤 기분이 들까? 마침 〈조선구마사〉라는 드라마의 '중화풍'이 문제가 되면서 방송에 출연한 유명 평론가들이 '중국의 문화 침략'이라는 표현을 쓰던 게 인상 깊었기 때문에 입장을 바꿔 생각해 봤다.

사실 나는 답을 짐작할 수 있었다. 중국인들이 K-컬처에 대해 느끼는 감정을 오래 관찰해 왔기 때문이다. 사드THAAD 한파가 불어닥치기 직전 중국에는 제2의 한류 열풍이 일고 있었다. 특히 드라마 〈별에서 온 그대〉의 주연 남자 배우가 선풍적인 인기였는데, 상하이 지하철을 타면 문자 그대로 사방이 그가 출연한 광고로 도배되어 있었다고 한다. 시장 논리에 따라 벌어진 일이니 불평할 수 없지만 왠지 마음 한 구석이 불편했다는 중국의 대중문화 평론가들이 있었다. 하지만 차마 '문화 침략'이라는 표현을 입에 올리지는 않았다. 1980~1990년대 한국에서의 아스라한 기억도 떠오른다. 당시 시대를 풍미하던 외국 대중문화에 대해 '미국의 문화 침략 혹은 왜색 문화의 유행'이라는 거친 표현을 쓰는 매체들을 봤다. 지금은 K-컬처가 미국과 일본에서도 인기를 끄는지라 더 이상 이런 표현을 하는 사람은 없는데, 갑자기 우리보다 문화 역량이 부족하다고 여겨지는 중국의 '문화 침략'이라는 표현이 나온 것을 어떻게 받아들여야 할지 난감했다.

나의 소분홍 시절

애국주의는 인터넷 '키배(키보드 배틀)'에 과몰입하는 덜떨어진 초딩들의 전유물이 아니다. 중국의 최고 엘리트 예술 학교 출신이자 페미니스트인 한 청년이 수줍게 고백한 적이 있다. "예전엔 저도 애국주의가 당연하다고 생각했어요. 그런데 페미니즘을 비롯한 소수자 권리 투쟁 문제를 접하면서 애국주의의 문제에 대해 다시 생각하게 됐습니다." 나는 그를 비판하는 대신에 "젊은이들이 자기 나라나 민족 공동체를 사랑하는 것 자체가 문제는 아니겠죠"라고 답해 줬다. 나 자신도 애국주의에서 자유롭지 않았기 때문이다.

항일 독립 투쟁의 영웅, 약산 김원봉 선생이 재학했던 황포 군관 학교는 내가 사는 동네에서 자전거로 20분 거리에 위치한다. 몇 년 전 처음 그곳을 찾았을 때 '가슴이 웅장해졌다.' 당시 재학생들 중 중국의 군벌들과 다투는 혁명전쟁에 참가했다가 숨진 조선인들의 묘가 근처에 있어서 참배를 한 적도 있다. 나는 항일 투쟁에 함께 나선 한국과 중국의 황포 군관 학교 졸업생들이 모두 '조국의 독립을 위해 제국주의와 투쟁했던 애국자들'이라고 생각했다. 그런데 이 학교의 설립자인 쑨원孫文이나 교사들, 그리고 중국 학생들의 입학 목적이 당초 항일 투쟁은 아니었다는 사실을 알게 된 후 그때 느꼈던 감정이 조금 '뻘쭘'해졌다.

일본이 만주 사변과 중일 전쟁을 일으키기 한참 전인 1925년에 세상을 떠난 쑨원은 사실 평생 반일을 입에 올린 적도 없었고 신해혁명 전 청나라와 싸우고 있을 때는 일본군에 도움을 요청한 적도 있다. 황포 군관 학교 출신 중국인들이 항일 전쟁에 나서게 된 건 1937년 중일 전쟁이 발발한 이후다. 내가 참배한 2명의 조선 청년은 광저우의 군벌 천지옹밍陳炯明과의 전투에서 사망했는데, 천지옹밍은 무정부주의자이자 연방주의자였고, 원래 자신의 혁명 동지였던 그를 광동성장에 임명한 것도 쑨원이다. 쑨원은 소련 볼셰비키의 사례를 참조하여 새로운 공화국을 국민당 일당 독재의 중앙 집권형 관료제 국가로 다시 정의하면서 연방주의자였던 그와 대립하는 과정에서 무력 충돌이 벌어진 것이다. 근대적인 민족과 국가가 형성되는 맥락은 다양한 이념의 투쟁 지형 속에서 매우 복잡하게 그려졌고 민족주의나 애국주의도 다른 이념들과 마찬가지로 절대 선도 절대 악도 아니었다.

2020년 한국 언론이 중국의 애국주의와 청년 인터넷 애국주의자인 '소분홍小粉紅'을 비판하는 기사를 처음 접했을 때 나는 우선 국가와 시민을 분리해서 봐야 한다고 생각했다. 그래서 중국 정부의 애국주의 정책과 이를 이용하는 '독재자 시진핑'을 비판할지언정, 시민들을 싸잡아 '중국'이라는 추상적 기호로 비판하지 말아야 한다고 말했다. 그런데 더 많은 관찰과 생각을 한 후 또 다른 의문이 생겼다. "과연 국가와 시민을 온전히 분리하는 것이 가능할까?" 나 자신도 한국과 관련한 타국 사람들의 비판을 접하면 얼굴이 붉어지고 목소리가 높아진다. 우리 대부분은 많든 적든 민족이나 국가에 대해 귀속감을 느낀다. 나는 완벽하게 무정부주의적인 사람을 본 적이 없다. 물론 그와 좀 다른 경우는 있다. 자기가 속한 민족이나 국가 공동체에 대해 상당한 반감을 품고 있거나 이를 부끄럽게 여기면서 자기가 흠모하는 타국이나 타민족에 더욱 동질감을 느끼고 싶어 하는 경우다. 조선이 일본 식민지였던 시절에는 아마 굉장히 많은 사람이 이런 생각을 품고 살았을 것이다. 자기보다 우월하고 강하다고 여겨지는 집단에 소속감을 느끼고 싶어 하는 것도 인간의 본성 중 하나다. 드라마 〈작은 아씨들〉에서 막내가 가난하고 교양 없는 언니 대신 점잖고 돈 많은 친구의 집안을 선택한 것처럼.

2015년 중국을 다시 찾았을 때 나는 상당한 '한민족 중심주의'에 빠져 있었다. 지속 가능성을 추구하는 한중 양국의 생태주의적 시민들의 문화 교류를 코디네이션하면서 중국에 '촛불 민주주의'를 전파하리라는 기대감이 있었다. 그런데 중국 친구들과 오랜 기간 교류하고 이야기를 나누면서 마음을 고쳐먹기로 했다. 중국은 한국과는 다른 역사적 경로로 발전해 왔기 때문에 모든 사람이 동의하는 '보편 가치'에 대한 관점이 한국과 다소 차이가 있었다. 한국인이 옳다고 믿는 가치를 중국에 일방적으로 전파하려는 것은 현실적이지도, 정의롭지도 않다는 것을 깨달았다. 한국의 현실에서도 보수 정당이 집권할 때마다 여러 진보적 가치가 우여곡절을 겪는 모습을 보면서 그런 생각이 더 커졌다. 역사적이고 지역적인 시각에서 봤을 때 '인류의 보편 가치' 혹은 '보편의 보편'이 무엇인지 계속 고민하게 되었다.

민족주의는 국민 국가의 존속을 위해 꼭 필요한 가치이기도 하다. 만일 한민족의 문화, 한민족이 추구하는 보편 가치에 대한 공통적 인식과 동의가 없다면 우리는 대한민국이라는 국가의 성원으로서 함께 살아가기 쉽지 않을 것이다. 최근 몇 년 동안 정치적 진영 간 심한 갈등이 빚어진 것이나 세대 간, 지역 간, 남녀 간 갈등이 극심해지면서 한국의 갈등 지수가 세계 최고 수준으로 높아졌다는 것을, 외국에 살

| 들어가는 글 |

고 있는 나조차 매일 느끼고 있다. 아마 소셜 미디어나 인터넷으로만 한국 소식을 접하기 때문에 그렇게 느껴질 수도 있지만, 내가 살고 있는 중국과 비교하자면 한국은 '총만 안 든 내전 상황'인 것처럼 느껴질 정도다.

징글징글한 사이

그렇게 보면 반중 감정 혹은 반일 감정은 별로 특별한 현상이 아니라는 설명이 상당 부분 수긍이 간다. 민족이나 국가도 이 진영과 부족 간 갈등 게임의 한 범주에 지나지 않는다. 그래서 나는 이 책을 통해 우리가 반드시 민족주의에서 벗어나야 한다고 주장하려는 것은 아니다. 우리 모두 '정치적 올바름Political Correctness, PC'을 추구해야 하기에 입장을 바꿔 볼 줄 알아야 한다는 도덕적 주장을 늘어놓고 싶지도 않다. 한 국가와 한 민족 안에서도, 그리고 하물며 가족 성원 간에도 갈등을 해결하지 못하는 상황에서 어떻게 다른 민족, 다른 국적 사람들의 입장을 더 잘 헤아리거나 그들에게 호의적이기만 할 수 있을까? 다만 나는 어떻게 하면 우리가 지나치게 흥분하지 않으면서 다른 민족이나 국가 성원들과의 갈등 관계를 풀어 나갈 수 있을지에 대해 내 생각과 경험을 공유하고 싶다. 특히 중국이라는 나라 혹은 중화권과 우리의 가장 가까운 이웃인 아시아인들을 대할 때 그런 감각을 가질 수 있는 방법이 없을까, 독자 여러분과 함께 고민해 보고 싶다.

그중 하나의 힌트를 얻은 곳은 내가 2022년에 번역한 《주변의 상실:

방법으로서의 자기》라는 책이었다. 독일 막스플랑크 사회인류학 연구소 소장인 중국 출신 인류학자 샹뱌오項飆 박사의 저서로, 2020년 중국에서 출간된 후 지식인과 청년들에게 엄청난 반향을 일으켰다. 샹뱌오는 중국 사회의 여러 상황에 대해 크게 걱정하고 있는데 그중 하나는 민족주의와 애국주의 문제다.

이 책의 핵심 내용은 우리의 물리적 '부근' 혹은 '주변'과 자기 자신과의 관계를 깊이 관찰하고 이해하기 위한 방법론이다. 이런 관찰과 사유 방법의 효과 중 하나가 자기 객관화다. 그렇게 자기 객관화를 통해 자신과 상대방을 돌아보면 내가 부당한 처지에 놓인다는 느낌을 받아도 우선 화를 내기보다는 왜 이런 문제가 발생했는지 원인을 파악하려고 노력하게 된다. 또 원인을 알고 나서는 이 문제를 해결하려면 어떻게 접근하는 것이 좋을지 여러 생각을 떠올린다. 나는 이 방법을 토대로 우리가 중국이라는 나라를 어떻게 바라보는 것이 좋을지, 그리고 중국인들과 관계를 맺을 때 어떤 자세를 취하는 게 좋을지 내 나름의 궁리를 해 봤다.

샹뱌오뿐 아니라 다른 중국 지식인들도 이와 유사한 노력을 기울이고 있다. 상하이 푸단復旦대학교의 원로 역사학자 거자오광葛兆光은 '주변에서 본 중국'이라는 화두를 붙잡고 10여 년 넘게 연구를 진행하고 있고, 2022년에는 그 연구 성과를 정리한 글들을 발표하기도 했다. 과거 중화에 대한 중국인들의 이해는 '천상천하 유아독존'과 같은 철저한 중화 중심주의에 기반하고 있었다. 그 후 근대화의 격랑 속에 한없이 초라해진 자아를 비추던 거울은 그들을 무릎 꿇린 서구와 일본이었다. 거자오광은 중국인의 중화 인식을 자기 객관화하기 위해 이제 '주변에서 본 중국'을 제안하고 있는데 그것은 전통 시대의 조선, 월남, 그리고 오키나와를 비롯한 일본이 중화를 바라보던 역사적 시각이다. 이를테면 그는 임진왜란과 병자호란 이후 주변 국가들이 중국을 바라보던 관점이 크게 변화한 것을 설명한다. 특히 조선의 지식인들은 대륙의 한족이 청淸을 세운 여진족의 지배를 받아들이고 복식과 두발을 비롯한 생활 습관조차 바꿨기 때문에 중화 문명을 계승한 적자는 우리 조선이라고 주장했다는 사실을 중국인들에게 알려 준다. 또 베이징대학교의 강연에서는 임진왜란 당시 명明의 장수들이 조선에 와서 벌이던 치졸한 행태를 고발하며 중국인들의 얼굴에 먹칠을 했다고 비분강개하기도 했다.

　흥미로운 것은 2017년 거자오광 교수가 한국에 와서 같은 제목으로 강연했을 때 한국 지식인들의 반응이다. 여기서 중국어 '주변周邊'은 '이웃'의 의미로 해석하는 것이 맞는데 이를 중심(중화)보다 덜 중요한 '주변부marginal area'로 받아들이고 반감을 표시한 이가 적지 않았다. 중국어의 해당 표현은 '변연邊緣'이 정확하다. 샹뱌오 교수의 책 제목에서 '방법으로서의 자기'는 부제이고 한국판 주 제목은 '주변의 상실'인데 원래 중국어 표현은 '부근의 소실附近的消失'이었다. 나와 공역자들은 '부근'보다 친숙한 단어인 '주변'을 선택했는데 이게 한국 독자의 오해를 살 수 있다는 점을 상기하고 아차 싶었다. 이렇게 한중일과 같은 한자 문화권에서는 같은 한자어를 사용하면서도 뉘앙스가 달라져서 오독의 가능성이 늘 존재한다. 우리가 어떤 관점, 특히 피해 의식에 사로잡혀 있을 때 이런 사소한 것처럼 느껴지는 행위가 정반대 의도임에도 불구하고 큰 오해와 갈등을 불러일으킬 수 있다.

우리가 나름의 민족주의를 간직한 채 화를 내기보다는 차분히 문제를 따져 봐야 하는 이유는 한국이라는 나라의 특수한 지정학적 위치 때문이다. 반도 국가인 한국은 중국처럼 다양한 환경을 가진 드넓은 대륙에 위치하지도 않고 일본처럼 해양 자원, 삼림 자원, 농업 자원이 풍부한 섬나라도 아니다. 그들처럼 '자급자족하며 자기들끼리 지지고 볶으며 살아도' 꽤 풍족하게 누리고 살 수 있는 처지가 아니다. 에너지든 식량이든 상당 부분을 외부에서 들여올 수밖에 없다. 또 계속 외부의 지식과 기술을 받아들여 우리 것으로 만들어야 좋은 부가 가치를 만들어 낼 수 있다.

　그리고 이제는 심지어 사람들이 들고 나고 있다. 나는 중국에 정착해 살고 있지만 한국에도 이미 많은 외국인이 여행객이 아닌 거주민이 되어 가고 있다. 합계 출산율이 극적으로 낮아지면서 보수적인 가치관을 가진 사람들조차 외국인 이민자 논의를 긍정하기 시작했다는 사실을 문득 깨달았다. 보통 사람의 일상에 영향을 미치는 국가의 통치 제도와 국경이 명확하지 않았던 근대 이전에도 변경 지역은 그러했고, 지금과 같이 지구가 하나로 연결된 시대에는 더욱 그러하다. 과거와 같은 미국 중심 글로벌라이제이션globalization의 흐름은 퇴조하겠지만 여러 문명, 여러 세력과의 교역과 교류는 계속 이어질 것이다. 특히 중국이라는 이웃은 아무래도 떼려야 뗄 수가 없는 징글징글한 인연이다. 그래서 피할 수 없다면 즐길 수 있는 방법을 찾아야 한다.

　이 책은 세상과 나를 둘러싼 큰 변화와 여러 우연적 상황들, 그리고 귀한 인연들이 엮인 결과물이다. 나는 책으로 '썰을 풀 만큼' 중국 문화를 잘 알지 못했고 지금도 그 사실에는 변함이 없다. 그런데 어쩌다

보니 이런 책이 나오게 됐다. '그놈의 팬데믹' 때문이다. 3년의 봉쇄 기간 동안 원래 하던 일을 전혀 할 수 없게 되면서 중국에 처박혀(?) 중국과 한국의 관계에 대해 고민하게 됐다. 이 책이 탄생하는 데 결정적인 기여를 해 주신 서울시립대학교 하남석 교수의 소개로 한 국내 일간지에 중화권 도서의 서평을 연재하게 된 것이다.《유라시아 견문록》의 저자 이병한 박사의 소개로 미디어 플랫폼에 연재하던 글들도 소스가 되었다. 앞서 언급한 샹뱌오 박사의 책을 번역하는 과정에서 그와 나눴던 대화도 많은 도움이 됐다. 중국 문화와 사회에 대한 이런저런 질문을 던지거나 내 생각을 공유할 때마다 답변과 피드백을 준 중국인 아내 리즈뭐李自若와 이웃들의 도움도 적지 않다. 그들은 내 생각이 '안드로메다로 날아가지 않고 중국의 현실에 닻을 내리게' 해 줬다. 끝으로 10여 년 전 평범한 직장인 생활을 하던 나를 넓은 문화와 지식, 그리고 실천의 공간으로 이끈 조한혜정 선생께 감사의 마음을 전하고 싶다.

그런데 이렇게 훌륭한 연구자들을 언급하면서 오히려 그분들에게 누가 되지 않을까 염려가 되기도 한다. 이 책 속의 내 주장은 학문적 엄정성에 기반하지 않기 때문이다. 나는 인문학이나 사회 과학적 훈련을 받은 적이 없고 심지어는 거친 비교와 논리의 도약을 통해 다양한 패턴과 모델이 담긴 여러 가설과 추정을 남발하지만, 제대로 된 논증은 거의 하나도 제공하지 않고 있다. 그래서 조한혜정 선생의 말마따나 "문화 결정론의 함정에 빠지지 않을까" 계속 자문자답하게 된다. 나는 생활에 기반을 둔 지식과 문화에 관심이 많은 보통 사람으로서 다만 여러 아이디어를 제안하고 싶었을 뿐이다. 독자들은 이 점을 유의

하면 좋겠다. 우리도, 중국인들도 개인적인 '자기의식'이든 집단적인 정체성이든 모두 네트워크 속에서 주변과의 관계를 통해 형성되는 것이지, 원래부터 본질적으로 반드시 이러저러해야 한다는 것은 없다.

참, 중국을 생각하면서 화를 내지 않는 방법 한 가지를 설명하지 않고 아껴 놓았는데 '나가는 글'에서 다시 이야기하겠다.

1부

생소한 중국,
생생한 중국인 이야기

문약한 송나라가 중국 최고의 '리즈 시절'로 꼽히는 이유

중국인은 '문송'한 송이 좋다?

　중국의 MZ세대 시청자들에게 가장 사랑받는 드라마 장르 중 하나는 역사 판타지와 타임 슬립time slip물이다. 그래서 어느 시대로 시간 여행하고 싶은지 물으면 송나라宋朝라는 답변이 돌아온다고 한다. 공산당의 '위대한 중국' 프로파간다에 열광하는 애국주의 청년들을 미심쩍게 바라보는 이웃 나라 시민들 입장에서는 뜻밖의 발견이다. 고조선을 멸망시킨 한무제나 고구려를 동북아 지도에서 지운 당태종의 시대가 아니라 문약文弱한 송이 그들의 로망이라고?

　하지만 중국 역사학자들에게는 하등 이상할 것이 없는 반응이다. 그들도 마찬가지로 송을 전통 시대 최고의 왕조로 꼽는다. 베이징대학교의 송대 역사 연구자 자오둥메이趙冬梅 교수는 2021년 중국 제도사를 다룬 《법도와 인심法度與人心》과 생활사를 다룬 《인간연화人間煙火》를 출간했는데 초점은 역시 송에 맞추어져 있다. 그는 북송北宋을 진시황 통일 후 2000년간 유지된 제정帝制 시기 유가儒家 정치가 달성한 최고의 정치 체제로 본다. 이유는 다음과 같다.

첫째, 황제가 중심이 되고 관료가 보위하는 왕조 국가와 백성들을 아우르는 전체 사회 이익 사이에 균형을 취하려 했다. 둘째, 중앙 정부가 각 지방의 분열을 막고, 정부의 각 분야가 서로 균형과 견제를 할 수 있는 정밀한 제도적 장치를 마련해 왕조 국가의 안정을 꾀했다. 셋째, 출신과 무관하게 평민 사대부들이 과거를 통해 중앙 권력으로 진입할 수 있었다. 특히 재상의 권한으로 황제의 독주를 능히 견제할 수 있었기 때문에 황제와 사대부가 '천하를 함께 다스리는 체제共治天下'였다. 넷째, 전통 시대의 언론 역할을 하는 간관諫官 제도가 발달해 황제와 관료들의 오류와 전횡을 방지하거나 교정할 수 있었다. 시민의 권리를 중시하는 근대가 도래하기 전 '인류와 동아시아 역사상 가장 근대에 가까운 민주적 체제'의 모습이었다.

창업주인 태조太祖 조광윤趙匡胤이 "대신과 간관을 절대로 죽이지 말라"고 한 왕조의 원칙과 규범이 세워졌다. 이때부터 4대 인종仁宗에 이르기까지 범중엄范仲淹, 구양수歐陽修, 사마광司馬光, 포청천이라 불리는 포증包拯, 소동파蘇東坡를 비롯한 중국 역사의 기라성 같은 문인 정치가들이 등장하여 자유롭게 황제와 국정을 논하며 태평성세를 구가했다. 북쪽 변경의 요遼와 서하西夏가 군사적 위협이었으나 형제의 예를 갖춘 동등하고 실리적인 외교 관계를 맺어 전란을 피했다. 조선의 군왕이 유교적 학식을 쌓고 덕성을 기르기 위해 늘 참석해야 했던 왕실 수업class인 경연經筵 제도가 바로 이때 확립된 것이고 그 교재로 사용된 《자치통감》은 사마광이 저술한 것이다.

이 균형이 깨진 것은 인종의 후사를 이을 아들이 없어 종실의 수많은 핏줄 중 운 좋게 선택된 영종英宗과 그의 아들 신종神宗이 대를 이을 자격이 있다는 정통성과 실력을 증명하기 위해 욕심을 부렸기 때문이다. 송의 고질적 문제는 역설적으로 지나치게 발전한 시스템으로 인한 것이었다. 유능하고 방대한 관료 집단과 직업 군인 제도를 유지하기 위해 과도한 재정 지출이 요구되었다. 왕안석王安石의 신법新法은 이 문제를 해결하고, 전쟁을 통해 영토를 확장하고 싶었던 신종의 기대를 만족시킬 수 있을 것 같았다. 하지만 두 파트너는 개혁이라는 이름으로 제도와 절차를 무력화시켰을 뿐 아니라 반대 의견을 가진 이들을 붕당朋黨이라는 진영 논리로 낙마시켰다. 생각이 다른 신진기예를 과거에서조차 낙방시키며 북송이 자랑하던 관용의 정치 문화를 훼손했다.

자오둥메이는 2020년에 출간한 《대송지변大宋之變》에서 이러한 변화가 벌어지는 20여 년의 역사를 소설적 긴장감이 넘치는 문체로 묘사했다. 눈을 감고 이 모습을 드라마 영상처럼 상상해 보면 뜻밖에 조선시대를 그린 사극의 장면 장면이 파노라마처럼 지나간다. 조선이 소중화小中華 건국 모델로 삼았던 중국의 왕조가 어느 시기였는지 짐작해 볼 수 있다.

중화 왕조와 조선의 공통점과 차이점

잠재적 후계자로 지정되는 순간부터 즉위 과정에 이르기까지 수십 년간 정신적 위기감에 시달렸던 영종은 즉위 직후 히스테리 증상을 보였고, 자신의 친부에 대한 호칭 문제로 대신들과 실랑이를 벌이며 짧았던 재위 기간조차 낭비한 채 요절한다. 현대인의 시각으로 이해하기 힘든 왕조 시대의 이러한 예송禮訟 논쟁은 실은 후계자 계승의 적통성과 관련이 있다는 점에서 현대의 선거 제도 논쟁만큼 중요할 수 있다. 예법의 핵심은 공자의 표현을 빌자면 "하늘의 도로써承天之道" "인간의 정념과 욕망을 구속하고자以治人之情" 하는 것인데, 여기서 구속의 가장 중요한 대상은 바로 황제와 그 자리를 탐하는 군상들이었던 것이다.

내부 요인으로 인해 쇠퇴한 선진적 정치 문화는 여진족이 세운 금金 나라에 의해 남송 시대에 더욱 위축되었다가 몽골의 원元나라에 의해 완전히 소멸한다. 국가를 왕조의 가산으로, 신하를 황제의 노비로 여기는 유목 민족의 정치 문화가 득세한다. 명明을 세운 주원장은 한족이었지만 다시 이를 받아들여 재상 직위조차 철폐하고 일인 천하를 만든다. 조선에서는 여전히 삼정승이 이끄는 의정부의 권위를 국왕이 무시하지 못했던 것과 대조적이다. 그는 정보기관을 이용해 대신들을 상시적으로 사찰했고, 황제의 마음에 들지 않으면 대신과 간관들을 공개적으로 태형에 처하는 제도를 만들어 목숨을 빼앗거나 노골적으로 명예를 훼손시켰다. 사대부가 중앙 정치에서 힘을 발휘하지 못하게 만든 것이다.

명나라의 역사에도 "미리 관을 짜 두고 황제에게 직소하러 간다"며 목숨을 걸고 직언한 충신들의 이야기가 적지 않지만 실제로는 '침묵하는 대다수'와 '정의로운 극소수 또라이'라는 이분법적 정치 문화가 고착되었다. 이는 정치 엘리트인 관료들을 제외한 중국 지식인과 인민들을 정치에서 소외시킨 역사적 기원을 제공한 것으로 해석되기도 한다. 만주족인 청淸의 황제들은 외견상 유가의 이념을 받아들인 것으로 보였지만 소수 민족의 통치 체제와 문화를 유지하기 위해 다수인 한족 신민을 늘 감시와 지배의 대상으로 여길 수밖에 없었다.

자오둥메이뿐 아니라 저명한 중국 지식사知識史 연구자인 쉬지린許紀霖도 같은 의견을 표명한다. 그는 저서《맥동중국脈動中國》에서 영국이 대헌장 제정과 명예혁명을 거치며 점진적으로 국왕의 권력을 나누고 입헌 군주제의 기틀을 마련하여 현대적인 민주 국가로 진보한 것과, 같은 시기인 송대 이후 중국 정치 문화가 퇴행을 거듭한 역사를 비교한다. 역사에 가정은 없다지만 아직도 현대적 민주 국가로 진화하지 못하는 중국 체제에 대한 아쉬움이 있기 때문일까?

제정 시기의 제도와 문화에 대한 비판은 몇 가지 더 있다. 첫째, 중앙 정부가 지방 관료들의 임면권조차 독점함으로써 지방 정부가 지역민의 복리보다 중앙의 이익과 의지를 중시하는 경향은 수隋나라 때부터 있었다. 국가의 분열을 막기 위해 어쩔 수 없다고 하지만 그 이전 한나라의 경우 지방 정부의 최고위급 간부만 중앙에서 임명하고 나머지 지역 공무원은 현지인으로 충당되어도 큰 문제없이 제국이 운영되었다는 반례가 있다. 또 다른 문제는 황제와 중앙의 실정을 감추기 위한 희생양 문화다. 황제 제도의 기생물일 뿐인 환관과 지역의 말단 공무원인 리吏가 만고불변의 적폐 세력으로 지목되는 것이 그 대표 사례다. 불합리한 제도를 만들어 놓은 사람들이 그 제도의 결과물에 모든 죄를 덮어씌운다. 흔히 '중앙의 정책과 지방의 대책'을 이야기하는 현대 중국 정치 체제도 이런 비판에서 자유롭지 못하다.

자오둥메이는 정치 제도뿐 아니라 송의 생활 문화가 중국인들의 전통적 라이프 스타일을 완성한 것으로 본다. 이를테면 중국의 주방 살림을 뜻하는 '땔감, 쌀, 기름, 소금, 간장, 식초, 차柴米油鹽醬醋茶'라는 한마디 표현이 만들어진 것도 남송南宋 시대이고, 그전까지 옷을 만드는 재료였던 비단과 마를 대체하는 면의 재료인 목화가 재배되기 시작한 것도 이 시기이다.

두 책의 미덕 중 하나는 엄선된 전통 시대 회화의 적극적인 사용인데, 그림마다 과거의 제도와 생활상이 생동감 있게 묘사되어 있고 그중에서도 북송의 수도 카이펑開封을 그린 〈청명상하도清明上河圖〉는 베이징 고궁 박물관 소장품들을 대표하는 국보급 걸작이다. 송이 금에 쫓겨 항저우杭州로 천도한 후 동경이라 불리던 카이펑의 옛 모습을 그리워하며 기록한 〈동경몽화록東京夢華錄〉 속 묘사도 그림 속 모습과 일치한다.

그렇다면 저자도 이 당시로 타임 슬립하고 싶을까? 그는 누가 권한다 해도 거절할 것이라고 단호히 대답한다. 전통 시대가 현대인들의 상상 속에서 아무리 휘황하게 빛날지라도, 우리 모두 지금 누리는 수준의 자유와 풍요를 제공받을 수는 없기 때문이다. 특히 여성인 그가 당시 규방을 벗어나 연구자로서 업적을 쌓고 그에 걸맞은 명성을 누리리는 만무했을 것이다. 대부분의 보통 사람들에게 역사는 아무리 느리더라도, 그리고 설령 뒷걸음질하거나 돌아가더라도 조금씩 앞으로 나아가는 과정인 것이다.

황제는 정말 중화 민족의 조상?

신문 지면에 이 서평이 실린 후 여행 작가 전명윤(필명 '환타')이 페이스북을 통해 매우 흥미로운 질문을 던졌다. 과연 한족 중심의 중국이 근대적 민주 국가로 진보하지 못한 역사적 실패를 이민족의 악영향 때문이라고 단정할 수 있느냐는 것이다. 답하기 어려운 질문이다. 역사에 가정은 불가능하기 때문이다. 다만 왜 '자유주의적인 성향'의 중국 역사가들이 이런 관점을 갖게 됐는지에 대해서는 생각해 볼 만하다. 그리고 실은 지금의 정치 체제나 민족 모순에 대한 그들의 '속내'를 짐작해 볼 수도 있다.

우선 왜 이런 질문이 제기되는지 한번 생각해 보자면, 북방 유목 민족에 대한 우리 사회의 일반적인 관점이 과거와는 많이 달라진 점이 있을 것 같다. 우리는 중국의 한족과 마찬가지로 농경 민족인 우리 민족을 북방의 유목 민족들이 끊임없이 침입하고 약탈했다는 관점을 가지고 있었다. 즉, 북방의 야만인들과 소중화의 조선 민족을 대립 항으로 여기는 사고방식이 압도적이었다. 그런데 지금은 몽골 제국이나 청 제국이 이룩했던 다원적인 사회 구조와 문화에 대해서 새롭게 이해한 역사적 사실에 기반해 유목 민족을 부정적으로 보는 시각을 많이 탈피할 수 있게 되었다. 그들이 가진 개방성, 비록 매우 작은 규모의 부족 내부 성원 간의 관계로 한정되지만 자유를 사랑하고 평등을 추구하는 등의 긍정적 가치들을 재발견했다. 정복 전쟁 과정에서의 잔혹함과 대조되는 통치 시기의 관용적 태도도 주목을 받는다.

중국 내부의 주류 역사관에서도 한국 사회의 오해와 달리 삼황오제三皇五帝의 전설에서 출발하는 단선적인 화하華夏 민족과 순혈 한족 중심주의는 많이 희석되었다. 화하족의 발원지로 알려진 황하뿐 아니라 장강 유역의 수많은 고고학적 발굴이 새로운 사실을 알려 줬다. 이들 모두 중화 문명의 형성에 영향을 끼쳤고, 오랜 기간에 걸쳐 한족으로 흡수되었다. 쌀을 재배하기 시작한 남방의 여러 민족과 북방 유목 민족들이 모두 한족 조상의 일부였다는 사실을 인정하게 되었다.

지금은 이런 사실이 중국 남북방의 문화적, 혈연적 차이를 설명하는 데도 매우 유용하게 쓰인다. 그래서 과거 농경 문화의 외눈으로만 들여다보던 한족 문화를 주축이 되는 뒷바퀴 농경 문화와 이를 지지하는 앞바퀴 유목 문화의 후륜 구동 자동차 모델로도 설명한다.

하지만 이렇게 보편적으로 지지를 받는 문화적, 혈연적 기원의 다원성에도 불구하고 현대 중국에서 국가를 구성하는 한족과 소수 민족까지 아우르는 중화 민족의 관계를 어떻게 볼 것인가에 대해서는 의견이 갈릴 수 있다. 중화인민공화국의 기반이 되는 중화 민족 이전에, 한족이라는 아이덴티티를 기반으로 한 민족 관념도 실재했느냐는 질문이다.

이 질문에 대한 답에서 중요한 시기가 바로 송나라다. 이전의 천하 관념에서 중화와 오랑캐라는 화이華夷 간 구분은 문화적으로만 규정되었고 강역의 경계는 모호했다. 반면 북송 시대에 이르러 요나 서하와의 긴장된 국제 관계 속에서 송의 사대부 관료들은 '한족의 중화 국가'라는 관념을 확립하기 시작했다. 이런 민족 관념이 중앙에서 지방으로, 도시에서 향촌으로, 조정과 사대부에서 평민 계급으로, 이후 1000년간 서서히 전파되어 갔다는 것이 《이 중국에 거하라》를 저술한 역사학자 거자오광의 관점이다. 그래서 송나라가 이룩한 정치적, 문화적 선진성은 당연히 한족 중심, 유교 문화 중심으로 해석될 수밖에 없다.

반면 그 이후의 이민족 침략과 정복 왕조에 대해서는 반감도 품게 되었다. 특히 현 중국 공산당 체제가 현대적 민주주의 국가들과 차이를 보이는 지점들에서, 송나라 이후 퇴행을 경험한 왕조들의 제도와 문화의 계승자로서 현 체제를 의식할 수밖에 없는 것이다. 근대적 혁명으로도 거대하고 오래된 중국 전통 사회의 관성을 극복하지 못했을 것이라는 감춰진 생각이다.

이것은 중국 역사학자들의 중국 내 출간물의 행간에서 내가 읽은 것들이다. 기왕의 '뇌피셜'을 하나 더해 보자. 나는 이들이 마음속으로는 신장新疆이나 티베트의 독립 혹은 독립에 가까운 수준의 자치에 대해서 부정적이지 않을지도 모른다고 짐작한다. 아마 대만의 독립에 대해서도 비슷한 생각을 품고 있을지 모른다. 특히 대만 주류 사회는 부정할 수 없는 한족 문화 공동체의 일원이었기 때문에 정치적으로 과도하게 구속하여 불필요하게 그들의 원심력을 자극하는 현 중국 정부의 태도가 못마땅하게 느껴질 수 있다. 이렇게 상상해 보면 이들이 송나라의 한족 중심 문화에 대해 품고 있는 애착과 시대적 수월성에 대한 자부심이 온전히 이해될 수 있다. 물론 그 후 1000년간 한족 중심의 중국이 보다 순조롭게 진보했을 가능성에 대한 이들의 역사적 상상력도 포함해서 말이다.

홍콩과 대만, 그 회색 지대에 대한 상상

떠나는 자와 남겨진 자

2022년 초 국가보안법의 위협으로 인해 역사 속으로 사라진 홍콩의 《시티즌뉴스》는 폐간 직전 '이민 분위기 속의 홍콩 정체성'이라는 토론 프로그램을 마련했다. 홍콩에 26년간 거주한 중문中文대학교 인류학과 교수인 미국인 인류학자 고든 매슈스Gordon Mathews가 사회를 보는 가운데 각기 다른 배경의 중년 홍콩 시민들이 홍콩의 정체성에 대해 차담을 나누는 자리였다. 1841년 영국에 할양된 홍콩은 원주민인 소수의 농민과 어민을 제외하고, 중국 대륙 각지에서 모인 사람들이 외국으로 나가기 전 난민 혹은 망명객으로 머무르는 곳이었다. 해외에서 중국으로 접속하는 게이트웨이 역할도 겸했다.

1970년대 경제가 급속히 발전하고 1980~1990년대 새롭게 발견된

브루스 리, 왕가위의 홍콩 영화, 장국영 등의 칸토팝cantopop으로 상징되는 홍콩 대중문화가 절정기를 맞으면서 식민지 주민으로서의 열등감은 '아시아의 4마리 작은 용' 홍콩인의 자부심으로 변화하기 시작했다. 1970년대 후반 홍콩에서 출생한 이주 2, 3세 홍콩인들은 처음으로 지역과 문화에 대한 애착을 자신의 정체성으로 전환시킨 세대다. 1970년대 말 히트한 드라마 〈사자산 아래獅子山下〉의 주제곡은 홍콩 서민들의 정서와 자부심을 잘 표현해서 지금도 사랑받는 노래다.

물론 근면함을 통한 경제적 부의 성취 이면에는 '공리적 가족주의 Utilitarian Familism'로 표현되는 경제적 안전과 혈연에 대한 집착이 있다. 이는 영국 식민 정부가 1960년대 일어났던 '홍콩 폭동' 이후 좌파 사상의 만연과 중국 공산당에 대한 동조 정서가 확산되는 것을 막기 위해 탈정치화를 부추긴 결과이기도 하다. 이 곡은 2019년 사자산 정상에서 함께 등을 밝힌 플래시 몹flash mob 영상의 배경 음악으로 시위 주제가 〈영광이 다시 오길願榮光歸香港〉과 함께 사용되었다.

1984년 중국으로 반환이 결정된 뒤 서서히 희석될 것이라고 예상되었던 홍콩인들의 고유한 정체성은 지난 40년간 오히려 강화됐다. 하지만 '홍콩 시민'이라는 지역 아이덴티티와 '중국 국민'이라는 새로운 정체성이 착종하는 가운데 그것이 무엇인지 잘라 말하기는 힘들다. 홍콩 반환 전의 식민지 교육은 중국 역사도, 영국 역사도 제대로 가르친 적이 없고 공중 질서 준수를 강조하는 '반쪽짜리 시민의 덕성'만을 강조했다. 그래서 청년 세대는 홍콩의 가치가 헌법이 보장하는 '자유와 민주주의'라고 내세우지만 역사적으로 그런 것은 존재한 적이 없다는 중국 정부의 설명도 완전히 틀린 말은 아니다. 하지만 2008년 베이징 올림픽의 성공을 지켜보며 스스로를 중국인으로 자각하기 시작한 홍콩인들 중 절반가량은 2014년 우산 혁명과 2019년 반송중反送中 시위를 거치며 경험한 정부의 폭압 때문에 이제는 중국인으로 불리기를 거부한다.

이 매체의 또 다른 보도에 따르면 2019년 여름부터 2년간 무려 2만여 명의 홍콩 시민이 대만으로 이주했고 4000명이 영주권을 획득했다. 대만에 거주하는 홍콩 출신의 젊은 소설가 '박쿠이沐羽(필명)'가 2022년 1월에 발표한 단편 소설집《연기 속의 거리煙街》는 최루탄 연기 속 뜨거웠던 2019년 홍콩 민주화 시위와 담배 연기 속 차가운 대만 후일담이 함께하는 작품이다.

정치적 오르가슴이 지나간 후

박쿠이는 작중 후기에서 자신의 소설을 질 들뢰즈와 펠릭스 가타리가 카프카의 소설을 평하면서 만들어 낸 개념인 '소수적인 문학'으로 설명한다. 입말인 광둥어와 문어가 분리되어 있는 홍콩 문학의 특성에 다시 대만의 '국어國語'를 기준으로 글을 써야 하는 그의 작풍을 이보다 더 잘 표현할 수는 없다. 단순히 소수 어족 작가라는 생래적 특성 때문만이 아니라 '탈주와 도망'이 작품의 가장 큰 주제인 탓도 있다. 원래 모두가 잠재적 과객過客이었던 홍콩에서 압도적인 폭력과 자유를 향한 혼란스런 갈망이 충돌하는 가운데 수많은 젊은이가 죽고 다친 후 홍콩 청년들은 그곳을 떠나 다시 완전한 이방인이 되었다. "탈영토화한 모든 개인의 문제는 이제 정치적이 된다."

문학을 전공한 그가 인용하는 모든 담론은 난해한 서구의 문화 이론들이다. 하지만 작중에서 홍콩 의회의 의원이 되었다가 국가보안법 위반으로 투옥되는 학자도 출마의 변으로 "들뢰즈-가타리의 썰을 푼다"는 작중 표현 속에는, 현실과 유리된 학술 이론의 무력감에 대한 냉소도 깃들어 있다.

작가가 인용하는 유일한 중국 고전은 맹자의 "어진 자가 군주의 자리에 있으면서 어찌 인민을 해하오리까焉有仁人在位 罔民而?"라는 말이다. 중국 역사를 배운 중고등학생들이 더 시위에 적극적으로 가담했다는 설명과 함께 등장한다. 하지만 서구 자유주의의 나쁜 영향으로 시위에 가담했다는 중국 정부의 비판에 대한 반박의 알리바이가 되기는 힘든 수준이다. 이 문장의 앞부분은 그 유명한 "유항산유항심有恒産有恒心"이다. 어찌 되었든 중국 정부가 홍콩에 부를 제공한 것은 맞는 말이다. 그리고 홍콩의 계급 구조와 빈부 격차는 식민 역사와 더 깊은 연관이 있다. 중국 정부가 좌파 대신 식민지 엘리트들에게 홍콩의 통치를 맡긴 것은 사회적 모순 해결에 대한 의지 부족으로 볼 수 있지만 모순의 근본 원인을 제공했다고 보기는 어렵다.

작가가 등장인물의 입을 통해 냉소적으로 표현하는 '홍콩인의 정체성'도 낙관적인 성질의 것이 아니다. "돈이 생기면 집을 사고, 차를 사고, 부동산 투기로 돈을 벌어 다시 더 많은 집을 사고, 그러다가 대만 사람들의 원한을 사겠지… 욕먹기는 싫어하지만 남은 누구든지 흉보고, 깔보고, 불평하는 사람들. 단결해서, 혁명을 쟁취하자고 외치지만, 1분 내외의 틱톡 영상으로 표현되는 '정치적 오르가슴'의 순간이 지나가면 대책이 없는 사람들. 항상 바깥세상으로 여행을 하고 싶어 하고, 바깥에 나가서야 자기가 홍콩 사람이라는 사실을 의식하는 사람들."

홍콩 사람들에 대한 외부인들의 '일반적이고 주관적인 평'들은 실제로 썩 좋지 않다. 영어로는 '민mean', 중국어로는 '슝凶'하다고 느끼는 이가 많다. 영어와 광둥어가 뒤섞인 언어 사용, 효율과 속도를 지나치게 강조하는 풍조가 '거칠고 예의 없고 인정머리 없다'라는 인상을 만들어 냈다. 실은 장기간의 식민지 경험과 금융 상업 도시를 만든 슈퍼 자본주의의 영향 때문이다. 원래 지리적으로 홍콩이 속한 광둥 지역 문화를 대표하는 광저우 사람들의 상대적으로 느긋한 심성이나 인문적 소양과 비교해 보면 이를 이해할 수 있다.

섬들은 대륙으로 이어지지 않았다

소설 속에 그려지는 홍콩과 대만 청년들의 삶은 이미 자본의 압력 속에 충분히 소진되어 술, 담배, 섹스라는 기호품으로만 보상받고 인간관계는 소셜 미디어 속에 함몰되어 있다. 여기에 더해, 일본 여행에 대한 과도한 열망은 홍콩인들의 정체성 중 하나인 '스트레스성 여행 중독'의 가장 보편적인 증상이다. 코비드19 팬데믹이 이들에게 가져다준 각성 하나는 "1년 넘게 일본에 가지 않아도 금단 현상으로 죽지 않는다"는 사실이라고 작가는 자조한다. 여러 면모가 한국 청년들의 모습과 놀랍도록 닮았다. 이것들의 공통점은 중앙으로의 신분 상승만을 염원하는 유교 사회 문화권이 낳은 최악의 경쟁 사회의 결과라는 것이다. 이에 더해 홍콩, 대만, 한국은 끊임없이 대륙으로부터 정치 경제적 압력을 받는 동시에 이에 대한 반발로 어쩌면 그로부터 단절된 '섬'들이기도 하다.

일본은 '준準유교 문화권'으로 엘리트를 제외한 일반인들은 세속화된 불교나 애니미즘에 가까운 '신토神道'의 영향을 더 많이 받는다. 그리고 '자기 생활권'인 지역에서의 일상과 장인 정신으로 대표되는 '자신의 업'에 대해 더 관심이 많다. 작가는 중국인 소설가 비페이위畢飛宇의 표현을 빌어 "일본은 중화권 사람들에게 국가나 민족이 아니라 일종의 형이상학"이라고 말할 정도로 작중 인물 중 대부분이 일본을 단기적 이상향이나 탈출구로 꿈꾼다. 하지만 일본어를 한마디도 못 하는 작가는 이런 표층적인 이미지가 '일본의 AV 비디오나 거대한 가슴을 가진 그라비아 모델' 같은 판타지일 뿐이라는 사실도 잊지 않는다.

대만으로 이주한 홍콩인들은 언어와 문화적 차이로 적지 않은 어려움도 겪는다. 만다린이 능숙한 이들은 대개 대륙과 관계가 좋은 경우이니 홍콩을 떠날 이유가 없고, 영어가 능통한 엘리트들은 영미권으로 이주한다. 역설적으로 가장 '로컬한 홍콩 청년'들이 대만을 선택한다. 일자리, 부동산 문제, 대륙과의 연계에 대한 경계심 때문에 이들이 대만에서 그린카드를 얻는 것은 쉬운 일이 아니다. 어느 홍콩인 가족은 600만 대만달러NTD(한화 약 2억 5000만 원)를 들고 투자 이민을 왔지만 가장이 대륙 출신이라는 이유만으로 이주 1년 후 영주권 심사에서 탈락한 경우도 있다.

소설의 표지를 그린 홍콩 출신 만화가 류광청劉廣成도 대만으로 이주하여 《사라져 버린 홍콩被消失的香港》을 출간했는데 이 작품은 2021년

대만 문화부 청소년 추천 도서로 선정되었다. 자유가 사라진 암울한 홍콩의 미래를 대만에 투사시켜 경각심을 일깨우려는 의도 때문이다. 이 작품에 묘사된 홍콩과 대륙은 '역사의 스냅숏'으로는 의미가 있지만 사실 탈역사적이다.

어린 시절 일본에서 자란 작가는 부모의 실직 후 고향인 대륙의 산둥山東성으로 돌아온다. 중국어를 못 한 탓에 당시 반일 분위기가 고조되어 있던 중국 학교에서 왕따를 당했다. 다시 온 가족이 홍콩으로 이주한 후 그는 이곳을 천당이라고 표현했다. '일본어 구사 능력과 일본 문화의 아비투스'가 동경의 대상이 되는 선진국 홍콩, 대만과 '야만적이고 폭력적인 중국 대륙에 대한' 어린 시절 트라우마가 이분법적 시각을 낳은 것이다. 그 후 홍콩에서 벌어진 일들은 당연히 이런 편견을 강화할 수밖에 없다. 하지만 지금은 중국 대도시의 힙스터들이 홍콩이나 대만 젊은이들과 마찬가지로 일본 문화에 가장 열광한다는 사실은 이들의 현실 인식에 대한 지독한 역설이다.

이들의 작품에 전혀 등장하지 않는 것은 대륙 사람들이다. 심지어 미국인 여성이 등장하는 것과도 대조적이다. 그녀는 주인공에게 끊임없이 호감을 표하는 성적 판타지의 대상이지만 주인공의 열등감과 윤리 의식 때문에 받아들여지지 못한다. 끊임없는 노트 기록을 통해 스스로를 치유하는 주인공이 대만 출신 부인과 함께 태평양이 보이는 동쪽 바닷가에 집을 짓는 결말도 상징적이다. 과연 홍콩과 대만은 대륙과의 화해 없는 해피엔딩이 가능할까?

독립을 꿈꾸는 '대만 민족'주의의 부상

나는 2022년에 알게 된 대만 '유학생 권익 쟁취 동아리Taiwan International Student Movement, TISM'의 활동을 접하고 약간의 희망을 가져볼 수 있었다. 대만에 유학 온 학생들 중 상당수는 말레이시아 출신 화교, 홍콩과 마카오, 그리고 '루성陸生'이라 불리는 대륙 출신 청년들이다. 이들은 비공민非公民 신분으로 현지의 대만 학생들에 비해 차별적 대우를 받을 수밖에 없다. 그런데 이 중 루성은 가장 비싼 학비를 내야 하지만 정식 유학 비자 대신 '임시 거류증停留證'이라 불리는 간이 신분증밖에 부여받지 못한다. 그래서 다른 유학생들에게는 허용된 아르바이트나 인턴 경험도 불가능하다.

특히 팬데믹 기간 중 방학이 끝나고도 대만으로 돌아올 수 없다거나 출신지에 따라 차별적인 대우를 받기도 했단다. 이들은 자신들의 권리를 쟁취하기 위한 투쟁이나 다른 사회 운동과의 연대를 통해 출신지에 상관없이 유대감을 쌓는다. 한편으로 중국 대륙으로 유학을 간 대만 학생들과 교류하면서 환경의 차이가 가져온 사고방식의 차이를 상호 비교해 볼 기회도 얻는다.

특히 TISM이 2018년 대만의 오스카상인 '금마장金馬奬'의 다큐멘터리 작품상을 수상한 〈대만에서의 나의 청춘我們的青春, 在台灣〉이라는 영화를 보고 남긴 리뷰는 많은 시사점을 준다. 이 영화는 2011~2017년 사이에 벌어진 '태양화太陽花 운동'을 비롯한 대만의 가장 의미심장한 시민 사회와 학생 운동을 상세하게 밀착 기록하고 그 의미를 되새기는 작품이다. 이 다큐멘터리의 남녀 주인공은 태양화 운동과 입법원 점거 사태의 중심인물 중 하나였던 '대만 독립주의자' 천웨이팅陳爲廷과 대륙 출신 첫 유학생 차이보우이蔡博藝다. 차이보우이는 신입생 시절부터 대만 사회 운동에 관심을 갖다가 2학년 때부터 적극적으로 가담해 왔다.

그들은 입법원 점거(3·18 사건)가 끝나고 운동의 지속성을 위한 전환을 모색했는데, 천웨이팅은 전업 정치가가 되기 위해 고향의 지역 의회 의원으로 출마하고 차이보우이는 재학 중인 단장淡江대학교의 학생 자치회 회장으로 출마한다. 하지만 현실의 벽은 높았다. 천웨이팅은 '어린 시절부터 길들인 나쁜 습관에 의한 장난기에서 비롯한' 성추행 경력이 폭로되어 사과와 함께 후보를 사퇴했고, 차이보우이는 중국 국적자라는 이유로 자격 논란에 휩싸였다가 투표 결과 완패하게 된다. 영화의 결말은 미국 유학을 준비하는 천웨이팅과 활동가로 글을 쓰는 차이보우이의 모습을 보여 주며 그들의 실패를 회고한다.

여기서 감독인 푸위傅榆는 자신이 2010년에 출간된 대만 연구자 우지에민吳介民의 저작 《제3의 중국 상상第三種中國想像》의 영향으로 대만, 홍콩, 중국 대륙을 일컫는 '양안삼지兩岸三地'를 아우르는 시민 사회 건설을 목표로 삼았다고 고백한다. 이들이 시민 사회를 통해 극복하고자 했던 것은 중국 공산당과 대만의 국민당, 그리고 중국-대만의 정경 엘리트 연합 세력이다. 실제로 천웨이팅과 푸위가 상하이, 베이징과 홍콩을 방문해서 지역의 청년 운동 세력들과 교류하는 모습이 영화에 담겨 있다.

TISM 활동가는 이런 구상 자체가 지나치게 이상주의적이라고 비판한다. 그리고 대만을 화인華人 세계의 가장 수준 높은 문화 담지자로 설정함으로써 대만 활동가들이 나머지 지역에 자유 민주 이념을 가르치려 드는 역할을 맡고 있다고 비판한다. 구체적인 예로 차이보우이는 학생 운동의 열성적인 참여자로 머물 때까지는 찬탄의 대상이었다. 그런데 막상 운동 지도자가 되려고 나서자 대만 사람들은 그를 중국 정부의 통일 전선 전략에 호응하는 간첩이 아니냐고 의심했다. 심지어 감독도 그를 신뢰할 수 없었다고 고백한다.

이런 문화적 위계는 차이보우이와 같은 특수한 경우에만 해당되는 것이 아니다. 평균적인 중국 학생들이 정치에 무관심하거나 의식적 혹은 무의식적으로 거리를 둘 수밖에 없는 구조적, 문화적 한계를 무시한다. 그래서 섣불리 그들을 계몽하려 하거나 중국 공산당 정부와 한 패라고 묶는 선입견의 원인이 되기도 한다.

대만과 대륙 시민 사이의 대립도 실상은 자유 민주주의와 권위주의 가치관의 충돌만이 아니라는 사실을 알 수 있다. 나는 푸위 감독의 금마장 수상 소감 영상을 찾아봤는데 그는 중화권 시민 사회 건설의 이상에 대한 좌절감이 아니라 대만이 독립 국가 대접을 받지 못한다는 현실에 분개하며 눈물을 흘렸다. 대만 청년층을 중심으로 새롭게 정의된 '대만 민족주의'와 대일통大一統을 주장하는 '중화 민족주의'의 충돌을 감지할 수 있었다.

일상의 교류에서 시작하는 연대

나는 한국의 시민들이 중국 시민이나 활동가들과의 연대를 모색하면서 같은 실수를 저지를 수 있다는 사실을 '스스로의 경험'을 회고하면서 깨달았다. 또 지금 크게 문제가 되고 있는 한국 내 중국 유학생과 한국 학생 간 갈등의 원인 중에는 이와 유사한 편견이나 민족주의 의식 간 대립이 있다. 이런 관념은 한국의 민주개혁 혹은 진보 세력이 중국 학생과 시민들을 편견에 찬 시선으로 바라볼 수 있는 강한 동기를 제공한다. 제1세계 시민으로서 일종의 명예 백인이 되어 중국과 동남아시아뿐 아니라 전 세계의 권위주의 국가 시민들에 대한 우월적 시선을 갖게 된다. 이런 태도는 이들과의 연대를 추구하는 과정에서 갈등을 만들 수 있다.

한국과 일본의 시민운동 진영 간에 지난 수년간 감정적 앙금이 생긴 것도 같은 구조로 설명할 수 있다. 일본의 리버럴liberal은 한국의 민주화 세력에게 오랜 기간 우월적 시선을 유지하고 있었는데, 한국에서 일본 극우의 부상에 제대로 대응하지 못하는 일본 시민운동 세력의 무기력함을 비판하면서 이런 우월감을 더 이상 인정하지 않게 되었다. 하지만 반대로 일본의 리버럴은 한국의 민주화 세력이 지나치게 민족주의적이라고 생각하면서 이념적인 우월감을 강화한다. 특히 위안부 문제와 관련한 갈등이 상호 불신을 키웠다. 양자 간 민족 감정이 대립하면서 이념의 진보성과 운동의 역동성을 두고 일종의 경쟁 심리가 작동하고 있는 것으로 보인다.

TISM이 '연대의 불가능성'에 대해 좌절만 하는 것은 아니다. 오히려 '중화권 시민 사회 건설' 같은 대서사에 집중하기보다 일상 속 유대감 형성과 같은 소서사에 주력할 것을 권유한다. 유학생들 간의 일상적 교류가 각자 스스로의 관점을 서서히 변화시킬 수 있는 계기가 된다는 것이다.

서두의 홍콩 차담으로 돌아와 출연자들은 '홍콩인의 정체성'에 대해 정치적 가치보다는 생활 속 효율성과 근면함, 맛있는 광둥 음식과 같은 문화적 특질을 내세운다. 이런 요소들에 배어 있는 개방성과 동서양 문화의 혼종성이 많은 이로 하여금 홍콩의 생활 문화에 대해 매력을 느끼게 한다는 것이다. 사회자 고든은 홍콩의 가장 어려운 시기는 지금이 아니라 제2차 세계 대전 중 일본군 홍콩 점령기였음을 상기시킨다. 동시에 미래에도 홍콩의 '탈정치화된' 긍정적인(?) 정체성이 살아남을 가능성을 논한다. 이를테면 중국인이면서 동시에 상하이인인 정체성 같은 것이다.

　　이들이 묘사하는 홍콩의 정체성에 대해 내가 발견한 가장 놀라운 사실은, 이들이 지역에 대해 강한 정체성을 가지는 반면 국가와 민족에 대해서는 매우 무감각하다는 것이었다. 오히려 후자에 대해 부정적인 인식이 더 강했다. 원래 민족과 국민에 대한 상상은 근대의 국민 국가를 만들기 위한 필요악 같은 것이다. 모두의 합의하에 군대에 지원하고 국가에 세금을 납부해야만 '제도화된 폭력'인 국가를 유지할 수 있기 때문이다. 설사 개인적인 신념 때문에 국가나 민족주의를 받아들이지 못한다고 하더라도, 극단적인 무정부주의자가 아니라면 현실적으로 이와 같은 제도에 동의할 수밖에 없을 것이다. 그런데 그게 필요 없을 수도 있는 변경 지역과 그 주민들이 존재한다는 사실을 새삼 깨달았다.

변경, 국가에 속하지 않은 사람들

고든은 2022년 열린 한 온라인 학술회의에서 구체적인 예를 들어 이를 설명한다.

Q 홍콩 청년들은 홍콩 의회 점거를 포함해서 초기에 왜 이렇게 격렬하고 폭력적인 시위를 벌였을까요?

A 물론 여러 이유가 있습니다만 가장 근본적으로 2가지 원인이 있습니다. 첫째, 중국과 중국인에 대한 거부감입니다. 제가 아주 오랫동안 이주민들과 함께하는 워크숍을 운영하고 있는데요. 10년 전쯤입니다. 백인 이주민이 홍콩 시민에게 물었습니다. "제가 홍콩 시민이 될 수 있나요?" "물론입니다. 우리는 당신을 환영합니다"라는 답변을 받았습니다. 2년 전 아프리카에서 온 이주민이 같은 질문을 던졌습니다. 역시 따뜻한 환영과 격려의 인사를 받았습니다. 그런데 홍콩 시민들이 받아들이지 않는 유일한 집단이 있습니다. 바로 대륙에서 온 중국인들입니다. 대륙인에 대한 홍콩 사람들의 편견은 거의 인종주의에 가깝습니다. 아주 오랜 기간 동안 형성된 끈적한 감정입니다.

둘째, 홍콩인들은 국민 국가에 대한 소속감 자체에 대해 거부감과 부정적 인식을 가지고 있습니다. 예전에 제가 가르치는 미국인과 일본인 학생에게 질문을 던졌습니다. 당신은 자기 나라를 사랑하나요? 모두 긍정했습니다. 그런데 옆에서 이를 들은 홍콩 학생이 눈살을 찌푸리며 말하더군요. 당신들은 중국인들과 다를 바 없는 애국주의자들이군요. 저는 애국심 따위엔 관심 없어요. 우리 홍콩인들이 신뢰하는 건 홍콩 경제뿐입니다.

중국 정부는 이런 변경 지역의 존재와 그 주민들의 정체성을 인정하지 않음으로써 바깥 세계와 연결된 대문 한쪽을 닫아 버렸다. 내부와 외부 세력의 갈등과 대립이 초래하는 압력을 완충하고 상호 이해를 위한 소통을 촉진할 수 있는 '회색 지대'를 없애 버린 셈이다.

한국이나 일본처럼 비교적 단일한 민족 정체성을 가진 국민 국가에서도 이런 변경 지역을 상상해 볼 수 있을까? 만일 제주도나 오키나와 같은 지역의 거의 완전한 자치를 인정한다면 어떤 일이 벌어질까? 한국의 경우 그 지역 주민들이 중앙 정부에 대한 세금과 병역 의무를 이행하지 않아도 된다면 어떻게 될까? 한국 정부가 매년 강정 해군 기지의 사용료를 제주도에 지불하고 50년마다 사용 계약을 연장하기 위해 제주도 자치 정부와 협상을 벌여야 한다면 어떨까? 오키나와 정부가 미군 기지의 존속 여부에 대해 스스로 결정권을 가지고 미군이나 일본 정부와 협상을 벌일 수 있는 권한을 부여받는다면 어떤 일이 벌어질까?

아마 대부분의 사람은 냉혹한 국제 사회의 현실과 지정학적 이유를 들어 이런 질문들이 어리석다고 생각할 것이다. 하지만 내 질문의 초점은 단순히 이 시나리오의 실현 가능성은 아니다. 대한민국 국민으로서의 정체성을 가진 당신은 과연 당신이 '우리의 일부'라고 믿는 어떤 그룹 사람들이 국민으로서의 소속감을 거부한다면 이를 받아들일 수 있겠는가? 나아가 그들이 아예 새로운 민족 정체성을 형성하고 국가로서의 독립을 주장한다면 이를 받아들일 수 있겠는가? 나는 제주도를 대만, 부산을 홍콩에 비유하고 사람들에게 '만일 이들 지역에 대해 일본의 식민 종주국 지위나 그 영향력이 100년 넘게 완전히 해소되지 않았을 수도 있다는 대체 역사 소설을 한번 상상해 보라'고 질문을 던져 본 적이 있다.

이런 시나리오가 완전한 백일몽은 아닐 수도 있다. 만일 지역의 평화와 상호 신뢰에 기반한 개방적인 미래를 위해, 이 지역의 모든 국가가 자신의 영토 일부에서 이런 변강邊疆 혹은 중립적인 비무장 회색 지대를 설정하는 데 동의한다면 과연 어떤 일이 벌어질까? 예를 들어 제주도, 오키나와, 대만 같은 섬들이 대상이 될 수 있을 터이다. 중국은 그래야만 하는데 우리는 그렇게 할 수 없다면, 중국인들은 공산당에게 세뇌당한 어리석은 '애국주의자'들이고 우리는 여전히 자유주의 선진국의 '민주 시민'들인가?

한반도가 강대국으로 둘러싸여 그 세력 다툼의 희생양이 될 수밖에 없었던 역사적 사실 때문에, 심지어 한반도 전체가 '비무장 영세 중립국'으로 전환해야 한다고 주장하는 이들이 있다. 그에 비하면 그리 급진적인 상상도 아니다.

암흑의 숲속에서 인드라망을 찾다: 《삼체》로 살펴보는 중국 SF 오디세이

중국 특색 하드 SF가 키우는 민족주의

한류 시절부터 오랫동안 익숙한 탓에 중국의 문화 힙스터들은 K-콘텐츠에 대한 가장 날카로운 해외 비평가들이다. 그런데 한국의 하드 SF 영상물에 대한 그들의 평가는 특히 박하다. 넷플릭스 오리지널로 소개된 한국 최초의 스페이스 오페라 〈승리호〉와 한 단계 업그레이된 무대 배경과 의상 및 소품 등으로 평가받는 〈고요의 바다〉가 제물이 되었다. 두 작품 모두 새로운 시도가 겪는 한계에도 불구하고 진일보한 측면에 초점을 맞춘 한국 내 '지못미' 평가와는 분위기가 다르다. 중국과 비교해 한참 뒤처진 한국의 우주 기술 수준에 대한 야유의 감정도 없지 않다. 중국은 현재 미국과 함께 화성 탐사 경쟁을 벌이는 '우주 G2'이기도 하지만, 한국어로도 이미 번역된 류츠신劉慈欣의 《삼체》와 하오징팡의 《접는 도시》가 2015년과 2016년 연이어 휴고상을 수상한 덕에 SF의 국제적 위상도 꽤 높은 편이다.

필명 샤쟈Xia Jia, 夏笳로 해외에도 알려진 80허우后 세대 SF 작가이자 대학에서 이를 가르치는 왕야오王瑤의 평론집 《미래의 좌표未來的座標》는 중국 SF의 역사와 중국 현대사에서의 그 의미를 잘 정리하고 있다. 그가 시대순으로 선정하고 작품마다 촌평을 붙인, 작가 13명의 단편을 엮은 소설집 《고독한 복병寂寞的伏兵》과 함께 읽을 만하다. 중국 SF는 이웃 국가 한국과 일본처럼 서구적 근대화와 과학 기술에 기반한 부국강병 발전 전략의 문화적 토양을 만들어 내려는 계몽과 교육의 요구에서 싹텄다. 홍콩의 중국 현대 문학 평론가인 쉬즈둥許子東은 《20세기 중국 소설을 다시 읽다重讀20世紀中國小說》에서 량치차오梁啟超의 《신중국미래기新中國未來記》를 가장 먼저 소개하는데 이 작품은 중국 SF 문학 혹은 사이언스 판타지科幻奇譚의 효시로 꼽히기도 한다.

이런 역사적 맥락이 중국 SF의 발전 과정에서 줄곧 이원론적 구조와 관념을 만들어 냈다. 그것은 농촌이 대표하는 낙후한 '향토 중국'과 도시가 상징하는 '현대 중국' 혹은 그 이상향인 미국의 이미지다. 공산 혁명이 성공하고 신중국이 수립된 시점에는 꼭 그렇지 않았다. 1958년에 발표된 《13릉저수지랩소디十三陵水庫暢想曲》같은 작품에서 향촌의 (인민) 공사는 농촌과 도시, 남녀와 계급의 이분법을 초월하는 사회주의 미래상으로 그려진다. 물론 당의 프로파간다 수단으로써 교조적인 느낌을 지울 수 없다는 점은 감안해야 한다.

문화대혁명을 거치며 사라졌던 SF가 개혁 개방 후 반짝 부활했던 시기가 있다. 1978년에 소개된 중국 SF의 원로 예융례葉永烈의 《샤오링

통의 미래 여행小靈通漫遊未來》에서 무대가 되는 '미래시'는 농촌의 존재감을 완전히 부정한다. 한편 1979년 쓰촨四川성 청두成都에서 창간한 SF 월간지 《과환세계科幻世界》는 40년 넘게 중국 SF 역사의 산증인이자 산실로 아직 건재하다. 이 잡지는 지금도 각급 도서관과 학교, 청소년을 위한 공간에 단골손님으로 자리 잡고 있고, 청두시도 자연스럽게 '중국 SF의 수도'라는 닉네임을 얻게 되었다.

1980년대에 정치적 이유 등으로 침체에 빠진 중국의 SF가 본격적 부흥기를 맞은 것은 1990년대 후반이다. 중국 하드 SF 혹은 '핵심 SF'의 대표 작가 3인방인 류츠신, 왕진캉王晉康, 허시何夕가 이때 등장했다. 이공계 출신 남성이라는 공통점을 가진 이들의 작품은 인류, 지구, 우주의 운명이나 국가의 민생에 대해 논하는 역사적 대서사에 치중하며 동시에 강한 민족주의 성향을 보이고 있다. 반면 이들과 대척점에 서서 '역사 진보의 종착역인 유토피아'에 대해 회의적인 시선을 유지하며 순문학에 가까운 작품을 선보이는 저널리스트 한쑹韓松도 동시대 작가다.

미국을 따라잡기 위한 초조함 속에서 'SF는 민족 과학 정신 육성의 요람'이라는 선언은 SF가 장르 문학에 대한 도구화를 넘어 그 국가의 과학 기술 수준을 반영한다는 인식을 내재화했다. 과학 지식의 엄밀성, 창조적 기술 혁신과 여기서 비롯된 경이로움을 중시하는 하드 SF를, 인간 본성과 사회 현상에 착목하는 순문학에 근접한 소프트 SF보다 중시하는 풍조는 그래서 자연스러울 수밖에 없다.

온라인을 기반으로 한 각종 판타지 문학과 엄밀히 구분하기 어려우면서도 양적으로는 대세가 될 수밖에 없는 소프트 SF에 대한 이들 진영의 비판이 유래한 배경이기도 하다. 앞서 언급한 한국 SF 영상물에 대한 비아냥의 기저에는 자국의 콘텐츠에도 동시에 요구되는 이런 잠재적 강박이 깔려 있다. "우리가 《듄》은 못 만들어도 (하지만 이에 버금가는 《삼체》라는 걸출한 원작 소설은 가지고 있다) 검열만 없다면 〈오징어 게임〉은 만들지 못할 이유도 없다"라는 중국 문화 평론가의 발언에는 하드 SF의 거대 서사와 '가부장적 우주관' 창조 능력을 절대화하고 있다는 혐의가 있다. 동시에 《듄》이나 《삼체》 같은 작품들은 미중과 같은 G2 우주 강국에서만 나올 수 있고 해당 영상물은 미국 할리우드에서만 만들 수 있다는 문명 패권 국가적 시각도 내포되어 있다.

중국은 류츠신의 단편 소설을 각색해 만든 영화 〈유랑지구〉 시리즈를 통해 이미 하드 SF 영상물의 가능성을 선보인 바 있다. 지금은 《삼체》의 넷플릭스 버전 제작을 미국에 의존할 수밖에 없고 중국 내수용 드라마와 애니메이션을 따로 제작해야 했지만 언젠가 직접 제작한 영상물이 세계인의 환영을 받을 날을 꿈꾸고 있다. 한편으로는 앞서 언급한 한국의 하드 SF 영상물에 대한 혹평은 한국이 아직 이 수준에 도달하지 못했음에 대해 겉으로는 안도하면서 내심 조바심하는 표현일 수도 있다.

미국에서도 과학 기술 지상주의에 대한 안티테제인 소프트 SF의 출현 당시부터 하드 SF는 보수 우파라는 정치적 성향과 겹치는 경우가 많았다고 한다. 과거의 미소 간 우주 개발 경쟁이 지금은 미중 우주 개발 경쟁으로 계승되고 있다. 한국도 이 경쟁에 뛰어들기 시작했고 일본도 뒤처지지 않기 위해 노력하고 있는데 전반적으로 동아시아 SF 문학판에 민족주의적 색채와 하드 SF를 중시하는 이념적 요구가 강화될

지도 모른다.

여기서 다시 '중국 특색 SF'에 대한 안팎의 강박적 요구가 생겨나면서 반드시 중국 고전 판타지 소재를 이용해 무협 SF나 신화 SF를 만들어야 한다는 부류도 등장했다. 바로 '열자列子에 담겨 있다는 중화 SF 역사 2000년'의 주장이다. 그 부작용으로 중국 고유의 신비주의 색채를 가진 현학玄學이 서구의 과학 기술보다 우월하다는 국수주의적 판타지 설정이 등장한다. 한편으로는 서구와 도시의 '타락한 문명'에 대비되는, 존재한 적도 없고 존재하지도 않는 순정한 이상향의 '중국 향촌'을 상상해 버리기도 한다.

건축가 출신 작가 판하이톈潘海天은 이와 같은 주장에 반대하며 현대적 건축재로 일본 전통 미학을 표현하는 유명 건축가 안도 다다오의 건축 양식을 예로 들어 중국 SF의 가능성을 논한다. "화성에는 유리기와가 없다"라는 그의 말은 SF와 중국 전통문화 사이의 본질적 모순에서 느끼는 곤혹스러움을 표현한 것이다. 그는 1998년, '고대의 로봇'을 묘사한 것으로 여겨지는《열자탕문湯問》에 기록된 서주西周의 목왕穆王 희만姬滿, 그의 왕비였던 성희盛姬, 그리고 신비의 인물 언사偃師의 이야기에 시간 여행자의 상상을 뒤섞어《언사전설》이라는 작품을 발표했다. 고대의 초월적 신비주의를 미래 과학 기술의 타임머신으로 풀어 설명한 것이다. 이후에는 고대 중국을 의미하는 '구주九州 유니버스'를 창조해 새로운 중국 판타지 문학을 써 나간다. 왕야오는 이런 다양한 시도를 긍정하면서도 현대 자본주의가 가져온 공업화, 도시화, 전 지구화 속에 중국 사회가 겪는 변화의 과정을 그리는 것이 중국 SF라고 명쾌하게 정리한다. 즉, '중국'과 'SF'라는 본질주의에 빠지지 말고

문학의 본령에 충실해야 한다는 요구다.

공리주의와 태평천하

《삼체》로 대표되는 중국 SF는 미국 SF 고전인 1954년 작《차가운 방정식The cold equations》의 영향으로 '생존'이냐 '인간성'이냐의 기로에서 전자를 선택하는 극단적인 공리주의 성향을 보이는 경우가 많다. 《삼체》의 두 번째 권인《삼체 2부: 암흑의 숲》에서 류츠신은 자신이 고안한 '우주 공리公理' 2가지를 소개한다. '생존은 문명의 필요조건이고, 문명은 끊임없이 성장하고 확장되지만 우주의 물질 총량은 불변이다'라는 내용이다.

왕야오는 이를 "목적이 가치를 대체했다는" 막스 베버의 '쇠 우리 iron cage'나 다수의 생존을 위해 소수의 희생을 선택하는 것과 그 반대 상황을 저울질하는 '트롤리 딜레마'로 설명한다. 류츠신은 초기 작품에서 낭만적인 성향도 보이지만 2000년대에《삼체》발표 이후에는 이 관점을 고수하며 중국 사회에 끊임없이 양자택일의 질문을 던진다. 발전소의 엔지니어였던 류츠신 자신의 경험을 포함해 1990년대 말 국영기업의 대량 정리 해고가 남긴 상흔이다. 한국이 IMF 시대를 겪고 나서 얻은 트라우마와 다르지 않다.

이는 인권이나 자유와 같은 인류의 보편적 가치 요구에 대해 늘 성과주의적으로 답변하는 중국 정부의 대응이, 오로지 문화대혁명과 같은 '냉혹한 전체주의' 역사 경험에서 기원하는 것이라는 세간의 오해를 불식할 증거다. 한국에 소개된 중국의 SF 작품 중 특히 열광적 반응을 얻었던 완샹펑녠萬象峰年(필명)의 《후빙하시대 연대기後冰川時代紀事》라는 작품도 마찬가지다. 작가는 자신의 작품이 류츠신과 《삼체》의 영향을 깊게 받았다고 말한다. 두 나라의 SF 독자들은 '가부장적 문화 안에서 대가족과 같은 울타리를 제공하던 기업의 대량 도산과 정리 해고'라는 유사한 역사적 경험을 공유하고 있는 것이다.

류츠신의 《삼체》는 2013년 한국어로 번역된 것이 세계 최초의 외국어 출간이지만 매우 저조한 판매 실적을 올리다가 2022년에 재출간되었다. 2019년에 번역 출간된 직후 수십만 부가 팔린 일본과는 매우 대조적이다. 협소한 하드 SF 시장과 중국 당대 문화에 대한 상대적 무관심이 겹쳐진 결과일 것이다. 《K를 생각한다》의 저자 임명묵은 청년 세대의 반중 감정 이유 중 하나로 양질의 당대 중국 문화를 접할 기회가 적었기 때문이라고 했다. 《삼국지》와 《영웅문》을 보며 자란 한국의 중년과는 중국과 중화 문명에 대한 근본적인 인식의 차이가 있다는 것이다. 《삼체》는 완성도와 스케일 면에서 '현대판 삼국지, 서유기'로 불려도 손색이 없을 터인데 일반 독자들에게 제대로 알려지지 않은 것은 아쉬운 일이다.

류츠신은 젊은 여성을 소수의 최후 생존자로 묘사하는 방식으로 남성 중심주의 혐의에서 벗어나려고 했지만 전체적으로 그의 작품에 묘사되는 여성에 대한 관점은 보수적이다. 남성 영웅이 주인공이 되는 경우도 많다. 그럼에도 불구하고 그의 작품을 포함한 중국 SF에서 세계를 구하는 중국인 영웅이 전통적인 미국식 슈퍼히어로나 안티히어로와는 다른 모습을 보이는 것은 주목할 만하다.

그들은 시종일관 나약하고 고뇌하는 모습을 보이며 한쌍의 설명처럼 '윤회관'에 사로잡혀 있다. 그들의 유토피아는 '멋진 신세계'가 아니라 '태평천하'다. 왕야오는 그래서 G2로 부상하는 중국이 전 지구적 위기에 대해 서구 문명과는 다른 대답을 내놓을 가능성에 대해서도 이야기한다. 예를 들어 지구를 포기하고 선택된 소수가 탑승한 '노아의 방주'를 만들어서 다른 행성이나 은하계로 향하는 것이 〈인터스텔라〉를 비롯한 대다수 할리우드 SF 영화의 문법이다. 하지만 〈유랑지구〉에서는 인류가 지하로 거처를 옮긴 지구를 들어 올려 새로운 항성계를 찾아 나선다. 이를 땅에 집착하는 농경 민족 문화의 특성으로 해석하는 사람도 있지만, 선택된 소수가 아닌 대다수의 인류가 함께 생존을 도모하려는 솔루션에 대한 고민의 결과라고 볼 수도 있다.

80허우가 중심이 되는 대부분의 신세대 SF 작가들은 류츠신의 영향을 받고 있으며 그를 존경하지만 새로운 전환을 모색하는 것에도 두려움이 없다. 왕야오를 포함한 적지 않은 여성 작가들의 활약도 두드러진다. 하드 SF의 요구에 구애받지 않고 다양한 형식과 소재의 작품을 내놓고 있다. 인공지능, 안드로이드가 활약하는 사이버펑크와 포스트휴머니즘을 비롯해 기술의 발전이 초래할 우리 삶의 변화에 대한 섬세한 묘사와 상대적으로 자유로운 현실 풍자도 넘쳐 난다.

여성 관점과 소프트 SF가 펼치는 한중 공감대

중국 소프트 SF의 대표작인 하오징팡의 《접는 도시》는 한국의 평론가와 독자들에게도 호평을 받았다. 이 작품은 미래의 베이징을 3개의 공간과 시간으로 분리된 도시로 묘사한다. 각 세계는 함께 공존하면서도 서로가 '보이지 않는 인간'처럼 되어 버린 계급 간 분화를 상징한다. 나는 이러한 분리가 베이징이라는 하나의 공간뿐 아니라 문화 경제 계층에 따른 지역적 분리라는 이중 상징의 의미도 가지고 있다고 판단한다. 초거대 도시, 중형 도시, 그리고 소도시 및 농촌이라는 3개의 분리된 공간 말이다.

작품 속에서 제2공간에 거주하는 대학원생은 나중에 제1공간으로 올라가려면 제3공간에서의 관리 경험이 필요하다고 이야기한다. 이는 중국에서 공산당원으로서 고위직으로 승진하려면 젊은 시절 농촌 간부로서의 근무 경험인 '하향下鄕'이 필요하다는 사실에 대한 풍유다. 시진핑을 비롯한 중국의 고위 당 간부는 모두 이런 과정을 거치면서 성장해 왔다. SF와 같은 중국 장르 문학의 알레고리적 표현이 상대적으로 자유롭다는 사실을 알 수 있다.

이 공간들 사이에는 오직 정부가 통제하는 좁은 채널을 통해서만 정보와 인력이 소통되는데, 이는 중국의 여론 형성 메커니즘에 대한 적절한 묘사로 볼 수도 있다. 중국은 인터넷과 레거시 미디어 사이에 정부의 게이트키퍼 역할이 존재한다. 그래서 한국처럼 인터넷 여론이 레거시 미디어와 상호 작용하면서 전 국민 여론으로 빠르게 확산되는 일은 오직 정부의 의도나 묵인에 의해서만 가능하다.

제1공간 사람들은 상대적으로 해외 정보와의 접촉도 많은 반면 제2공간이나 제3공간의 사람들은 자신의 생활과 무관한 외국 소식에 대해 둔감하다. 예를 들어 2022년 베이징 동계 올림픽이 열리기 직전까지 중국 사람들은 한국 내 반중이나 혐중 감정에 대해 잘 모르고 있었다. 중국 정부의 방침에 따라 언론이 거의 보도를 하지 않았기 때문이다. 그래서 한국 내에서 여론의 초점이 되는 한중 관계 문제들이 중국 내에서는 특정한 경우를 제외하면 큰 관심의 대상이 되지 못한다.

최근 몇 년간 활성화하기 시작한 한국 SF는 여성 작가들을 중심으로 소프트 SF에 강점을 보이고 있다. 덕분에 2022년에는 김초엽의 《우리가 빛의 속도로 갈 수 없다면》과 정보라의 《저주토끼》가 중국어판으로 출간되었다. 코비드19 팬데믹 이전에는 중국의 신세대 SF 플랫폼 '미래사무관리국'의 제의로 한국의 환상 문학 웹진 '거울'이 한중 SF 교류를 진행한 것도 우연이 아니다.

또 다른 흥미로운 사례는 2022년 중국에서 한국 SF 웹툰 〈문유〉를 〈독행월구獨行月球〉라는 제목으로 영화화한 것이다(국내에는 〈문맨〉이라는 제목으로 개봉했다). 이 영화는 중국에서만 한화 6000억 원에 해당하는 천문학적 흥행 기록을 세웠다. 한한령限韓令으로 인해 한국 영화가 수입되지 않는다는 현실적 제약이 있었지만, 중국의 SF 영화 제작 기술이 한국보다 한 수 위라는 사실을 인정하면 괜찮은 성공 조합으로 여겨질 수도 있다.

여기서 한 걸음 더 나아가 한중이 공동으로 영화를 제작했다면 어떤 결과가 나왔을지 상상해 볼 수 있다. 한중 공동 연출이나 한중 배우의 공동 출연이라면 중국 시장 바깥의 관객들도 거부감 없이 받아들일 수 있었을지 모른다. 물론 이런 시도가 성공하기 위해서는 문화적인 차이를 극복하기 위해 많은 시행착오와 노력이 우선되어야 할 것이다.

성장과 리스크 관리를 아우르는
중국의 쌍순환 전략

유럽과 일본의 시골을 동경하는 중국 귀농 청년들

중국 최초의 도시 청년 귀농기라 할 만한《촌스럽지 않은 촌살이土里 不土氣》에서 '리里'는 일본어 '사토야마里山'에서 따온 표현으로, 마을 사람들이 땔감과 식량 등을 얻는 '부근의 산'을 뜻한다. 일본의 농촌 지역 환경과 전통 생활 문화를 설명할 때 빠지지 않고 등장하는 말이라 대만을 통해 중국에도 널리 알려졌다. 인공물로 가득한 도시도, 원시림의 야생도 아닌 인간의 문명과 자연이 어우러져 사는 공간을 의미한다.

베이징 출신으로 생물학 전공자인 80허우 남녀 유학생이 노르웨이에서 알게 되어 부부로 연을 맺었다. 이 젊은 부부는 귀국 후 각기 환경 NGO 활동가가 되었다. 그러다가 몇 년간의 직장 생활을 접고 베이징 도심에서 70킬로미터 정도 떨어진 근교 지역으로 귀촌해 자급자족 생활을 영위하기 시작했다. 시골 살림살이를 교과 과정으로 하는 '가이아 자연 학교'를 열어 아이들도 가르쳤다.

이 책은 이들의 7년간의 시골살이를 손수 그린 예쁜 삽화, 직접 찍은 사진과 함께 정리한 것이다. 다양한 도구로부터 시작하는 시골 생활 '서바이벌' 기능들, 주위에서 관찰한 동식물 이야기, 근처에서 얻기 쉬운 재료로 만든 '샤방'한 요리 레시피까지 알차게 담았다. '우리 마을 홍 반장'처럼 부부와 교감하며 늘 도움을 주고받는 시골 마을 이웃들에 대해서도 꼼꼼히 소개한다. 가끔씩 시골을 찾았을 때는 무뚝뚝하고 불친절하게만 느껴지던 농촌 사람들의 말투나 표정이 나름의 생활 조건 속에 적응한 소통 방식이라는 것을 깨닫고 나서 부부는 마을의 진짜 주민이 되었다.

중국에서 도시로 나왔다가 농촌으로 돌아간 '반향返鄉 청년'이라는 말이 등장한 것은 2010년경이다. 한국에도 《백년의 급진》《여덟 번의 위기》 등으로 알려진 정치 경제학자 원톄쥔溫鐵軍은 청년과 농민, 시민들이 함께하는 '신향촌 건설 운동'의 리더이기도 하다. 2001년경부터 시작된 이 사회 운동은 중국판 새마을운동인 '신농촌 건설'이나 2017년부터 중국 정부의 국가 발전 중점 전략으로 추진된 '향촌진흥' 정책과 궤를 같이한다.

그는 근대화, 도시화, 공업화 과정에서 발생한 여러 사회 문제를 글로벌 자본주의를 비판하는 시각으로 분석하는 동시에 이를 해결하기 위해 '생태 문명 건설'을 주장한다. 보통 사람들의 구체적인 실천과 이를 뒷받침하는 정부의 정책으로 소농 중심의 생태 농업을 포함한 1, 2,

3차 산업의 융복합 발전, 한국의 군 행정 단위 정도에 해당하는 현縣 지역을 중심으로 한 경제 생태계 건설, 도시와 농촌의 상생 발전을 제안한다. 중국 경제의 고질적 문제가 되어 버린 생산과 금융 과잉 자본을 농촌에서 흡수하는 방식으로 버블 붕괴도 피할 수 있다고 말한다.

이 주장의 반대편에는 상하이교통대학의 루밍陸銘 교수가 있다. 그는 중국판 《도시의 승리》라고 할 만한 《대국 대도시大國大城》(2016)와 《중심 지향 도시向心城市》(2022)를 연이어 출간했다. 《도시의 승리》와 《도시의 생존》의 저자인 하버드대학교의 에드워드 글레이저와 중국의 도시화에 대해서 10년간 공동 연구를 진행한 적도 있다. 2020년 인구 센서스에 의하면 중국의 도시화율은 64퍼센트인데, 그는 선진국의 사례에 비추어 중국도 서둘러 80~90퍼센트의 도시화율을 달성해야 한다고 주장한다. 매년 도시화율이 약 1퍼센트씩 증가하는 중국의 현실에 비춰 봤을 때 앞으로 15~20년 사이에 이뤄질 일이다. 특히 인구 1000만~4000만 명에 달하는 메갈로폴리스가 10여 개 등장할 것을 예견한다.

중국에서 도시화율을 뜻하는 표현인 '성진화율城鎮化率'은 특별한 의미를 갖는다. 중국에서 성城은 전통적으로 도시를 의미하고 현성縣城과 향진鄕鎮은 농촌의 중심지, 즉 군청과 읍면사무소 소재지를 의미한다. 그래서 '성진'이라는 개념은 농촌의 중심지를 소도시에 포함시킨다. 웬만한 농촌 중심지의 인구가 유럽 소도시의 인구에 버금가기 때문이기도 하고, 대도시뿐 아니라 농촌을 포함한 지역을 고루 발전시켜서 인구를 분산시키겠다는 의도도 있다. 그래서 중국 정부는 '신형성진화新型城鎮化'라는 도농과 대중 소도시의 조화를 뜻하는 모델을 제시한 적도 있다. 원톄쥔은 도시화를 의미하는 영단어 'urbanization'이 아니라 'townization'이라는 중국판 영어 신조어를 만들어 이 모델을 설명한다. 향촌 건설파는 미국이나 일본과 같은 대도시 중심형 발전이 아니라, 유럽에서도 독일처럼 지역적으로 분권화된 국토 발전 모델을 선호한다.

이를 반박하기 위해 루밍은 EU 모델의 문제점을 지적하는 것에서 출발한다. 그가 주로 비판하는 중국의 정책은 거주 이동의 자유를 제한하는 호구戶口 제도와 과도한 지역 균형 발전 정책이 초래한 자원의 왜곡된 배분이다. 이 문제점들을 한마디로 정리하자면 단기적이고 국지적인 이익을 추구하기 위해 장기적이고 전체적인 이익을 훼손시키고 있다는 것이다. 중국 내에 거대한 통일 시장을 만들어서 지역 간 상품과 생산 요소의 교역을 자유로이 허용하는 것이 가장 효율적인 발전의 계책이라고 본다.

그는 EU를 결성하고 유로화를 도입한 경제적 동기가 이런 통일 시장을 만들기 위한 것이었지만 실제로는 민족과 문화, 언어가 분리되어 있고 경제 상황과 조건의 차이가 큰 국민 국가들이 함께함으로써 어려움을 겪게 되었다는 사실을 조목조목 따진다. 서유럽과 남유럽의 'PIGSPortugal, Italy, Greece, Spain' 국가 상황이 매우 달랐고 여기에 EU와 유로존이 동구권으로 확장되면서 더 큰 어려움이 생겨난 것이다.

그럼에도 불구하고 EU는 거주 이전의 자유를 제도적으로 보장하여 자본뿐 아니라 노동력의 이동이 자유롭다. 단일한 국민 국가인 중국은 통일된 재정을 가지고 있고 민족, 문화, 언어의 장벽이 없기 때문에 통일된 시장을 만들기에 훨씬 유리하다. 하지만 도농으로 이원화된 호구

제도를 유지하고 노동 시장을 통일하지 않는 것은 스스로 발목에 족쇄를 채우는 격이다. 그래서 그는 중국이 염려해야 하는 것은 '남미병'이나 '중진국의 함정'이 아니라 'EU병'이라고 말한다.

그에게 이상적인 국가 발전 모델은 EU가 아니라 미국이다. 또 상하이를 중심으로 하는 장강 삼각 지역은 문화적 성향이 비슷한 일본의 도쿄 권역 메갈로폴리스의 발전상을 배워야 한단다. 루밍에게는 2개의 서로 다른 중국이 존재한다. 상하이나 광둥성을 중심으로 제조업 등이 발달해 자연스럽게 사람이 몰리는 동남 연안 지역과 농촌 지역이 많아 지속적으로 인구가 줄어드는 중서부 내륙 지역에는 서로 다른 발전 모델이 필요하다고 제안한다.

도시 발전론자가 생각한 고질적인 경제 문제

루밍이 생각하는 현대 중국 경제의 고질적 문제 중 하나는 정부의 시장 금리에 대한 직접 통제다. 은행이 저금리를 유지하도록 정부가 강제함으로써 쉬운 대출과 투자 과잉을 유발해 왔다. 그 결과 중 하나가 부동산 거품이다. 더 큰 문제는 지역의 발전 모델이다. 중앙 정부가 사업을 거시적, 지역별로 안배하는 일본이나 한국과 달리 중국의 경제 발전 정책은 단기적 GDP 목표를 두고 각 성끼리 경쟁하도록 유도해 왔다. 중국은 정치가 고도로 통일된 것과 달리 경제적으로는 분권화되어 있기 때문이다. 결국 각 성들은 높은 GDP 목표를 달성하고 동시에 안정된 세수를 확보하기 위해 많은 자본을 투자하는 제조 대기업을 유치하는 것이 유리하다는 나름의 합리적 결론에 도달하게 된다.

그래서 지역마다 수많은 자동차 제조업체가 난립하고 태양광 발전 관련 업체들도 우후죽순 생겨났다. 과거에 전 세계적으로도 자동차 업체들의 합병과 대형화가 진행되었던 것처럼, 아무리 거대한 중국 시장이라도 통일된 상품 시장 내에서 경쟁력을 확보할 수 있는 업체와 지역에는 한계가 있을 수밖에 없다. 현재 중국이 앞서고 있는 전기 자동차 산업에서도 같은 현상이 벌어지고 있다. 엄청나게 많은 브랜드가 등장하고 있지만 외국에도 이름이 알려질 만한 전국 브랜드는 2~3개뿐이다.

또 다른 문제는 경쟁적으로 추진되는 신도시 개발이다. 중국은 지역 균형 발전과 지역별 농지의 안정된 확보를 위해 성별로 택지 개발 면적 지표를 균등하게 나눠 줬다. 그래서 동부 연안 지역은 인구가 몰려도 택지를 개발할 수 없게 제한되어 있고, 인구가 유출되는 내륙의 성들은 넉넉히 배정된 건설 지표에 따라 신도시를 무분별하게 개발했다. 이게 바로 중국의 유령 도시 '고스트 타운鬼城'의 실체다.

공단이나 신도시 인프라와 같은 개발은 모두 지방 정부의 부채 발행을 통해 이뤄진 것들이다. 결국 투자 회수율이 매우 낮기 때문에 부실 채권이 될 수밖에 없다. 부실 채권을 해결하기 위해 다시 통화 정책이 개입되면 부동산을 포함한 자산 시장으로 돈이 몰려 거품을 키운다. 지방 정부의 모럴 해저드 문제도 해결되지 않는다. 생산 자본 과잉과 불량 채권에 의한 금융 부실, 그리고 금융 자본 과잉은 개혁 개방 이후 40년간 누적되어 온 중국 경제의 고질병이다.

루밍이 중국 거시 경제에서 발견한 또 다른 큰 문제는 경제 구조의 이중화다. 최근 한국 내에서 《좋은 불평등》과 같은 책을 통해 과거 30년간 한중의 밀접한 경제 발전이 한국 경제에 구조적 이중화 문제를 가져왔다는 주장이 불거졌다. 그런데 중국 내에 같은 문제가 발생하고 있다고 한다. 이를 상징적으로 보여 주는 결과가 중년 이상의 농민공들이 대도시를 떠나 고향으로 돌아가는 현상이다. 이들은 주거비를 포함한 도시의 물가가 오르는 데 비해 예전에 하던 단순 육체노동의 급여 수준은 많이 오르지 않아 도시 생활이 어려워졌다고 말한다. 반면 새롭게 생겨나는 일자리의 수는 적고 더 높은 교육 수준을 요구한다. 즉, 기술과 생산성이 향상된 소수의 노동자들을 원하는 것이다. 루밍은 2022년 한국에도 소개된 스콧 로젤의 《보이지 않는 중국》의 연구 결과를 제시하며 농촌 지역의 교육 수준 향상만이 노동의 수요와 공급을 매칭시킬 수 있다고 말한다. 이런 상황의 개선은 대략 한 세대, 즉 30년 정도의 시간이 지나야 가능하다. 그가 잠정적 대안으로 제시하는 것은 서비스업의 발전이다. 대도시에 인구가 밀집하면 서비스업이 발전하고 이들 중소기업에서 많은 일자리가 생성된다. 상대적으로 교육 수준이 낮은 인력도 다양한 서비스업에 종사할 수 있게 된다.

중국의 동남 연안 제조업이 로봇을 포함하는 자동화 생산 설비의 투자를 늘리고 자본의 유기적 구성의 고도화 흐름을 선도하는 가운데 일자리는 줄고 노동 소득도 줄어든다. 중국의 국민 총소득GNI 중 노동 소득 비중은 갈수록 줄어드는데 이는 내수형 소비 시장의 발전에 큰 제약이 된다. 일자리 증가와 노동 소득이 GDP 성장을 따라가지 못하면 보통 사람들은 나라가 잘살게 되었다는 언론 보도를 볼 때마다 자신들의 살림살이가 나아지지 않는 것에 의아함을 느끼게 된다. 어디서 많이 들던 이야기다.

호구제의 빛과 그림자

최종적인 답안이 대도시의 발전이기 때문에 '중심 지향 도시'라는 어휘가 성립한다. 마치 '사람은 한양으로 가야 하고 말은 제주도로 가야 한다'는 한국 속담처럼 중국에는 '사람은 높은 곳으로 올라가고 물은 낮은 곳으로 흐른다人往高處走水往低處流'라는 말이 있다. 그래서 사람은 높은 임금과 좋은 생활 환경을 좇아 농촌에서 도시로, 소도시에서 대도시로, 대도시의 교외 지역에서 도심부로 몰린다는 것이다. 그래서 이런 자연스런 흐름을 막지 말아야 하는데 중국 정부는 도농과 지역 균형 발전을 명목으로 호구제를 유지하며 거주 이전의 자유를 제약하는 것이다. 심지어 1975년 개정된 중국 헌법에서는 '거주 이전의 자유'가 삭제되었다.

루밍은 만일 호구제가 폐지되고 농민을 포함한 중국 내 도시 이주민들이 현지 주민과 같은 수준의 의료, 교육 등의 공공복리와 부동산 거래권 등의 혜택을 누리게 되면 여러 선순환이 일어날 것이라고 예상한다. 우선 농민공들이 가족과 함께 도시로 이주해 오면 농촌에 노인, 부녀자, 아이들만 남아서 발생하는 농촌 가정의 사회 문제들을 해결할 수 있다. 이들 가정이 고향으로 돌아가지 않고 도시민으로 정착하는 장기 목표를 갖게 되면 생활이 안정됨에 따라 도시에서의 내수형 소비가 증가하고 서비스업이 더욱 발전한다. 즉, 교육 수준이 낮은 이주민들은 서비스업에 종사하는 노동자가 됨으로써 서비스 시장을 활성화시키고 그 자신도 소비자로 참여하게 된다.

그렇다면 도시 인구 증가와 비례해 악화될 가능성이 높은 각종 도시병은 어떻게 치유해야 할까? 루밍은 기술과 관리가 뒷받침하는 다양한 정책으로 문제를 해결할 수 있다고 이야기한다. 그리고 이러한 규제는 '사람' 자체가 아니라 문제를 일으키는 특정한 '행위'를 타깃으로 삼아야 한단다. 세부적으로 쪼개서 원인을 파악하고 환부만 도려내는 외과 수술식 대책을 내놓아야 한다는 것이다.

중국 각급 정부의 관료주의적 행태는 문제가 발생하면 아예 원인 자체를 봉쇄해 버리려는 경향을 보인다. 중국 정부가 '제로 코비드'라는 거대한 정치적 구호와 성과에 도취되어 훨씬 복잡한 해결책을 요구하는 '위드 코로나'로 적절한 시기에 전환하지 못한 것도 같은 이유 때문이다. 중앙 정부가 제로 코비드 정책을 완화하기 위한 전환을 모색하는 가운데에도 많은 동네와 마을 단위 정부들이 일방적인 출입 통제라는 방법을 강요하려다가 일부 주민들의 격렬한 반발을 사기도 했다. 임대료를 계속 부담해야 하지만 경제 활동에 나설 수 없었던 기층 이주민들의 반감이 특히 컸다.

호구 정책은 자연적 균형이 아니라 인위적 규제라는 점에서 분명히 두 얼굴을 가지고 있다. 중국 상하이나 베이징 같은 대도시 지방 정부는 농민공을 비롯한 이주민들이 많이 사는, 비교적 물가와 집세가 저렴한 서민 거주지를 철거하는 정책을 적극적으로 펼치면서 도시를 발전시켜 왔다. 초반에는 구도심 지역, 도시가 확장된 이후에는 교외 지역에서 벌어진 일들이다. 원주민들은 권리를 인정받아 많은 경제적 혜택을 입고 중산층으로 도약할 기회를 얻었지만 세를 들어 사는 이주민들은 철거민 신세로 전락했다.

특히 2017년 베이징 교외에서 한겨울에 벌어진 무차별적이고 가혹한 철거 행위에 대해 많은 사회적 비판이 제기되었다. '사회적 약자低端人口'의 삶과 노동을 존중하고 보호하는 것이 아니라 중산층, 상류층과 고학력자만으로 이뤄진 '첨단 국제도시'를 만들려는 것이냐는 지적이었다. 이들에게는 호구가 배정되어 사회 복지 혜택을 누릴 수 있고, 철거된 지역에 지어진 새 고급 아파트를 거래할 수 있는 권리도 따라온다. 학력이 높아서 고소득 직장도 쉽게 얻기 때문에 자산 소득과 노동 소득 모두 농민공보다 훨씬 많아진다. 도시 호구를 얻지 못한 농민공들은 수년간의 노동을 통해 번 수입을 가지고 농촌으로 돌아가야 하는데 이들의 자녀들은 상대적으로 열악한 교육과 문화 환경 속에서 성장하므로 좋은 학교에 진학하거나 도시에 있는 고소득 직장을 얻을 가능성이 낮아진다. 이렇게 도시와 농촌의 호구가 신분화하고 이를 대물림할 수 있다는 염려는 계급 고착화에 대한 우려로 이어진다. 당시 베이징 시장이었던 차이치蔡奇는 2022년에 열린 20차 당 대회에서 정치국 상무 위원으로 승진하는 등 승승장구하고 있다.

하지만 실제 자세한 내용을 들여다보면 단순한 사회적 강자와 약자의 대립 구도가 아니다. 호구 제도 폐지는 농민들의 고향 택지와 농지에 대한 사용권도 포기해야 한다는 것을 의미한다. 게다가 고향에서 전통적으로 보장되어 있던 생활권을 버리고 도시로 옮겨 와 단기간에 생활 기반을 마련할 수 있으리라는 보장도 없다. 저소득층의 생존을 보장하는 공공복리 등의 사회 안전망이 충분히 마련되지 않은 국가에서 이주민들이 전통 촌락 사회의 사적 사회 안전망조차 없는 대도시에 갑자기 놓이게 되면 도시 빈민으로 전락할 수 있다는 것은 많은 저개발 국가의 도시화, 공업화 역사에서 나타난 현상이다.

　내 주위에도 저소득 노동에 종사하는 농촌 출신 대도시 이주민들이 있는데, 실제로 이들에게서 농촌 호구 유지를 선호하는 현상을 발견할 수 있었다. 농촌 호구가 기본 생활을 보장하는 경제적 안정의 기반이 되기 때문이다. 동네에서 여러 집의 집안일을 살펴 주는 한 중년 여성의 사례다. 남편은 근처 대학 병원에서 앰뷸런스 기사로 일하고 있다. 후난湖南성 농촌 출신인 부부의 외아들은 어릴 적 광저우에서 지냈는데 지금은 고향에 위치한 전문 대학 졸업반이고 나중에는 광저우가 아닌 후난성 성도인 창사長沙에서의 취업을 희망하고 있다. 남편의 호구는 고향의 현성 지역으로 옮겨 5층짜리 건물을 하나 짓고 부모를 비롯해 친족들이 거주하고 있지만 나머지 가족들의 호구는 모두 고향 농촌 마을에 남겨 두고 있다. 직접 농사를 짓지는 않지만 농업 회사에 임대를 주고 소득을 올릴 수 있기 때문이다. 마을에 남아 있는 농가 주택도 마찬가지로 임대 소득원이 될 수 있다. 부부는 수년 후 은퇴하면 부모가 있는 현성으로 돌아갈 계획이다. 이런 사례가 일반화되고 있으며 향촌 진흥 정책의 성과가 가시화되는 증거로 볼 수 있다. 부연하자면, 남편의 막내 여동생 부부는 광저우에서 성공한 기업가가 되어 세 채의 집을 소유하고 가족들 모두 광저우 호구를 얻었다. 농촌 출신 도시 이주민들도 처지에 따라 다양한 선택을 하고 있다.

연안의 리버럴 vs 내륙의 구좌파

루밍은 남북방 세력권으로 구분되는 전통 중국에 대한 역사적이고 정치적인 시각을 통해 동남 연안을 중심으로 한 도시화 추세의 당위성을 설명하기도 한다. 중국 대륙에서는 통일 국가 수립 이후 역사적으로 3번의 중심권 이동이 있었는데 첫 번째는 당송唐宋 시대를 거치면서 정치와 경제의 중심이 중원에서 장강 하류 지역으로 이동한 시점이다. 남방의 농업 생산력과 상업이 함께 발전했기 때문이다. 두 번째는 명明이 수도를 남경에서 북경으로 옮기면서 정치와 경제의 중심이 분리된 시점이다. 다시 북방을 포함한 중국 전역으로 에너지가 분산된 것이다. 그리고 이 흐름은 1949년 중화인민공화국이 수립되고 계획 경제 정책이 실행되던 시절에도 지속되었다. 주요 대학과 산업 지역을 동북, 서북, 서남 지역 등 내륙에 배치하며 인구와 경제 규모를 지역별로 균등하게 유지하겠다는 정책 목표가 유지되었다.

1978년 개혁 개방과 함께 세 번째 이동이 시작되었는데 사람과 자본이 다시 동남 연안으로 몰렸다. 글로벌 경제와 연결되는 관문 역할을 하는 큰 항만 지역이 중심이 되었다. 장강 하류에 위치해서 적은 물류비용으로 먼 지역까지 경제적 영향력을 넓히기에 가장 유리한 상하이와 장강 삼각 지대가 일등이고, 홍콩의 배후지인 주강珠江 삼각 지대와 광둥성이 그다음이다. 끝으로 발해만을 끼고 있으며 베이징에서 가까운 톈진이 있다.

장기적인 역사적 시각으로 봤을 때 이 설명은 분산과 쏠림, 중심의 이동이 수백 년 주기로 반복되는 것을 고려한다면, 동남 연안 지역의 도시화, 공업화, 현대화의 흐름을 자연스럽게 받아들여야 한다는 논리로 이어진다. 베이징을 중심으로 한 북방의 균형 발전 세력과 상하이를 중심으로 한 남방의 연안 발전 선도 세력 간의 담론 대결이 매우 추상화된 형태로 표현된 것이다.

원톄쥔과 루밍의 입장은 각기 전형적인 좌파와 리버럴 간의 논쟁처럼 들리기도 한다. 원톄쥔은 마오쩌둥의 현장 중시와 실사구시實事求是를 강조하고, 루밍은 자신이 1960년대 미국의 민권 운동에 영감을 받았다는 사실을 감추지 않는다. 하지만 두 학자 모두 자본이나 국가 대신 사람과 약자를 위한 경제 발전을 목표로 삼기 때문에 적절한 타협점을 찾을 것으로 보인다.

루밍은 GDP 기준의 발전을 최우선으로 삼는 경제주의자처럼 보이지만 그가 지향하는 대도시는 '인간의 얼굴'을 하고 있다. 그는 지역 균형 발전이든 대도시 중심의 발전이든 자본보다는 사람의 이동을 우선순위로 놓고 생각한다. 자본을 동원해 섣불리 사람을 움직이려 하면 장기적이고 지속 가능한 배치를 만들어 낼 수 없다고 믿는다. 루밍은 《대국 대도시》의 한 챕터를 자살한 폭스콘 노동자이자 시인인 쉬리즈許立志의 시를 인용하는 것으로 연다. 호구 제도가 도시민이 되고 싶어 하는 농민공들의 행복권 추구를 침해하고 있다는 사실을 드러내려 한 것이다.

그가 기대하는 대도시와 도심 지역은 신작로와 마천루로 가득한 곳이 아니다. 그는 베이징과 상하이, 상하이의 신도심(푸둥浦東)과 구도심(푸시浦西)을 비교하면서 주로 후자의 손을 들어 준다. 즉, 큰길과 작은 길이 적당히 섞여 있고 골목길 상권이 살아 있는 '걷기 좋은 도시walkability'를 선호한다. 또 철거와 재개발로 중심 업무 지구Central Business District, CBD를 만들어 사무실 빌딩만 즐비하고 야간에는 사람이 살지 않는 도심은 인구 밀집 효과를 충분히 누릴 수 없다고 이야기한다. 도심 지역도 일과 생활이 공존하는 공간이어야 한다는 것이다.

베이징을 중심으로 한 주택 단지와 빌딩들은 특히 예전부터 담장을 둘러친 형태로 발전해 왔기 때문에 단지 내 도로들이 공공화되지 못하고 그만큼 보행자들이 불편을 감수하는 상태를 유지해 왔다. 1990년대 중후반, 국유 기업의 도산과 정리 해고 열풍이 불어닥쳤을 때 이런 담장을 허물고 골목 상권과 구멍가게 영업을 활성화시켜 노동자들이 자영업자로 전환되었고 덕분에 위기를 극복한 사례도 있다. 그런데 지금 다시 담장을 둘러치고 통로들을 막고 있다는 것이다. 그는 도심이 재개발되어도 서비스업 기층 노동자들이나 대학을 갓 졸업한 청년들이 저렴한 가격에 임대할 수 있는 주거 공간이 많아야 한다고 주장한다. 용도 변경을 통해 택지를 늘리고 소형 평수의 공공 임대 주택을 많이 공급하는 것도 방법이고, 셰어 하우스share house 등의 주거 형태를 장려할 수도 있다. 인구 밀집도가 높고 임대료가 낮은 기존의 서민 거주 지역을 보존하는 것도 한 방법이다. 베이징과 같은 대도시에서는 안전 문제 등을 이유로 이를 불허하고 서민 주거 지역의 건물을 너무 쉽게 철거해 버린다.

반대로 광둥 지역의 광저우나 선전深圳 같은 도시들은 농지들을 상업 지구나 신규 주택 단지로 개발하면서 중간중간 농촌 택지 마을들을 포위하는 형태로 남겨 놓았다. 한편으로 이곳 원주민들의 서민형 다세대 주택 증축을 허용해서 소위 도심 속 마을, 성중촌城中村이라 불리는 지역이 생겨났다. 지금도 저소득 노동자들이 이곳에 거주하며 도심으로 편하게 출퇴근한다. 이곳의 주거 환경은 상대적으로 좋지 않지만 적당한 관리가 이뤄지면서 범죄나 위생, 소음 등의 문제는 그리 심하게 발생하지 않는다. 또 중산층 거주 아파트 단지를 포함해 다양한 계층의 시민 주거 형태가 상업 지역, 사무 지역과 함께 도심 내에 조화롭게 공존해서 자연스럽게 '소셜 믹스social mix'를 만들어 낸다. 이런 노력에 힘입어 광저우, 포산佛山, 둥관東莞, 선전을 잇는 주강 삼각 지역 일대는 인구 4000만 명이 넘는 중국 최초의 메갈로폴리스로 발전했다. 광둥성의 상주인구는 이미 1억 명이 넘고 GDP도 한국을 앞질렀다. 만일 정치적인 문제로 갈등이 빚어져 통합에 어려움을 겪고 있는 홍콩과 마카오 등이 결합되면, 흔히 다완취大灣區, Greater Bay Area로 불리는 이 지역은 세계 최대 메갈로폴리스로 발전할 수도 있다.

'인간미 있는 도시'를 만들기 위한 또 하나의 조건은 호구 철폐를 전제로 한 공공복리의 강화다. 루밍은 시장 기제의 작동에 의해 개인별로 소득 격차가 생기는 것은 불가피하다고 생각한다. 대도시의 시민들은 다양한 직종에 종사하기 때문에 수입도 천차만별일 수밖에 없다. 그래서 소득을 재분배하기 위해 정부가 누진적 소득세를 통해 수입이 많은 사람에게 더 많은 세금을 걷고, 재정을 동원해 질 높은 교육이나 의료 서비스를 제공하고, 공공 임대 주택의 공급을 확대할 것을 주장한다.

쌍순환하는 중국

그렇다면 내륙의 농촌 지역과 중소도시의 발전에 대한 그의 제안은 무엇일까? 그는 전통적인 인구와 경제 규모의 지역 균형 정책에 반대한다. 대신에 1인당 실질 GDP, 즉 1인당 구매력 기준으로 지역 간 격차를 줄일 것을 주장한다. 즉, 개인들이 느끼는 삶의 질이 높아지면 농촌에서 도시로 이동할 필요가 사라진다. 각 지역은 자기가 비교 우위를 갖는 산업을 육성해야 하는데 농촌 지역에서는 농업, 관광업, 그리고 자원 관련 산업이 이에 해당한다. 그런데 이런 산업들의 생산성이 높아지는 데는 한계가 있고 그래서 인구는 갈수록 줄게 된다. 인구가 줄면 생산자 입장에서는 규모의 경제를 만들어 낼 수 있고 개개인의 소득은 자연스럽게 증가한다는 것이다. 그러자면 사람이 살지 않는 농촌 마을이 늘어나거나 산업 경쟁력이 약한 중소도시의 인구가 줄어드는 현실을 받아들여야 한다.

대표적으로 둥베이東北 지역은 계획 경제 시절 초기인 1950~1960년대에 중공업 위주의 국유 기업 경제가 발전했던 지역이다. 이후 쇠락의 길을 걷게 되는데 중앙 정부의 투자에도 불구하고 '밑 빠진 독에 물 붓기'처럼 지금까지도 인구가 지속적으로 줄고 있어 근심의 대상이다. 루밍 교수는 관점을 바꿔 보라고 이야기한다. 2004~2014년 사이 둥베이의 경제 실적을 보면 1인당 소득은 3배 이상 늘었을 뿐 아니라 전국 평균을 상회하고 있는데 과연 이를 퇴보로 볼 수 있냐는 것이다. 드넓은 평원 지역으로 기계화된 대농장 경영이 가능한 지리적 특성을 고려하고 견디기 힘든 혹한을 생각해 봐도 많은 사람이 이 지역을 벗어나 남쪽으로 이주하는 것은 자연스러운 흐름이라는 것이다.

중국 정부는 이미 2019년부터 호구 정책을 대폭 완화하는 정책을 발표해서 실시하고 있다. 이미 인구 300만~500만 명 사이의 도시는 이주민들에게 조건 없이 호구를 내어 주고 있다. 또 500만 이상의 도시들도 다양한 방법을 통해 호구를 얻을 수 있는 자격을 부여하고 자격이 되지 않아도 거류 신고를 하면 상당 수준의 복리 혜택과 참정권이 주어진다. 상하이 지역, 광둥 지역의 상주인구 중 40~50퍼센트가 호구를 갖지 않은 이민자들이라는 현실을 고려하지 않을 수 없었을 것이다. 중국과 유사한 사회주의 정치 체제를 유지하면서 최근 빠른 속도로 발전하고 있는 베트남은 2023년부터 호구제를 완전 폐지할 것을 선언했는데 중국도 결국 그 길을 따르게 될 것으로 보인다.

이렇게 보면 대도시를 중심으로 한 발전 정책과 당초에 중앙 정부가 추진하던 향촌 진흥이나 신형성진화 계획은 적당한 선에서 타협할 수밖에 없다. 루밍이 예견한 대로 중국 내에 인구 수천만 명에 달하는 메갈로폴리스 10여 개가 생기고 각 성의 행정 수도 같은 대도시를 모두 셈하면서 인구 포화도를 최대한 충족시킨다고 해도 결국 4억 명을 넘기는 쉽지 않다.

나머지 10억 인구에게는 지역에서 어떤 경제적 삶이 가능할까? 양쪽 진영 연구자들이나 중국 정부에서 고무적으로 바라보는 사례들이 등장하고 있다. 중국의 소도시는 상주인구 5만 명을 기준으로 삼지만 농촌 지역 곳곳에 '알리바바 마을淘寶村'이라 불리는 도시형 경공업 클러스터가 등장해 인터넷 판매로 내수와 수출 시장을 확대하고 있다. 이것은 완전히 자생적으로 벌어진 일이다. 알리바바에서 빅 데이터를 분석하던 중 우연히 이 현상을 발견해 분석하기 시작했다.

도시에서 일한 경험이 있는 농민들이 귀향해 소규모 공장을 만들어서 이케아 가구 모방품을 제조해 알리바바를 통해 판매하기 시작했다. 이웃들도 돈벌이가 되는 것을 보고 같은 형태의 공장을 차리면서 지역별로 특정 상품에 대한 규모의 경제를 만들게 된 것이다. 사실 이러한 농촌 지역의 제조업 부흥은 명청明淸 시기나 개혁 개방 초기인 1980년대의 향진 기업 사례에서도 찾아볼 수 있다. 농민들은 수입을 늘리기 위해 농작업과 공장에서의 작업을 겸했다. 1990년대에는 내수보다 수출이 중시되면서 제조업의 중심이 동남 연안 지역으로 옮겨 감에 따라 향진 기업은 역사의 무대 밖으로 사라지게 된다. 그런데 인터넷 쇼핑 플랫폼이 활성화되면서 지역의 소규모 제조업이 되살아나고 있는 것이다.

'농촌 생태 문화 관광지特色小鎭' 수요도 늘고 있다. 코비드19 팬데믹이 닥치기 직전에도 붐이 일었지만 3년간 이동이 제한됨에 따라 침체가 불가피했다. 하지만 중국이 '위드 코로나'로 태세를 전환했고 국제 정세 때문에 국외 여행이 예전만큼 수월하지 않으므로 다시 활기를 찾게 될 것으로 기대한다. 중국 정부는 이러한 융복합 산업의 생산성을 높이기 위한 관건 중 하나가 농촌의 디지털화라고 판단하고 있다. 따라서 알리바바나 텐센트 같은 플랫폼 대기업들도 정부의 격려 속에 이 분야의 연구와 실험을 가속하고 있다.

선진국의 과제는 성장보다 리스크 관리

중국의 국토 발전 모델은 한국에 어떤 시사점을 주고, 중국은 또 한국에서 무엇을 배워야 할까? 루밍의 주장은 설득력이 있지만 답해야 할 중요한 문제들이 있다. 첫째는 '리스크'다. 투자 포트폴리오 구성 이론을 이야기할 때 늘 등장하는 격언 중에 '계란을 한 바구니에 담지 말라'는 말이 있다. 중국의 지역 균형 발전 모델도 오랜 역사에 기반한 리스크 관리의 일환이다. 둘째는 그가 중국 발전의 가장 좋은 모델로 삼는 미국이 직면한 문명적 위기다. 즉, 생태 위기와 경제적 불평등이 그것이다.

마오쩌둥 시절에 추진했던 소위 '삼선三線 건설'도 미국 혹은 소련과의 갈등이 격화하면서 군수 산업을 내륙으로 옮겨 적의 공격으로부터 보호하려던 의도가 있었다. 과연 현재 국제 정세는 평화와 안정 속에서 오로지 번영만 추구하면 되는 것일까? 최근 몇 년간의 현실은 그와는 정반대인 것 같다. 대만을 둘러싼 갈등에서 볼 수 있듯 중국에서는 미국의 경제적 견제와 봉쇄에 의한 어려움을 넘어 직접적인 군사적 충돌의 가능성이 높아지고 있다. 한국 언론은 중국이 대만을 침공하는 시나리오 위주로 보도하지만, 중국이 대만을 쉽사리 침공할 수 없다고 자신하는 반중 성향의 한국 전문가들은 역설적으로 '진실'을 이야기한다. 소국에 불과한 대만이지만 만일 중국의 동남 연안에 집중적인 타격을 가한다면 궤멸적인 피해를 입힐 수도 있다는 것이다(물론 중국은 대만이 미국 미사일 등의 무기를 구매해 대륙을 직접 대규모로 공격할 수 있는 수준의 무장을 허용하지 않을 것이다). 갈수록 심해지는 기후 변화의 피해도 주목해야 하는데, 식량 생산 등에 차질이 빚어질 것이다. 러시아-우크라이나 전쟁 같은 외부 재난이 에너지와 식량 수급에도 직접 영향을 끼친다. 특히 루밍이 주장하는 기계화된 현대식 농업은 아직도 대규모의 화석 에너지 사용을 전제로 한 것이다.

원톄쥔은 외부의 자원과 자본이 봉쇄된 시절의 중국을 경험했던 현장 중심 연구자다. 그는 또 북한에 대한 현장 실사나 쿠바의 경험을 통해 미국의 봉쇄 정책이 농업을 비롯한 여러 산업에 어떤 영향을 끼치는지도 살펴봤다. 내일이라도 에너지와 식량을 비롯한 다양한 자원 공급이 외부로부터 끊어질 경우 어떤 일이 벌어질지 잘 알고 있다. 지구 온난화로 빙산이 녹아 해수면이 상승하면서 주로 동남 연안의 상당 지역이 침수될 것이라는 예측도 이미 현실화되고 있다. 매년 태풍이나 폭우가 빈발하고 있는데 이때 상대적으로 큰 피해를 입을 곳도 이들 지역이다. 동남 연안 지역 대도시의 확장은 이런 변화를 모두 고려한 상태에서 신중하게 이뤄져야 한다.

또 원톄쥔은 경제사 연구와 지정학적 사고를 통해 글로벌 경제와 밀접하게 연결된 중국의 굴기가 미국과의 충돌을 피할 수 없을 것이라고 예견한다. 이를 피하는 방법은 2가지밖에 없는데 중국의 금융 시장을 완전히 개방해서 달러 패권을 받아들이고 '양털을 헌납'하든가 아니면 내수와 자급 경제를 확대해 미국이 주도하는 글로벌 경제와 적당히 거리를 두는 수밖에 없다.

두 번째 문제에서는 문명 차원의 위기를 언급했다. 이미 오래된 질문이고 앞에서 이야기한 기후 변화 등의 문제가 걸림돌이 되고 있다. 경제가 계속 발전하면 중국의 14억 인구는 과연 서구 사회 수준의 생활을 누리게 될까? 아니면 대도시에 거주하는 4억 명만 그 수준에 도달하고 나머지 인구는 최저 빈곤선을 탈피하는 수준에 만족해야 할까? 중국의 발전이 서구 사회, 특히 미국의 모델을 따라가는 것이 어떤 결과를 초래할지에 대해 정직하게 자문자답해 봐야 한다. 루밍은 도시화 문제를 해결하기 위해 '기술과 관리'가 필요하다고 말하지만 해결해야 할 문제는 단지 외형적으로 드러나는 도시 생활뿐이 아니다.

결국 이를 위해서는 여전히 내륙과 농촌을 포함한 지역 균형 발전 정책을 유지할 수밖에 없고, 발전의 최종 목표 이미지도 미국 대신 지속 가능한 수준의 '제3의 라이프 스타일'을 선택해야 한다. 팬데믹은 또 다른 의미로 지역적 자급을 통한 리스크 관리가 필요하다는 사실을 보여 준 좋은 경험 사례였다. 중국의 농촌은 의료 인프라가 부족하고 코비드19 중증화 가능성이 높은 노령 인구가 많았지만 인구 유동을 효과적으로 통제함으로써 초기 피해를 최대한 줄일 수 있었다. 자유 무역과 개방에 기반한 동남 연안 중심의 대도시 발전 전략은 지금 언급한 어떠한 재난의 발생에도 매우 취약한 구조를 가지고 있다. 그야말로 중국 전체가 '한 방에 훅 갈 수도 있는' 것이다.

그렇게 보자면 루밍과 원톄쥔식 사고가 적절히 타협을 이루는 형태로 표현되었던 것이 바로 2020년에 발표됐던 '쌍순환' 전략이다. 외순환을 통한 경제 발전과 내순환을 통한 리스크 관리를 함께 추진함으로써 두 마리 토끼를 모두 잡겠다는 것이다. 만일 이 계획대로 중국이 지속 가능한 성장을 유지할 수 있다면 중국은 20~30년 내에 미국과 대등한 실력을 갖춘 진짜 G2 강대국이 될지 모른다.

같은 관점으로 보자면 한국은 여러 리스크에 가장 취약한 구조를 가지고 있는 국가다. 이 점을 사람들은 인지하고 있지만 자주 현실을 망각한다는 점이 문제다. 예를 들어 만일 북한과 전면전이 벌어진다면 휴전선에 인접한 수도권에 집중적인 공격이 가해질 것이고, 단시간에 수백만 명이 사망하는 참상이 벌어질 것이라고 예측된다.

지금과 같이 모든 것이 수도권에 집중된 상황에서 이곳이 초토화된 다면 한국은 회복 불가능한 피해를 입게 될 것이다. 식량과 에너지 안보 문제를 보는 시각도 마찬가지다. 한국이 지정학적 조건 때문에 개방형 경제를 지향해야 한다는 사실에는 대부분 동의할 것이다. 하지만 리스크 관리 차원에서라도 식량과 에너지의 자립도를 높이거나 최저 한계선을 유지하기 위한 노력이 필요하다는 점을 대체적으로 한국의 보수 세력들이 인정하지 않는 것은 커다란 문제다.

루밍의 동남 연안 중심 발전론은 마치 한국이 오로지 수도권을 중심으로 발전한 것과 같은 시나리오다. 루밍은 일본의 도쿄 권역 발전을 참고하려 하지만 일본은 수도권으로의 인구 집중에도 불구하고 국토 전체를 3~4개의 권역으로 나눠 자원과 인구의 분산이 잘되어 있는 편이다. 길게 늘어진 국토의 형상과 같은 지리적 조건과 봉건 제도와 지역 분권화가 오래 유지된 역사에서 비롯한 문화가 지금도 영향을 끼치는 것이다.

만일 문화적인 친연성을 고려한다면 중국에서 규제가 완전히 사라질 때 한국의 수도권 집중처럼 동남 연안 일극으로의 쏠림 현상이 과도하게 일어날 개연성이 높다. 한중은 중앙 지향 문화를 공유하기 때문이다. 한국은 이 문제를 해결하지 못한 끝에 세계 최저 수준의 합계 출산율을 갖게 되었다. 최근 몇 년간 중국에서 고도로 일체화한 경쟁이 초래한 사회적 부작용이 두드러지게 나타난 것을 보면, 중국 사회가 일본보다는 한국 사회를 닮아 있다는 것을 이해할 수 있다. 2022년 통계에 의하면 상하이의 합계 출산율은 0.7이라고 하니 같은 해 기준 서울의 0.59에 견줄 만하다.

그래서 나는 더더욱 루밍과 원톄쥔의 국토 발전 모델이 적절한 타협점을 찾는 게 옳다고 생각한다. 마찬가지로 한국은 도농 문제와 함께 수도권 대 비수도권의 균형에 대한 심도 있는 고민을 해야 한다. 이제 선진국에 진입한 이상 성장과 발전이 아니라 리스크 관리가 더 중요하다.

한중일 제조업 장인들의
얽힘과 설킴의 역사

한국 제조업의 난감함과 중국 직업 교육의 고민

"중국 업체와의 경쟁에서 어떻게 살아남을 수 있냐고요? 저도 답이 없죠." 경남 지역의 용접 노동자 출신 저자 천현우 씨의 《쇳밥일지》북 토크 행사를 우연히 유튜브로 접하고 청년 세대의 반중 감정의 가장 큰 원인은 역시 '먹고사니즘'이라는 것을 재확인했다. 천현우 씨는 경남 지역의 여러 중소기업에서 비정규직 노동자로 근무하면서 겪었던 어려움을 날것의 경험 그대로 털어놓았다. 수도권과 지방, 정규직과 비정규직, 그리고 대기업과 중소기업으로 구성된 한국의 이중 경제 구조 속에서 후자에 속한 평범한 청년들에게 안전하고 안정된 삶과 미래가 보장될 수 없다는 사실에 적지 않은 충격을 받았다. 그리고 그들이 처한 열악한 노동 환경은 이 기업들이 중국 제조업체들과의 가망 없는 경쟁에서 살아남아야 한다는 사실과도 관련이 있다.

이들은 별수 없이 최저 임금이라도 잘 보장되는 수도권으로 몰려가 편의점 알바, 배달 라이더, 물류 센터 직원, 콜센터 상담원이 되곤 하는데 특히 젊은 여성 노동자들이 지역에 남는 비율은 매우 낮다고 한다. 이 공백을 메우는 것이 바로 주로 제3세계에서 유입되는 외국인 노동자들이다. 또 다른 베스트셀러인 《좋은 불평등》은 이러한 한중 경제 관계의 변화와 한국 내 불평등 사이의 연관 관계를 구조적 해석으로 밝힌 책이다. 예전에 읽었던 임명묵 저자의 《K를 생각한다》가 다소 제한된 사례로 분석했던 현실이 여러모로 실증적으로 뒷받침되고 있다고 느껴졌다.

"어떻게 다시 대중 무역 흑자로 돌아서냐고요?" 노동자인 동시에 개미 투자자인 청년들이 즐겨 본다는 〈삼프로TV〉에 나오는 중국 전문가들도 구체적인 답을 청하면 말끝을 흐린다. 고부가 가치 기술을 세계적 수준으로 끌어올린다는 '중국 제조 2025'는 코앞의 현실이고 애국주의 정서에 힘입은 자국 제품 선호를 뜻하는 '궈차오國潮'가 중국의 젊은 소비자들을 사로잡고 있다. 한국의 하이테크 전자 제품이나 화장품 같은 소비재는 중국 시장에서 설 자리를 잃고 있으며 한국 시장이나 다른 해외 시장에서도 '메이드 인 차이나'와의 경쟁 속에서 같은 처지로 내몰리고 있다. 반도체를 만드는 삼성전자와 배터리를 생산하는 LG에너지솔루션의 성패에 사활을 걸고 "초격차를 유지하는 것만이 살길"이라는 이야기를 하는 사람이 적지 않다. 하지만 '대국굴기'의 도도한 흐름 앞에 미국도, 유럽도, 일본도 해내지 못한 일을 한국만이 기적적으로 해낼 수 있다고 믿는 것만큼 '나이브'한 생각도 없다.

'가성비' 좋은 노동력과 잘 정비된 생산 인프라를 좇아 끊임없이 유동하는 세계 자본주의 체제의 덕을 본 것도 사실이고, 세계 최대의 국내 시장도 상수다. 하지만 불과 20년 만에 세계적 공업 대국 일본, 한국을 차례로 앞지른 중국 제조업의 이 '어마무시'한 실력의 문화적 기원은 어디에 있을까? 중국의 문화 기획자이자 큐레이터인 쥐징左靖이 엮은 공예 문화 무크지 《바이궁百工》의 창간호가 나온 2016년만 해도 중국 사회는 기술 인력의 부족을 걱정하고 있었다. 그래서 춘추 시대 제濟나라의 재상 관중管仲이 인민을 '사농공상'으로 구분한 것은 결코 차등을 의미하지 않았는데 후대에 이를 오독한 것이라 한탄한다. 중국 전통 사회가 상공업을 충분히 중시했다면 근대화 과정에서 서구 사회에 뒤처지지 않았을 것이라는 푸념이다.

이런 상황은 중국의 교육과 산업, 일자리 정책의 최근 변화와도 맞물려 있다. 당시에는 농촌 인구의 교육 수준을 걱정하는 목소리가 높았고, 2022년 한국에서 번역 출간된 《보이지 않는 중국》도 대략 이 시점(2015~2016년)의 상황에 비추어 중국인의 평균적인 교육 수준이 높아지지 않으면 중국 경제와 사회의 도약은 한계에 부딪힐 것이라는 진단을 내리고 있다.

그런데 2020년경부터 조금 다른 양상이 눈에 띈다. 고등 교육 기관 진학률이 부쩍 높아졌지만, 중국도 경제 성장이 둔화되고 주거와 교육 비용이 상승하면서 고학력자가 창업이나 민간 기업에 취직하는 과정을 통해 중산층으로 진입할 수 있는 여지가 줄고 있다. 학부를 졸업한 후에도 공무원 시험, 기관과 공기업 취업을 준비하거나 명문대 대학원 진학을 통해 '학벌 세탁'을 꾀하는 이들이 늘고 있다. 4년제 대학을 나온 청년들이 자신이 원하는 수준의 '괜찮은decent 일자리'를 구하지 못해 취업을 미루거나 포기하는 경우도 늘어난다. 이런 현상을 두고 '바다를 건너 목적지에 도착한다'는 의미의 '상안上岸'이라고 부른다. 물론 상당수가 상안에 성공하지 못하고 '장기 취준생' 모드에 돌입하는데 더 나아가 정신병에 걸리거나 자살과 같은 극단적 선택을 하는 사례도 늘고 있다.

이제 중국에서도 직업 교육을 강화하는 동시에 현장 기술자들이 직장에서 좋은 대우를 받고 안정된 커리어를 이룰 수 있도록 교육관, 직업관, 경제적 보상 체계를 바꿔 나가야 한다는 사회적 공감대가 형성되고 있다. 과거의 사士에 해당하는 엘리트보다 보통 사람들의 안정된 생애 주기 설계와 이를 위한 교육이 절실해진 것이다.

전통 중국의 공업 문화

이 책에서는 사상가이자 동시에 엔지니어였던 묵자의 조물造物 설계 이념의 깊이도 논한다. 묵자는 3가지 편便함을 요구하는데 삶, 몸, 그리고 이利로움에 대해서 그러하다. 반대로 3가지 설계는 금지하는데 '관능과 향락觀樂'을 위한 설계, 순수한 장식미를 위한 설계, 그리고 소비를 자극하는 설계다. 이러한 고려는 상대방에 대해 차등을 두지 않고 아끼고 사랑하는 그의 겸애사상에서 비롯한다. 물건을 만드는 목적은 귀족과 부자들뿐 아니라 평범한 이들의 삶의 필요를 채워 주는 데 있다는 것을 분명히 하는 것이다. 전통 중국 공업 문화 담론의 바탕과 깊이가 만만치 않음을 알 수 있다.

이에 따르면 신석기 시대부터 네 차례에 걸쳐 찾아온 중화 문명의 '공工'의 마지막 전성기는 명明나라 시절이다. 어느 '업종行'이든 뛰어난 사람은 있게 마련이라는 뜻을 가진 '행행출장원行行出狀元'과 다양한 생업을 의미하는 '삼백육십행三百六十行'이라는 표현도 이 시기에 만들어진 것이다. 관료나 지식인뿐 아니라 모든 생업 기술을 가진 이들이 차별 대신 존중을 받아야 한다는 뜻이다. 당시 수공을 포함해 다양한 생업 기술이 번창했다는 것을 의미한다.

상하이를 중심으로 한 장강 삼각 지역 문화의 적자인 소설가 왕안이王安憶의 작품《톈샹天香》에는 바로 이 시기에 비단 직물업과 자수 등으로 큰 부를 축적했던 강남 지역에서 꽃피운 정원 축조술, 구들을 포함한 건축 기술, 먹 제조 기술, 각종 먹거리 가공 등 다양한 생활 공예 기술이 묘사된다. 흥미롭게도 자금성의 중국식 구들인 '캉炕'을 만든 조선의 온돌 장인에 대한 언급도 있다.

중국은 송宋나라 이래 강남의 농업 생산력 향상에 힘입어 상공업도 크게 발전하면서 명청기를 거치는 동안 적서 차별을 포함한 신분제가 거의 사라지게 된다. 과거에 급제하여 중앙의 관직에 진출한 명문가에서도 농민, 장인과의 통혼이나 상공업 종사를 꺼리지 않았다. 주인공 가문의 처첩을 포함해 복잡한 혼인과 생육 관계 속에 다양한 생업과 신분, 그리고 살림살이가 얽힌 드라마가 흥미진진하게 펼쳐진다. 중국과 마찬가지로 사농공상의 우열 개념이 있던 조선에 비하면 장인과 그가 보유한 기술이 존중받는 사회 경제적 토대가 만들어졌음을 확인할 수 있다. 그래서 지금도 중국의 '내셔널 브랜드' 중 상당수가 바로 이 지역에 기반을 두고 있는 것은 우연이 아니다.

다양한 생업의 기술을 의미하는 바이궁은 서주 시대의 청동기에 새겨진 명문에 처음 등장한다. 일본의 종교학자이자 예술 평론가인 야나기 무네요시柳宗悅가 이끈 민중의 공예, 즉 민예 운동에 대응하는 개념을 찾던 중국 학자들에 의해 재발견되었다. 무네요시는 영국의 존 러스킨과 윌리엄 모리스의 미술 공예 운동을 참고했으나 다시 서구와 대별되는 동양적 혹은 '일본적 정신'을 추구했다.

원로 저널리스트 판웨이潘偉는 주로 광둥 지역의 농촌과 도시의 옛 거리에서 발견한 생활 기술 장인들의 이야기를 20년간 매주 지역 언론에 연재해 왔다. 이렇게 모인 200여 개의 직업에 대한 기록과 사진을 집대성해 2021년에《바이궁지百工記》라는 책을 출간하기도 했다. 다양한 생업이 번성한다는 의미의 '백업흥왕百業興旺'이라는 표현은 특히 중국의 향촌 경제에서 중요한 역할을 해 왔다. 중국의 전통 사회 구조에 정통했던 인류학자 페이샤오퉁費孝通은 그의 대표작《강촌경제江村經濟》에서 강남 지역의 부가 농업뿐 아니라 이러한 다양한 수공업에 의해 지탱되었음을 실증적으로 연구했다.

도시화와 공업화가 진행되고 지주들이 도시로 이주해 공장주가 되거나 서양의 물건을 수입하는 일에 종사하기 시작하면서 향촌 산업이 쇠퇴하고 농민들은 빈곤의 나락으로 떨어졌다. 그래서 지금도 도농 균형 발전의 관건 중 하나는 농촌 지역에 1차 산업으로서의 농업뿐 아니라 다양한 산업이 적정하게 발전할 수 있도록 유도하는 것이라고, 중국 정부의 전략적 관심사인 향촌 진흥 정책 연구자들은 이야기한다.

뉴 라이프 스타일을 추구하는 새로운 소비와 생산

중국에서는 2010년 이후 중산층과 젊은 여피들의 소비 취향이 업그레이드되면서 다양화하고 있다. 이 중에서도 눈에 띄는 흐름은 미니멀리즘과 개인의 웰빙을 중시하는 자연 친화적인 라이프 스타일과 디자인의 유행이다. 미국 잡지 《킨포크》 스타일과 일본의 브랜드 '무인양품'이 각광을 받고 있는데, 이런 문화는 일본의 영향을 많이 받은 대만을 통해 유입되기 시작했다. 또 한편으로 목공 등을 비롯한 DIY 열풍이 가세하고 있는데 취미나 부업 활동이든 아니면 전문직이든 일본의 소위 '장인 정신'에 대해 관심이 높아지고 있다. 중국인들이 열광하는 이 일본의 문화에는 다분히 100년 전 선각자인 무네요시의 사상도 녹아 있다.

무네요시가 그러했듯 중국의 바이궁 담론은 애초부터 국가적 관점과 민족주의에 일방적으로 포섭되기보다는 '지역에 사는 보통 사람들의 생활을 풍성하게 하고자' 하는 방향으로 함께 진화하고 있다. 쥐징은 향촌 건설 운동에 참여한 대표적인 문화 예술인으로 고향인 안후이성뿐 아니라 구이저우, 윈난과 같은 농촌 지역에서 예술을 통해 마을의 삶에 활력을 되찾아 주고 있다. 향촌의 풍토, 물산, 인문, 관습을 발굴하고 재해석해서 다양한 공공 공간을 만들고 여기서 여러 영역의 문화 예술인들과 함께 일을 벌이는 것이다. 그가 2011년 베이징을 떠나 귀촌한 곳이 명승지 황산黃山에서 가까운 안후이성 이현黟縣의 비산碧山 마을이다. 이 문화와 실천을 알리는 《비산》이라는 무크지도 만들었고, 이 지역의 전통 생활 기술을 모아서 《이현바이궁》도 편찬했다. 무크지

《바이궁》은 이를 확대한 후속 작업이라고 할 수 있다.

그는 다시 도시로 공간을 넓혀 중국 전역에서 지역 기록과 창작을 융합하는 '방지소설方志小說' 프로젝트도 탄생시켰다. 예를 들어 북한과의 접경지대인 단둥丹東에서 한 달을 거주한 예술가는 탈북민과 관련한 어휘를 정리하여 사전을 만들어 냈다.

지역의 전통 공예품과 특산물을 현대적으로 상품화해서 전시하는 매장과 공방도 비산 마을에 열었는데 '비산공소사碧山工銷社'라 불린다. 과거 배급제를 실시하던 중국 농촌의 배급 상점 '공소사供銷社'를 리노베이션renovation하고 공방 기능을 추가하여 이렇게 명명했다. 지역과 환경을 중시하는 '롱 라이프 디자인'으로 알려진 일본의 디자인 편집상점 '디앤디파트먼트D&Department'의 나가오카 겐메이長岡賢明도 함께하고 있다. 디앤디파트먼트는 일본 전역에 점포를 가지고 있는데 그의 이념을 공유하면서 지역의 특색을 살릴 수 있는 파트너들과 함께한다. 해외에는 한국의 이태원과 제주도에 점포가 있고, 중국에서는 처음 점포를 연 곳이 바로 비산이다. 겐메이 역시 무네요시의 아들이자 일본의 1세대 산업 디자이너인 야나기 소리柳宗理의 후예를 자처한다.

무네요시의 공예 사상은 20여 차례에 걸친 방문을 통해 그가 매료되었던 소박하고 실용적인 조선 생활 공예의 미에서 비롯되었다. 무네요시와 한반도의 관계는 매우 각별했지만 1990년대 이후 한국의 민족주의가 강화하면서 '한과 비애'라는 키워드로 집약되는 그의 조선 미술에 대한 관점은 비판과 기피의 대상이 되고 있다.

일본과 유럽의 문화 예술을 연구했던 문화 심리학자 김정운은 무네요시를 현재의 눈으로 비판하기보다 시대적 맥락 속에서 읽어야 한다

고 주문한다. 일본 최고의 국보들 대부분이 한반도와 백제 장인의 솜씨라는 그의 당시 발언은 엄청난 용기를 필요로 하는 것이었다. 하지만 한편으로는 그의 민예 운동이 '자발적 오리엔탈리즘', 즉 서구의 시선 속에 형상화한 일본의 모습에 불과했기 때문에 실용성은 부족하고 아기자기하기만 한 일본의 지역 '기념 토산품ぉ土産'을 낳았을 뿐이라고 비판하기도 했다. 서구인들이 특히 이 동양적 혹은 일본적 '허무함'에 열광한다는 것이다.

그런데 이 판단은 세계적으로 평가받는 무인양품의 하라 켄야原研哉와 현재 도쿄의 민예 박물관 관장이기도 한 후카사와 나오토深澤直人를 비롯하여 일본 산업 디자인에 끼친 그의 영향도 충분히 고려한 결과일까? 나가오카 겐메이는 '일본식 허무주의'를 다시 전파하기 위해 한국과 중국을 찾을까? 한반도와 일본, 중국의 장인과 공예 정신은 이렇게 오랜 시간 깊은 인연으로 엮여 있다. 원래 이웃 주민들의 필요를 충족시키려는 장인의 마음과 솜씨에 국가 간 경쟁은 존재하지 않았다.

이렇게 결론을 맺으면 생명 평화주의자였다는 야나기 무네요시를 흉내 내며 동아시아 시민들의 낭만적 삶과 우애를 읊는 게 이 책의 목적이냐고 흥볼 독자도 있을 것 같다. 나는 국가 간 무역과 산업 정책을 논할 정치 경제 전문가도 아니고, 외교 통상 전문가도 아니다. 한국의 미래 대중 경제 전략을 거론하는 것은 더더욱 내 일이 아니고 깜냥도 안 된다. 하지만 생활인들의 감각과 경험을 바탕으로 하고 싶은 이야기들은 있다. 이 책의 3부와 4부에서 주로 그런 이야기들을 풀어낼 것이다.

2부

추상적인 거악을 넘어
새로운 보편으로

네이션 스테이트,
하나의 중국이라는 도그마

동아시아 민족과 중화 문명의 기원

2021년 말, 독일 막스플랑크 연구소와 한중일이 참여한 다국적 연구팀의 알타이어 계통 연구 결과가 과학 저널 《네이처》에 발표되었는데 국내에서도 관심이 많았다. 북아시아의 유목 민족을 출발점으로 보던 기존 학설과 달리 몽골, 튀르키예, 퉁구스, 한국, 일본의 언어의 기원이 되는 원시 알타이어를 사용하는 농경 민족이 9000년 전 요하 서역에서 기장을 재배하기 시작했다는 것이다. 연구팀은 유전 생물학, 고고학, 언어학에 기반한 자료를 통계적으로 분석해 이런 결론을 도출했다. 최근 선사 시대의 인류와 민족의 기원에 대해 다양한 학제 간 연구가 이뤄지고 있다. 이를 주도하는 독일 연구진과 협업한 중국 과학원팀이 2020년에 《네이처》와 《사이언스》에 발표한 논문도 이번 연구와 상보적인 관계를 이루고 있다. 중국 정부는 이 성과를 2020년 10대 과학 연구 업적으로 지정했고, 팀장인 30대 여성 과학자 푸차오메이付巧妹 박사는 시진핑을 독대하는 기회를 얻기도 했다.

중국의 역사 과학 칼럼니스트 보인波音이 2020년에 출간한 《무자사기無字史記》는 중국 대륙을 중심으로 이런 연구 결과들을 일목요연하게 정리해 보여 준다. 직립 원인 등의 고인류와 현생 인류인 호모 사피엔스가 아프리카 대륙을 벗어나 아시아 대륙으로 진입하고 퍼져 나간 '문자로 기록되지 않은 역사'의 이야기다. 진화와 유전에 대한 연구가 발전하기 전인 1940년대에는 직립 원인인 '베이징 원인北京猿人'이 중국인의 선조라는 주장도 있었으나 지금은 인류 모두가 지금으로부터 8만 년 전 아프리카를 떠난 현생 인류의 후손이라는 사실을 알게 되었다. 특히 부계는 유전자의 Y염색체를 통해, 모계는 미토콘드리아를 통해 직접적인 조상을 추정할 수 있다. 현생 인류 중 일부는 고인류인 네안데르탈인이나 데니소바인Denisovan과의 관계를 통해 소량이지만 이들의 유전자를 지니게 되기도 했다. 예를 들면 티베트 사람들은 데니소바인의 유전자 덕분에 산소가 희박한 고원 지대에서도 큰 어려움 없이 생활할 수 있다.

저자는 소수 민족인 몽골족 출신인 덕에 한족 혈통 중심주의 혐의를 받지 않고 중화 민족의 기원과 문명의 발전에 관해 민감한 주제를 다루는 특권을 누린다. 그는 우선 '태즈매이니아tasmania 비극'이라는 사례를 들어 고립된 민족은 문명을 발전시킬 수 없다는 것을 설명한다. 빙하기에 도보로 호주 대륙에서 이주한 후 1만 년간 외부와의 접촉이 차단되었던 이 섬에 백인들이 당도했을 때 원주민들은 그들의 선조보다 기술이 퇴보해 낚시조차 못 하는 상태였다.

유라시아 대륙 동쪽에 위치한 중국은 서쪽 오리엔트 지역에서 온 채색 도기, 청동 기술 등을 받아들였다. 요하와 황하 유역에서 기장, 조, 콩을 재배하기 시작했으며 남방의 장강 유역으로부터 개량된 야생 벼를 받아들이고 다시 서쪽에서 밀이 들어와 오곡五穀이 차려졌다. 기장, 조, 콩의 한자 발음이 '서黍, 속粟, 숙菽' 등으로 유사한 것은 고대 한어漢語에서 곡식을 같은 이름으로 불렀을 것이라 추정할 수 있게 해 준다. 역대 한족 왕조가 국가의 기본으로 여기는 사직社稷이라는 말에서 '사'는 국토, '직'은 곡식, 그중에서도 조를 뜻한다. 밀이 도입되기 전 조는 북방의 가장 중요한 식량이었다.

개와 돼지는 중국에서 길들여졌으나 양, 소, 말과 같은 다른 가축들은 외부에서 전해졌다. 지금으로부터 5000년 전 북방에서 농사 기술이 성숙해졌을 때 마침 당시의 기후와 기술 수준에서 농사짓기에 가장 적합했던 황하 유역 하류인 중원, 즉 지금의 허난성에 다양한 민족이 모여들었다. 산시陝西성에서 기원한 앙소仰韶 문화와 둥베이 지역에서 온 홍산紅山 문화의 일족들이 조우했다. 황제黃帝, 염제炎帝, 치우蚩尤 세력 사이에 벌어진 탁록涿鹿 전투 신화는 이런 민족의 이동, 충돌, 교류, 융합과 연관이 있을 것이라는 상상이 가능하다. 말이 통하지 않는 사람들이 모여 생활하는 가운데 파생한 새로운 언어인 크레올creole 언어에 비유할 수 있는 원시 한어도 이때 만들어졌다. 그리고 상商 왕조가 갑골 문자를 창제하면서 지금까지 3000년을 이어 온 화하족의 중화 문명이 탄생했다. 닫힌 시스템이 아니라 드넓은 유라시아 대륙의 사방으로부터 유입된 문화와 혈통이 혼종된 결과다.

민족의 이동에 따라 특정 지역의 유전자 풀이 바뀌는 3가지 양상이 있다. 첫째는 인구가 늘며 자연스럽게 주위의 빈 땅을 채워 나가는 방식, 둘째는 외부에서 침략한 이민족이 원주민을 도륙하여 완전히 대체하거나 남성들만 살해하여 부계 유전자가 바뀌는 경우, 셋째는 이때 왕족과 상층부만 교체되고 보통 사람들에게는 큰 변화가 없는 경우다. 상이 주周 왕조로 교체되며 역사 시대가 시작된 것은 셋째 경우에 해당한다. 혈통에는 큰 변화가 없었지만 문화가 바뀌었다. 점을 치는 샤머니즘 대신 정교한 예악禮樂에 기반한 종법 제도를 실시하면서 중화 문명의 정수인 유교의 출현을 준비한 것이다. 한漢 제국이 시작된 이래 북방의 주민과 군대가 계속 남하하여 남방을 한화시킨 것은 둘째 경우에 해당한다. 혈통과 문화 모두 변화했기 때문이다. 오늘날의 한족을 형성하는 배경인 두 사례는 민족의 아이덴티티를 결정함에 있어 생물학적 유전자인 '진gene'보다는 문화적 유전자인 '밈meme'의 역할이 크다는 것을 말해 준다.

오래전 중국 남방에는 화하족과 구별되는 다수의 혈통과 문화가 존재했다. 대표적인 예로 5000년 전 장강 하류인 지금의 항저우 지역에서 태동해 1000년간 이어진 신석기 량주良渚 문화는 쌀을 대규모로 재배하는 수리 시설과 함께 높은 기술 수준과 문화를 갖추고 있었다. 하지만 남방 지역은 고온 다습한 기후였고 습지와 산지가 많은 지형이었다. 평야 지대는 부족하고 토질은 점성이 높아 북방과 같은 대규모 농경 사회로 진입하지 못했다. 그 결과 이들은 진한秦漢 이후 북방 민족의 정복 대상이 되었다. 그 후 철제 농기구가 도입되면서 토지가 대규모로 개간되기 시작했다. 이번에는 고온 다습한 기후가 북방보다 높은 농경 생산력을 보장하는 이점으로 작용하기 시작했다. 남북조 시대를 거치며 중국 경제와 인구의 중심이 남방으로 이동하게 된 경과다. 오래전 대만으로 건너가 동남아시아와 남태평양으로 퍼져 나간 오스트로네시아인이나 지금은 주로 메콩강 유역에 사는 오스트로아시아틱 사람들도 이들 남방 민족 중 일부다. 이는 중국을 포함한 다국적 연구팀이 유전자를 비교 분석해서 알게 된 사실인데 지금의 대만 독립주의자들이 즐겨 인용하는 과학적 발견이기도 하다.

위진 남북조와 북방 유목 민족 역사의 전문가인 베이징대학교의 뤄신羅新 교수가 2019년에 출간해 호평을 받은 《반역자로서의 역사가有所不為的反叛者》는 유전자 기술의 광범위한 사용에 의한 역사와 민족 연구를 반대하는 입장이다. 그는 학문과 언론의 자유를 위협하는 소분홍 등의 인터넷 애국주의를 비판하며 민족주의를 초월한 역사 연구를 주장한다. 이러한 기술의 남용이 인종주의로 귀결할 것을 염려하는 것이다. 유전 생물학의 선배 격이며 역시 독일에서 유래한 체질 인류학이 나치에 의해 우생학으로 사용된 아픈 기억 때문이기도 하다.

가장 과학적으로 들리는 이 연구 방법에도 정치적 편향이 숨어 있다. 몇 년 전까지는 Y염색체만을 사용하는 연구 방법에서 특정 민족의 대다수 인구가 한 명의 아버지에게서 비롯했다는 설명을 하기 위해 '○○민족의 슈퍼 아버지'와 같은 표현을 즐겨 사용했다. 상하이 푸단대학교 분자 생물학 연구팀의 주장이 대표적인데, 이는 부계 혈통만을 강조하는 전형적인 가부장적 태도다. 이를 보완하기 위해 미토콘드리아를 분석해 모계 이력을 찾지만 이 방법은 대상 유전자의 수가 너무 적어지는 단점이 있다. 또 부계든 모계든 유전자 중 극히 일부만을 비교하는 방법들이 개체와 그룹의 유전자 특성을 얼마나 잘 나타내는지에 대해 의문을 제기하는 사람들도 있다.

기술이 발전함에 따라 이런 문제들은 점차 해결되고 있으나 유전자군의 염기 서열 특성으로 '민족'을 정의하는 것에 대해 여전히 많은 이가 거부감을 표시한다. 서구의 과학자들이 과학의 이름으로 백인종, 황인종, 흑인종, 홍인종으로 인류를 구분한 이래 수많은 비윤리적 인종 차별 행위를 저질러 왔기 때문이다. 최근 몇 년 사이에도 '흑인의 생명도 소중하다Black Live Matters' 문제가 있었고 코비드19 팬데믹 이후 아시아인에 대한 공격과 같은 인종 차별적 범죄가 기승을 부리고 있다. 그래서 유전자 특성 그룹과 해당 민족을 구분해서 표기할 때 인종적 표현은 최대한 배제하고 의도적으로 언어 사용 그룹 명칭을 사용하는 것을 볼 수 있다.

한화의 비용

소분홍을 비판하는 뤄신의 탈민족주의적 역사 연구는 사실 중국 정부를 불편하게 만들 만한 내용은 아니다. 오히려 정반대다. 북위北魏를 연 선비鮮卑족, 흉노匈奴나 돌궐突厥의 역사를 살피며 근대 민족주의가 새롭게 창조한 '민족의 신화'들을 비판하기 때문이다. 그는 동투르키스탄 독립을 외치는 신장 지역 위구르족의 민족주의도 근대적 상상에 불과하다고 논증한다. 북위의 선비족 황제가 자발적으로 한화漢化를 선택한 후 유교적 가치관에 반하는 유목 민족의 풍습을 수치스럽게 여기고 문자옥文字獄(황제나 체제에 대한 비판을 담고 있다고 하여 문서 작성자를 벌하는 일)을 일으켜 역사를 다시 쓰게 한 사례도 되짚는다. 이런 역사 왜곡을 주도한 것은 한족 역사가의 음모가 아니라 소수 민족 통치자가 한족으로 문화적 정체성을 전환하는 대가였을 뿐이라는 것이다.

그는 몽골 세계 제국론을 통해 원元 왕조를 중국사에서 분리시키려는 일본과 서구 학자들의 태도에 대해서도 불만을 표시한다. 중국사 바깥에서 다양한 언어로 기술된 몽골 제국을 재조명하는 시도는 의미가 있지만 실제로 이를 건설한 쿠빌라이 칸은 자신을 중원 왕조의 계승자로 여겼다는 것이다. 그런데 근대에 들어와 칭기즈 칸만 과도하게 영웅시하는 태도야말로 역시 근대 민족 국가 몽골의 독립을 위한 정치적 기획이 아니냐는 질문이다. 중국 영토에 포함되어 있는 내몽골을 의식한다면 그의 근심은 중국 정부의 그것과 일치한다. 공교롭게도 2023년 여름 출간을 앞둔 《케임브리지 몽골 제국사》의 저자는 중앙유라시아 역사의 권위자인 서울대학교 동양사학과 김호동 교수다. 학문적인 관점과 무관하게 일부 중국 역사학자들은 원의 침략으로 반식민 상태에 놓였던 고려의 후예인 한국의 역사학자가 몽골 제국사를 집필하는 것이 아이러니라고 생각한다.

뤼신은 북방의 끊임없는 전쟁과 달리 비교적 순탄하게 한족으로 통합된 것처럼 보이는 남방의 역사가 실은 오랜 기간에 걸쳐 무력을 사용한 정복과 동화의 결과였다는 사실도 지적한다. 이러한 확장이 남방으로 가능했던 것은 한족의 주류 문화를 전파하기 용이한 농경 지대였기 때문이다. 그래서 민족을 형성하는 바탕은 혈통보다는 문화이며 그 과정을 실행하는 것은 정치의 몫이라는 것을 재삼 강조하고 있다. 이 논리를 따르게 되면 중국 정부가 신장과 티베트를 포기하지 않는 이상 결국 이들 소수 민족에게 한화 정책을 강제할 것임을 짐작할 수 있다.

중국이라는 유구한 역사와 복잡한 배경을 가진 민족을 탐구할 때는 한족, 중화 민족, 혹은 독립을 요구하는 비한화非漢化 소수 민족 중 어느 시각에서 바라보느냐가 중요하다. 이 시좌에 따라 민족주의와 인종주의에 대한 비판도 전혀 다르게 사용되고 해석될 수 있음을 고려해야 한다. 역사에 대한 지식과 민족 정체성의 이해에 대한 높은 해상도를 갖추지 못하면 언제든지 논리적 자기모순에 빠질 수 있다. 이를테면 소분홍들이 중국 정부의 프로파간다에 맞춰 '위대한 중화 민족'을 찬양하지만 동시에 '한족 중심주의'에 빠져 '한푸'만을 찬미하는 것은 앞뒤가 맞지 않는다. 실제로 이들은 중화 민족에는 포함되지만 비한화한 소수 민족을 차별하는 행태를 보인다. 겉으로는 중화 민족의 단결을 강조하지만 마음속으로는 '우수한 한족'과 '열등한 소수 민족'이라는 '보이지 않는' 계급을 설정하는 것이다.

적지 않은 한족 중국인들은 결국 자신들이 소수 민족을 한화, 즉 문명화하는 사명을 띠고 있다는 의식을 가지고 있다. 소수 민족들은 대개 농촌 지역, 즉 공업화와 도시화가 덜 이루어진 지역에 거주하고 경제적 수준도 낮은 편인데 자본주의 체제로 운영되는 대도시에서 경제생활을 하려면 표준어를 구사하고 중국화된 현대적 생활 양식을 받아들여야 한다. 그래서 이를 의무 교육이 강제하게 되는데, 식민지를 운영하던 시절부터 서구 제국들이 제3세계의 현대화를 추진할 때 발생했던 문제들이다. 조선족을 포함한 대부분의 소수 민족은 현대화의 유인을 좇아 자발적으로 이를 수용하지만 신장이나 티베트처럼 종교와 생활이 분리되지 않은 문화를 바탕으로 하는 지역 주민들 중에는 이런 변화를 거부하는 이가 적지 않다.

중국은 서구 사회의 인종 차별을 비판하고 서구 주류 사회가 이슬람을 포함한 비서구 문명권의 국가들을 악마화하는 것에 대해 반감을 품지만, 막상 자국의 영토 내에서는 다양한 문화를 포용하지 못한다. 역사적으로 소수 민족이 최고 권력을 장악했던 원元과 청淸, 혹은 이에 근접한 당唐만이 문화와 정치의 분권화를 통해 이런 목적을 달성할 수 있었다. 하지만 현재와 같이 경직된 중국 공산당의 이념과 체제로는 이루기 어려운 목표다.

정치적 필요로 만들어진 중화 민족

민족의 기원과 형성에 관한 보인과 뤄신의 결론을 종합해 보면 근대 국가를 건설하기 위해 논의된 중화 민족 개념에 관한 진실은 유전자와 같은 혈통의 추적, 고대 유적이나 언어, 과거의 역사 사료와 같은 문화 연구보다 근대의 정치사, 혁명사를 직접 들춰 보는 데서 찾을 수 있을지 모른다. 2015년에 출간된 중국 공산당사 연구자 양쿠이송楊奎松의 《외적이 침입했다鬼子來了》를 보면 불편한 역사적 사실들이 가득하다. 이 책의 부제인 '현대 중국의 곤경'은 왜 이 사실들이 중국의 젊은 애국주의자들의 얼굴을 붉히게 만드는지 잘 설명한다.

첫째, 쑨원과 량치차오를 포함한 중국의 근대 선각자들은 20세기 초까지만 해도 만주족을 물리친 후 한족의 주거 지역인 '한지漢地' 혹은

'내지內地 18성'으로 불리는 만리장성 안쪽에만 공화국을 수립할 것을 주장했다. 대청 제국의 또 다른 판도였던 신장, 티베트, 몽골, 만주와 같은 변강 지역은 자신의 영토로 인식하지 않았던 것이다. 당시 유럽을 휩쓸던 '하나의 민족, 하나의 국가'라는 '근대 민족 국가' 수립의 구호가 이들을 이끌었다. 만한몽회장滿漢蒙回藏과 같은 오족공화五族共和의 구호는 1912년 중화민국 수립 후 항복한 청 황실의 후손이 주장해 마지못해 이뤄진 인식의 전환이다. 혁명의 상징도 한족의 영토를 의미하는 18성기星旗에서 만주족, 몽골족, 회족과 티베트족을 더해 다섯 민족을 의미하는 5색기色旗로 변화했다. 하지만 이때 이미 지금의 몽고국인 외몽골과 티베트는 차례로 독립을 선언했다. 그리고 1930년대 일본의 만주 침략과 중국 분할 전략에 위기감을 느낀 후에야 중국 지식인과 역사가들은 비로소 단일한 중화 민족의 존재감과 확장적 영유권을 주장하기 시작했다.

둘째, 평생 자기가 살던 마을 밖을 벗어난 적 없는 농민이 태반이고 이민족 청의 지배하에 300년 가까이 살았던 한족 중국인들은 민족과 근대의 통일 국가에 대한 개념이 매우 박약했다. 아편 전쟁 당시 광저우에 영국군이 침략했을 때, 그리고 의화단 사건을 계기로 수도 베이징에 8국 연합군이 진입했을 때도 일반 주민들은 적극적으로 이들을 적대시하지 않았다. 수수방관하거나 오히려 협력했다. 심지어 진주하는 외국 군대의 대오에 참가한 중국인 편대도 있었다. 이에 더해 남방 지역민, 특히 광둥 민중은 애향심이 강했지만 왕조와 국가에 대한 충성은 안중에 없었다. 그래서 동남아시아 화교의 대다수인 중국 남방계 이민들은 원래 대륙에 있는 자신의 고향을 뿌리로 삼았을 뿐 스스로 중국인의 정체성을 갖지 않았다. 오히려 제3자들이 그들을 중국인으로 부르는 것에 반응해 자신을 '화인'으로 인식하기 시작했다.

셋째, 개혁과 혁명 지도자들은 변화를 거부하는 청조를 무너뜨리기 위해 일본과 소련을 비롯한 외세의 개입을 적극적으로 요청한 경우가 많았다. 혁명파인 쑨원은 청일 전쟁 패배 후 광저우에서 자신이 혁명을 일으키면 일본군이 북에서 협공하는 방법으로 자신의 근거지이자 고향인 광둥을 손에 넣고 싶어 했다. 개량파인 캉유웨이康有為와 량치차오도 변법자강 운동의 실패 후 일본 망명 중에 낭인 지도자들에게 광둥성을 공략해 줄 것을 요청했다. 실제로 흑룡회黑龍會와 같은 일본의 극우 낭인 집단이 중국 대륙에서 쑨원의 혁명을 도와 수많은 희생을 치렀다. 또 신해혁명 후 쑨원이 위안스카이袁世凱와 맞서며 기획한 중화 혁명군 중 유일하게 세력을 이뤘던 산둥성의 동북군은 100퍼센트 일본의 자금과 지원으로 만들어졌다. 애초에 쑨원은 이런 협력의 대가로 만주와 몽골 지역을 차지하려는 일본의 의도를 눈감아 줄 셈이었다.

무력과 금력 지원 요청뿐 아니라 그들은 청일 전쟁 패배 후 근대화의 일념하에 일본을 사상과 기술의 스승으로 삼는 것을 마다하지 않았다. 근대 중국을 열어 간 지식인과 혁명가 중 일본 유학 경험이 없는 사람이 드물고 적지 않은 이가 혁명이 실패할 때마다 일본 외교관의 도움을 얻어 일본으로 도피하곤 했다. 대표적으로 캉유웨이는 15년간의 해외 망명 생활 중 12년을 일본에서 머물기도 했다. 갑신정변에 실패한 조선의 개화파 김옥균 등의 행적과 다르지 않다. 아웅산 수키의 부친이며 미얀마의 독립 영웅인 아웅산 장군도 일본과 연합해 영국 식민 지배자들을 몰아낸 후에야 일본군과 맞서게 되었다고 한다.

생전에 한 번도 반일 구호를 내세운 적이 없는 쑨원은 1920년대 광저우에 혁명 거점을 만들고 황포 군관 학교를 세울 때에도 소련에 도움을 요청했다. 물론 이때는 지원의 대가로 외세가 중국 영토를 영구 지배하는 것은 용인할 수 없다는 입장으로 전환한 상태였다. 중국인들이 국가와 민족의식에 눈을 뜬 것은 역설적으로 일본의 침략이 노골화된 1930년대 이후부터다. 자신의 앞마당에 침입한 일본군의 만행이 엘리트뿐 아니라 일반 민중들을 자극했다. 역으로 일본의 식민 통치 행위가 덜 잔혹했던 지역은 일본인에 대한 반감도 덜했다. 청일 전쟁의 결과로 일찌감치 일본에 할양된 대만이 대표적이다. 바꿔 말하면 중국은 스스로의 개혁이나 혁명보다 일본의 침략 전쟁에 맞서면서 근대 민족 국가 건설을 가속화했다고 할 수 있다.

넷째, 혁명 초기에 그들이 상상한 중국은 미국이나 독일과 같은 합중국과 연방 공화국이었다. 각 성이 독립적인 행정, 재정, 교육, 군사 권한을 가지는 자치체를 구성하고 이들이 연방을 이룬다는 구상이었다. 쑨원도, 마오쩌둥도 이런 생각을 품고 있었는데 심지어 젊은 시절의 마오는 '대중화민국大中華民國'을 반대한다는 중국 분열론을 주장할 정도였다.

다섯째, 잘 조명되지 않는 무정부주의자들의 역사가 있다. 공산 제도와 세계 대동 사회의 이상주의를 마음에 품은 인본주의자, 사회주의자들이 신해혁명 이후 남방을 중심으로 곳곳에 세력을 형성했다. 훗날의 공산당 지도자들도 마찬가지다. 마오쩌둥은 당시 마르크스보다 크로포트킨을 더 높이 평가하고, 톨스토이의 평화주의에 영향을 받은 무샤노코지 사네아쓰武者小路實篤와 같은 사람들이 실천한 일본의 '신촌新村 운동'을 공부했다. 이 중에서도 쑨원에 의해 광둥성장에 임명되어 광둥 군벌粵軍을 이끈 천지옹밍은 광저우와 푸젠福建성 장저우漳州를 근거지로 무정부주의 기반의 자치 정부를 수립하려고 시도했다. 그는 광둥성 모델을 각 성으로 확대하고 과거의 쑨원도 동의했던 연방 정부를 만들려는 계획을 유지했다. 그러나 이미 일당제 통일 국가를 수립하는 것으로 생각을 바꾼 쑨원의 북벌 계획에 반대하다가 역사의 무대에서 사라졌다.

여섯째, 쑨원은 삼민주의에서 주창한 바와 같이 애초 영미와 프랑스를 모델로 하는 민권, 즉 자유로운 시민권이 중심이 되는 국민 국가를 수립하려 했다. 그러나 위안스카이와 충돌을 겪은 후 독일, 이탈리아, 일본과 같이 국가를 위해 개인의 자유를 희생하는 민족 국가 모델을 따르게 된다. 또 플라톤식의 철인 정치, 즉 엘리트와 혁명가들의 독재 국가를 구현하려 했다. 혁명에 적극적으로 참여한 이들에게만 피선거권과 선거권이 함께 주어지는 수석 당원 자격을 부여하고 끝까지 혁명에 참여하지 않은 이들에게는 선거권을 포함한 공민권도 부여하지 않으려고 했다. 혁명 참여와 동의 여부로 나뉘는 새로운 계급과, 일당 독재에 기반한 국민당과 공산당의 전통이 정초된 것이다.

하나의 민족 하나의 국가?

농경 사회였던 중국의 역사 발전 단계에 걸맞은 현실적 정치 체제로써 중국의 지식인과 혁명가들은 애초의 이상을 포기하고 권위주의 일당 독재 국가를 건설했다. 당시 그들의 선택을 지금의 시각으로 비판할 수는 없다. 중국 공산당 정부가 아직도 외세의 간섭과 국가의 분열을 경계하는 애국주의 프로파간다에 매달리며 과도한 국민 통합을 강조하는 이유도 그때와 다르지 않을 것이다.

중국은 여전히 도시화율이 60퍼센트에 머무는 향촌 중시 국가이며, 지속 가능성에 대한 고려만으로도 지나치게 빠른 도시화 진척은 위험하다는 시각이 있다. 식량 주권을 지켜야 하는 초거대 국가가 자급자족의 기초인 농촌을 축소시킬 수 없다. 하지만 '조직화되지 않은 전통적 농민'은 지역 살림살이와 자신의 생계에만 연연한다. '자발적이고 능동적인 유권자'로 거듭나서 높은 정치 참여도를 갖도록 하는 것은 여전히 어려운 일이다. 지속 가능성과 안정적인 경제 발전에 대한 욕구가 일당 독재의 기반을 지켜야 할 당위의 근거가 되고 있다.

그럼에도 불구하고 공화국 수립 후 100년이 지난 지금, 이미 고등학교 졸업자의 절반 이상이 고등 교육 기관에 진학하고 또 대학 졸업자 절반이 대학원 입시에 참여하는 것이 중국의 현실이다. 여전히 '중국 특색'만을 강조하며 민주정 체제로 진전하지 못하고, 한화되지 않는 소수 민족들에 대해 도를 넘는 대규모 인권 침해를 자행하면서 국가 체제를 운영할 수밖에 없는 '현재적 곤경'은 과연 누구의 책임인가?

나아가 '하나의 민족이 하나의 국가를 이뤄야 한다'는 '네이션 스테이트nation state'와 '하나의 중국'이라는 도그마에 언제까지 매달려야 하는 것일까? 살펴본 바와 같이 민족은 본질적인 것이 아니라 역사적 정치 행위의 결과물이다. 입장을 바꿔서 우리 한반도의 처지에서도 분단 현실이 이미 고착화된 지금, 하나의 민족이 반영구적으로 복수의 국가로 존재하는 것도 불가능한 일이 아니라고 생각된다. 더 중요한 것은 평화를 유지하며 상호 협력과 번영을 추구하는 상태를 보장하는 것이다.

중국이 대만을 놓칠 수 없는 것은 민족의 통일 정서도 있지만 그보다는 중국의 남쪽 바다에 대한 미국의 영향력이 확대되는 것을 경계하기 때문일 것이다. 그렇다면 정치적 타협을 통해 미국의 개입을 제한하면서 대만의 정치적 독립 문제를 대만 사람들이 스스로 결정하게 할 수는 없는 것일까? 당연히 이런 방침의 전환은 국제 사회의 전폭적 지지를 받을 것이다. 반대로 홍콩과 우크라이나의 사례처럼 민족주의적 정서를 등에 업고 강압적이고 폭력적인 통합 정책을 사용하면 내부적으로도 치유가 불가능한 큰 상처를 남기는 역효과가 난다는 것을 확인할 수 있다.

물론 중국에서는 미국이 이 기회를 악용해서 지역 정세를 교란하고 결국 중국의 안보를 위협할 거라고 주장할 것이다. 하지만 역으로 중국이 소프트 파워를 충분히 키워 미국의 개입에도 불구하고 대만 사람들의 마음을 얻을 수 있다면 대만이 정치적으로 독립하는 것을 두려워해야 할 필요가 없다. 그리고 중국이 갖춰야 할 소프트 파워는 폐쇄적인 한족 중심주의나 중화 민족주의가 아니라, 대만 시민들이 매력을 느끼는 동시에 다른 민족과 이웃 나라의 존경을 받을 수 있는 보편적 가치에 기반한 것이어야 한다. 미국은 이미 그 힘을 잃어 가고 있다.

대중문화에 대한 검열과 규제, 중국몽은 백일몽이 될 것인가

중국 대중문화 수난 시대

2021년은 중국의 대중문화 산업 종사자와 팬들에게 특히 신산한 해였다. 수년 전부터 활력을 얻고 있던 분위기에 외부로부터 계속 찬물이 끼얹어졌다. 한 번은 정부로부터, 또 한 번은 중국 인터넷상의 애국주의자들로부터 온 시련이다.

'활력 넘치는 중국의 대중문화'라는 표현에 대해 의구심을 가질 독자들도 있을 것이다. 한한령으로 한국 문화도 수입하지 못하는데 무슨 활력이란 말인가? 한국에서는 중국의 경제 상황이나 정치에는 관심이 많지만 중국의 문화 예술계 동향에 대해서는 일부 중국 전문가를 제외하고 관심을 갖지 않는다. 그래서 이런 오해가 발생한다.

좀 더 구체적으로 설명해 보자. 장기간의 한한령을 통해 자국 대중

문화를 보호하며 전략적으로 육성해 온 중국은 더 이상 한국을 비롯한 외국 대중문화를 일방적으로 카피하는 '싸구려 콘텐츠' 생산국이 아니다. 검열의 제약에도 불구하고 다양한 방면에서 '웰메이드 작품'을 만들 수 있는 기술적 역량을 확보했다.

그 결과, 중국에서 만들어진 드라마 등이 중국 OTT 플랫폼의 인터내셔널 버전을 통해 동남아시아 등지로 수출된다. 중국 내에서도 별다른 호응이 없던 저예산 연애물이 인기를 얻는가 하면 무협물을 포함한 웹소설도 동남아 시장에서 인기가 많다. 과거 중국 내 한류 붐이 형성되는 가운데 볼 수 있던, 문화 수출국 한국과 수입국 중국의 관계가 역으로 중국과 베트남 같은 동남아시아 국가 사이에 형성되고 있다. 그리고 중국의 문화 산업 전문가나 네티즌들은 이 상황을 '므흣하게' 바라본다.

그래서 중국의 콘텐츠 생산자와 평론가들은 한한령이 풀린다고 해도 일방적으로 한류가 중국 시장을 지배하는 일은 더 이상 벌어지지 않을 것이라고 자신해 왔다. 일정 수준만 된다면 자신들의 역사와 사회적 배경이 반영되어 있는 데다 자국어로 된 문화 상품을 선호하는 것은 당연한 일이기 때문이다. 오히려 특정 분야는 한국을 넘어서는 세계적 수준에 도달했다고 자랑하기도 한다. 거대한 인력과 자원 풀이 요구되는 애니메이션이나 중국이 세계적 리더로 도약한 IT 산업을 기반으로 하는 게임 산업이 대표적인 예다.

또 정치적으로 민감한 주제를 회피하기에 유리한 특정 장르들, 판타지 역사물이나 SF 혹은 미스터리 등은 비교적 자유로운 표현이 가능하므로 자신들의 장점을 최대한 발휘할 수 있을 것으로 자신해 왔다. 그래서 아시아를 넘어 세계 시장의 기린아로 떠오른 K-컬처를 부러워하면서도 조금만 더 시간이 주어진다면 우수한 전통문화 자원과 스스로 플랫폼을 만들어 낼 수 있는 거대한 시장을 기반으로 아시아의 문화 선진국 자리를 넘볼 수 있다는 기대를 가지고 있었다.

대표적인 예가 2021년 상반기에 큰 인기를 끌었던 〈산허링山河令〉(국내에 소개된 제목은 〈산하령〉)이라는 OTT 드라마다. 이 작품의 원작은 중국에서 '단메이耽美'라 불리는 남성 동성애를 그린 BL 웹소설이다. 남성 간의 사랑을 '애매한 우정'으로 대체하는 등 동성애 코드의 수위를 대폭 낮추고 드라마로 개작해서 큰 성공을 거뒀다. 해외에서도 전통적으로 중국 콘텐츠를 선호하는 화교권을 넘어서는 호평을 얻었다고 한다. 이 작품의 매력으로 평가를 받았던 부분은 보수적인 중국 콘텐츠의 한계를 넘어서는 장르적 표현과 원래 중국이 강점을 가진 무협물의 배경이 된 중국 전통 미학의 조화였다고 한다. 시나리오 작가는 해외 유학파 출신의 젊은 여성이었기 때문에 세계적 흐름과 중국의 특성을 함께 살릴 수 있었다. 과거 많은 중국 엘리트 감독의 영화가 세계 영화제에서 수상한 전력이 있는 만큼 이런 작품들이 차곡차곡 쌓이면 중국 콘텐츠가 세계적인 각광을 받는 날이 올 것이라는 기대도 망상이라고만 할 수는 없다.

그런데 하반기 들어 이런 흐름에 급제동이 걸렸다. 한 오디션 예능 프로그램에서 우유 판촉을 위해 우유 팩의 QR 코드를 이용해 자기가 좋아하는 아이돌에게 투표하도록 한 것이 발단이었다. 극성팬들이 우유를 사서 투표만 하고 내용물을 버린 일이 매체에 보도되면서 크게 비판받았다. 이를 계기로 중국 정부가 '팬덤 문화'와 '클릭 수 장사'에 대해 대규모 사정을 벌였다. 여기서 파생된 후속 문화 산업 규제 지침이 잇달았다. 대표적인 것이 여성성을 강조한 남성 연예인의 출연을 금지한 것이다. 자연스럽게 동성애 코드가 들어간 BL 문화도 금지되었다. 허무주의적 역사관을 금지한다는 이유로 가상적 역사 해석도 제약을 받게 되었다. 이는 판타지 역사물도 함부로 만들 수 없음을 의미한다. 게임 산업도 미성년자의 사용 시간 제약을 받게 되었다.

성적 모호성과 여성화한 남성에 대한 중국 정부의 문화적 낙인은 이미 2021년 초 교육부의 공식 발표에서 드러났다. '체육 교육 등을 강화해서 남성 청소년의 여성화를 방지하겠다'고 선언하고 이를 '양강의 기운陽剛之氣 육성'이라고 설명했다. 중국 사회의 성 정체성 이데올로기가 국가 차원에서 규정된 것이다.

정부의 요구는 빠르게 실행에 옮겨졌다. 오디션 프로그램들이 폐지되었고 '꽃미남' 가수와 배우들이 무대에서 사라졌다. 특히 전성기를 구가하던 〈산허링〉의 주인공 중 한 명은 강제로 은퇴를 당했다. 두 주인공이 함께 등장하던 인터넷상 웹자보들이 모두 '원 톱'으로 교체되었다. 그런데 이 과정이 매우 기이했다. 표면적으로 그가 여론 재판을 받게 된 것은, 몇 년 전에 야스쿠니 신사를 비롯해 일본에서 찍은 사진 때문이었다. '친일' 발언을 한 적이 있는 것도 아니고 단지 친구의 결혼식에 참석해 우연히 찍은 사진 때문에 그는 어처구니없이 사회적으로 매장당했다.

왕 서방은 대체 무슨 생각일까?

그래서 여러 소문이 돌았다. 중국 정부에 찍혀 버린 알리바바의 회장 마윈과 사이가 좋았던 유명 여배우가 운영하는 매니지먼트 회사 소속이라는 게 문제였다는 이야기가 있었다. 〈샨허링〉이라는 작품의 동성애 코드가 문제라는 짐작도 있었다. 아이돌 문화에 익숙한 내 주변의 20대 지인에게 물어봤더니 온라인상에서 두 주인공의 팬덤 사이에 큰 분쟁이 있었고 이를 보다 못한 중국 정부가 그중 더 극성스러운 팬덤의 주인공을 제거한 것이라는 설명을 내놨다. 중국의 한류 전문가 중에는 대만과 홍콩, 미얀마 등이 포함된 '밀크티 동맹'과 K-컬처 팬덤 문화의 관계 때문에 팬덤 문화의 정치적 위험성을 우려하는 이가 있다. 그래서 중국 정부가 팬덤 문화를 적극적으로 단속한 것이라는 설명도 가능하다. 어떤 이유가 진짜인지는 알 수 없지만 들리는 소문 모두 황당하게 느껴졌다.

연예인 개인에 대한 인권 침해는 논외로 하더라도 가장 큰 문제는 '모호성'일 것이다. 첫째로, 공인이라 할 수 있는 연예인이 개인의 범죄나 윤리적 문제가 아닌 이유로 업계에서 추방을 당했는데 제대로 된 이유가 설명되지 않았다는 사회적 소통 문제가 있다. 둘째로 검열의 기준들인데 대부분 구체적이지 않다. 그래서 중국의 문화 산업 관련 종사자는 정확한 선을 알기 위해 우선 만들어 볼 수밖에 없다. 하지만 이 실험에는 큰 비용이 요구되기 때문에 가장 안전한 선택은 처음부터 최대한 보수적으로 접근하는 것이다. 어떠한 새로운 시도도 언감생심이다. BL이나 동성애를 암시할 수 있는 대중문화 예술 작품은 더 이상 만들어질 수 없을 것이다. 당연히 이런 '레드 라인'은 LGBT뿐 아니라 민족과 정치 문제를 포함해 전방위적으로 존재한다.

규제 등과 관련해 중국 정부 정책이 구사하는 커뮤니케이션의 모호성은 국외에서도 부정적인 영향을 끼친다. 대표적인 것이 한한령이다. 중국 정부는 세상 모두가 아는 한한령의 존재를 지금도 부정한다. 이와 같은 중국 정부의 소통 방식 때문에 보통 한국인들은 중국 정부나 중국인들을 믿을 수 없고 속을 알 수 없는 '음험한 존재'라고 생각하는 경우가 많다. 물론 이런 식의 생각은 여러 편견이나 문화적 몰이해 혹은 의도된 음해에 의한 문화적 낙인이다. 마치 고려 태조 왕건이 전라도 사람은 믿지 말라고 '훈요십조'에 남겼다는 이야기와 비슷한 문화결정론이다. 하지만 국가를 대표하는 정부는 공공 커뮤니케이션의 신뢰성을 지키기 위한 최저선을 명확히 해야 한다.

이런 정책은 자기 나라의 국익을 지키기 위해 어쩔 수 없이 모호한 외교적 수사를 구사하는 것과는 다른 차원일 것이다. 일본 정부가 한국에 반도체 관련 무역 수출 규제를 하면서 그 이유로 내세운 것들의 앞뒤가 맞지 않아 거기에 대해 비판이 가능했지만, 중국은 아예 규제정책의 존재 자체를 부인하니 더 답답하고 음습하게 느껴지는 것이다.

중국 정부가 이렇게 내부로만 소통되는 음성적 규제 정책을 펼치는 것은 공산당의 기밀 유지 관행과 관련되어 있다고 보는 경우도 있다. 국유 기업이 경제의 큰 부분을 차지하는 중국에서 당 조직이 모든 기업을 컨트롤하고 있고 공산당의 내부 결정을 관철시키지만 이를 밖으로 알릴 수 없는 경우가 많다고 하니, 자연스럽게 외부에 공식적으로 이야기하는 것과 실제 실행 사이에 괴리가 생길 수밖에 없다. 그래서 중국 기업이나 정부는 표리가 부동한 것처럼 느껴진다. 국내적으로 앞에서 말한 문제가 생길 수밖에 없고 외국인에게도 중국에 대한 부정적인 이미지를 심어 준다는 점에서 나는 중국 공산당과 정부가 자충수를 두고 있다고 생각한다.

중국 문화를 위협하는 백혈병

또 다른 '백래시backlash'는 소분홍이 주도했다. 2021년 말에 큰 호평을 받은 〈수사자 소년雄獅少年〉이라는 애니메이션이 개봉했다. 앞서 소개한 대로 중국의 애니메이션은 거대한 시장, 자본과 기술력을 바탕으로 큰 성공을 거두고 있다. 또 《서유기》나 《봉신연의》와 같은 풍부한 전통 판타지 원전을 가지고 있기 때문에 이를 토대로 미국의 DC나 마블과 같은 '세계관'을 창조하는 것이 가능하다. 애니메이션 강국 미국이나 일본과 같은 성장 잠재력을 가지고 있는 것이다.

하지만 역으로 이들이 소재를 제약하면서 관객들이 현실적으로 공감할 수 있는 현대적 서사를 만들어 내지 못하는 문제도 있다. 미국이나 서구와는 다른 중국적 세계관을 다룬다는 특성이 있지만 기본적으로 중국 전통문화의 외피를 뒤집어쓴 할리우드의 상업적 슈퍼 히어로물을 재생산하고 있다는 평가에서 벗어나기 힘들다. 장이머우張藝謀가 2002년에 《영웅》을 제작하면서 중국판 블록버스터를 창조한 것과 마찬가지다. 일련의 장이머우 작품들은 초반에는 관심을 끌었지만 2016년 작인 《그레이트 월》의 실패에서 볼 수 있듯이 중국판 블록버스터는 하나의 '스테레오 타입'으로 정형화되어 중국 시장을 벗어나기 힘들어졌다. 장이머우는 이제 중국 내에서도 끊임없이 신제품을 출시하는 '영화 공장장' 정도로 평가받고 있는데, 여러 장르의 스테레오 타입을 창조하면서 중국 상업 영화계의 기술적 성취도를 높이고 있다. 중국의 영화 산업을 성숙시킨 공로는 인정해야겠지만, 작가주의 영화 거장이라는 과거의 평가로 되돌아가기는 힘들어졌다. 표현의 자유가 제약되는 중국에서 그의 이런 선택은 자연스럽게 받아들여진다.

그런데 애니메이션 〈수사자 소년〉은 여러 측면에서 그 한계를 뛰어넘은 것으로 평가받는다. 이 작품은 중국 광둥성의 시골 마을에 사는 한 소년이 친구들과 함께 전통 무용인 '사자탈춤醒獅'을 배우는 과정을 그린 일종의 성장물이다. 주인공의 부모님은 광저우에서 일하는 농민공이었는데 아버지가 공사장에서 큰 부상을 당한 뒤 귀향한다. 경제적 책임을 떠안게 된 주인공은 광저우로 가서 다시 농민공이 된다. 이 작품은 애니메이션 미술도 뛰어나지만 문화적 소재의 범주와 현실적 서사가 큰 감동을 준다. 대단히 '로컬한 소재'를 '로컬하게' 표현했을 뿐 아니라 비현실적인 해피 엔딩의 성공 서사 대신 하루하루의 힘겨운 노동을 이어 나가면서도 꿈을 잃지 않는 주인공의 현실과 미래를 담담하게 묘사했다. '온 세상을 구하는 중화 슈퍼히어로'가 아니라 '중국의 지역 한구석에서 충실하게 자신의 생활을 영위하는 평범한 보통 사람'이 '진짜 영웅'이라는 설득력 있는 대안 서사를 창조해 냈다.

문제가 된 것은 이런 생각을 반영하기 위한 작화법이다. 감독은 실제 농민공들을 오랫동안 관찰한 후 흔히 통용되던 '커다란 눈'을 가진 캐릭터 대신 주인공들에게 작은 눈을 선사했다. 중국에서는 이런 '찢

어지고 끝이 올라간 실눈'을 '미미옌咪咪眼'이라고 부르는데 소분홍들은 이런 표현이 서구인들의 아시아인 멸시에서 비롯되었다고 비판한다. 제1차 세계 대전 이전에 미국에서 만든 중국인 슈퍼 빌런 캐릭터 '닥터 푸만추FU Manchu'가 이런 눈을 가진 것으로 묘사되었기 때문이다.

소분홍의 주장에 의하면 주로 해외 유학파 중국인 예술가들이 서구인들에게 세뇌되어 중국인을 묘사할 때 자기 비하적인 의미로 이런 눈을 사용한다는 것이다. 소분홍들은 같은 시기에 프랑스 디올 브랜드가 후원한 중국 출신 여성 작가의 사진 작품, 그리고 이미 수년 전에 출시된 중국 내 스낵 브랜드 광고에서 여성 모델의 외모를 두고도 같은 공격을 퍼부었다. 사람마다 다르게 볼 수 있는 예술적 심미안을 정치적 의도로 해석하고 판단한 것이다.

소분홍은 애니메이션 속 주인공이 팔다리는 길고 얼굴은 갸름하며 눈은 큰 미남 미녀 형상을 가져야 한다고 생각한다. 흔히 애니메이션이나 게임 캐릭터에 사용되는 이 이미지는 일본이 전후 서구인에 대한 열등감과 동경심에서 차용한 전형적인 서구인의 모습인데, 일본 '아니메'의 영향으로 한국과 중국을 비롯한 동아시아에서 아직도 보편적으로 사용되고 있다. 서구 중심주의를 비판하는 이들이 실은 서구 중심주의적 미학에 경도되어 있는 것은 아이러니한 일이다.

소분홍은 이런 형상뿐 아니라 서사 자체도 항상 긍정적이어야 한다고 주장한다. 이를 '긍정적인 에너지'를 뜻하는 '정능량正能量'이라고 표현하는데, 드라마는 현실의 모순과 비극을 드러내기보다 밝고 건설적인 모습만 비춰야 한다는 것이다. 중국의 영화감독 지아장커賈樟柯는 중국의 현대화 과정에서 벌어지는 비극을 자기 영화의 주 소재로 삼아 세계에 널리 알려졌다. 그래서 과거 중국 정부는 그의 영화를 못마땅하게 생각했다. 또 중국이 급속히 발전하고 부유함을 과시하게 된 근년에 와서는 왜 이런 자랑스러운 모습을 보여 주지 않느냐는 소분홍들의 공격을 받고 있다.

앞의 모든 예는 정치적인 색채가 강한 것도 아니고 정부를 비판하는 내용도 담고 있지 않다. 사회의 모순을 드러낸다고 하더라도 지아장커의 영화 정도를 제외하면 상업적 목적이 훨씬 강한 작품들이다. 이를 과도하게 정치적으로 해석하고 정치적으로 행동하는 소분홍은 과거 문화대혁명 시기의 홍위병을 연상하게 한다.

문화대혁명이 중국의 문화와 지식계를 파괴한 것처럼 빗나간 애국주의가 중국 사회의 상업과 문화 예술 분야에 큰 해를 끼치고 있다. 중국 정부도 이 문제점을 인식하고 있으며 과거 이런 관점을 부추기던 후시진胡錫進 같은 애국주의적 친정부 언론인들조차 이제 소분홍의 자제를 당부한다. '행동하는 애국주의'가 외부 침입자 대신 자기 몸을 공격하는 일종의 '문화 백혈병' 상태에 이르렀다는 사실을 깨달은 것이다.

하지만 중국의 관변 단체와 매체들이 이런 논란을 다루는 모습을 보면 애국주의에 대한 중국의 여론 지형이 얼마나 경도되어 있는지 알 수 있다. 앞서 언급한 스낵 회사 광고 사건에 대해 상하이 소비자 보호 위원회는 소분홍의 주장을 부정하지 않는 태도를 보였다. 마찬가지로 지식인을 포함한 각계각층의 의견을 소개하는 기사들을 보면 시비곡직을 가리는 것에 미온적이다. 소분홍의 반응이 과격한 것은 사실이지만 상업계와 문화 예술계는 소비자, 대중의 정서와 미의식의 변화에 호응해야 한다는 식으로 문제의 쟁점을 흐린다. 또 마땅히 비판해야 할 일부 군중의 어리석고 잘못된 행동에 눈을 감는다. 행동에는 논란의 여지가 있지만 민족과 국가에 대한 이들의 충정을 이해한다는 식이다.

정확히 이야기하자면 하급 정부와 지식인, 언론인들이 사회적 여론의 압력에 두려움을 느끼는 것이고, 이런 일부 사회적 여론은 암묵적인 중앙 정부의 비호를 받고 있다고 해석할 수 있다. 이것은 2021년 중국 정부가 시행한 일련의 정책들이 조성한 거대한 흐름에 거역하기 힘들다는 것을 알고 있기 때문일 것이다. 앞서 언급한 각종 문화 규제책 외에도 중국 정부는 사교육 산업을 완전히 와해시키는 정책을 내놓았고 인터넷 재벌들이 정부에 도전하지 못하도록 철퇴를 가했다.

각각의 정책들이 시행된 배경에는 합당한 이유들이 존재한다. 하지만 외부에서는 문화계와 상업계 등 민간 영역에 대해 정부가 과도하게 간섭한다는 비판이 있다. 민간 사회의 자율성을 해치고 활력을 없애 결국 사회 발전이 정체될 것이라고 보는 관점이다.

강국몽은 허무해

민간 사회의 자율성을 논할 때 거대 자본과 정부의 힘겨루기에서 어느 쪽이 더 큰 권력을 가져야 한다든가, 제3의 세력인 시민 사회가 어떤 위치를 차지해야 하는가에 대한 논의는 현재 중국의 상황에서는 좀 사치스러울 수도 있다. 중국 사회의 현대화 과정에서 서구적 의미의 시민 사회가 형성된 적이 없고, 시진핑이 집권한 중국 정부는 소위 '공민公民 사회'에 대한 논의를 허용하지 않기 때문이다.

하지만 다시 〈수사자 소년〉의 예로 돌아가, 민간 사회에서 이런 대안 서사가 만들어지는 것의 중요성을 중국 정부가 깨닫지 못하는 것은 매우 유감스러운 일이다. 중국도 경제가 더 이상 고속 성장할 수 없는 상태로 진입하면서 중산층은 포화되었고 경제적 계급이 고착화하는 것도 피할 수 없게 되었다. 이런 상황에서 보통 사람들이 자기 삶의 의미를 구성하기 위해 꼭 필요한 것은 이런 대안 서사다. 이 서사는 국가나 사회가 집단적으로 부여할 수 없고 개개인이 자신의 노력을 통해 만들어 나가야 한다. 풍부하고 다양한 형태의 삶을 상상하게 하는 개방적이고 자유로운 민간의 문화 예술 기반이 개개인을 돕는 사회적 인프라가 되는 것이다.

당 국가가 '중화 민족주의'와 '애국주의'를 통해 부여하는 '강국몽強國夢'은 필연적으로 허무주의에 빠지게 된다. 국가와 민족이라는 초월적 이념과 자신의 일상적 삶의 관계를 발견할 수 없기 때문이다. 국가가 개인의 삶을 지나치게 통제하는 전체주의적 사회라면 개개인의 삶이 질식할 수밖에 없고, 비용이 너무 많이 들기 때문에 국가가 개인의 삶을 책임질 수도 없다. 이 허무함을 메우기 위해 신념은 종교적이고 본질주의적인 성격을 띠게 된다. 그렇지 않으면 정말로 매우 개인적인 종교와 영성의 세계에 몰입할 수도 있다. 이때 사이비 종교도 함께 활개를 치게 된다.

중국 정부의 이런 여론과 문화 통제가 더욱 경직성을 띠게 된 것은 지역적인 문제와도 연관성이 있다. 원래 정치권력의 중심지인 수도에서 가까울수록 이념적 통제가 심했고 거리가 멀어질수록 자율성이 주어졌다. 'CIA, MI6, KGB, 모사드'라는 세계 4대 정보기관 외에 중국에는 'BJCYQZ'가 있다는 농담이 있다. 이는 베이징 도심에 해당하는 '차오양구군중朝陽區群眾'의 약어인데 이들의 신고 정신이 그만큼 투철하다는 의미다.

이들은 유명 인사뿐 아니라 수상한 이웃의 일거수일투족을 감시해서 경찰에 신고한다. 당연히 외국 간첩(?)과의 내통 행위도 그 대상이다. 베이징과 같은 대도시, 그리고 정치적으로 민감한 지역에 거주하는 중국의 문화 예술인이나 지식인 혹은 비상업 영역의 일을 하는 사람들은 외국인과의 공공 업무 협력에 신중을 기해야 한다. 정치적 메시지의 발신으로 해석될 수 있는 일을 하다가 정부의 주목을 받기도 하고, 아예 외국인이 참여하는 공개 행사는 허가를 안 해 주는 경우도 많다. 중국의 수도 베이징에는 실명으로 등록한 치안 자원봉사자가 85만 명이고 이외에도 동원 가능한 인력을 합치면 140만 명의 잠재적인 감시자가 있다고 한다. 140만 개의 걸어 다니는 CCTV가 작동 중인 셈이다.

중국 신인 영화감독의 등용문으로 자리 잡은 퍼스트FIRST 영화제는 매년 칭하이青海성의 수도인 시닝西寧에서 개최되는데 칭하이성은 티베트의 북쪽에 자리 잡은, 경제와 문화의 오지다. 이 영화제에서는 표현의 자유를 추구하는 독립 영화도 많이 소개된다. 베이징에서 멀리 떨어져 있고 중국 정부의 통제가 상대적으로 약하다는 사실 때문에 이지역이 선택된 것이다.

같은 의미로 홍콩은 중국에 반환된 이후에도 오랜 기간 대륙의 지식인과 문화 예술인들이 상대적으로 자유롭게 자신의 생각을 표현할 수 있도록 숨통을 틔워 주는 역할을 맡아 왔다. 그런데 2019년 이후 홍콩의 언론 자유가 최악의 상황으로 치달으면서 이 출구가 막혀 버린 것이다.

중국 문화계가 침체를 맞으며 의기양양하던 중국 평론가들의 목소리도 갑자기 잦아들었다. 그리고 〈오징어 게임〉이 있었다. 넷플릭스 방영 초기 중국인들의 평가는 한국과 마찬가지로 박한 편이었다. 가장 큰 이유는 이들이 일본의 '데스 게임' 장르에 '빠삭하고' 한국 드라마의 문법에도 매우 익숙하기 때문이다. 이들은 웬만한 한국 평론가 이상으로 많은 한국 드라마를 모니터링해 왔고 영미나 일본, 중화권의 화제작도 놓치지 않는다. 이런 내공을 갖춘 이들이니만큼 이 작품이 기존의 한국 드라마와 차별화되는 새로운 흐름을 만들어 낸 수작이라는 평가를 내리기 힘들었다. 그런데 불과 2~3주가 지나고 천지가 개벽하는 일이 벌어졌다. 기존의 한류 문화 소비 시장을 뛰어넘는 전 세계적 반향을 목격한 것이다.

중화권의 평론가들은 하릴없이 현실을 인정하기 시작했다. 한두 발짝만 따라잡으면 앞지를 수도 있다고 생각했던 K-컬처는 '넘사벽'이 되었고 그들이 찬 기존 족쇄는 훨씬 더 무거워졌다. 이제 '위대한 중화 문명 부흥을 바탕으로 중국 특색 사회주의의 성공이 담보하는 우수한 중국 문화를 세계에 전파하겠다'는 시진핑의 '중국몽'은 '백일몽'이 되어 버렸다.

문화 내순환의 시대

　이런 쓸쓸한 소회를 표현하는 구체적인 방식이 흥미롭다. 중화권을 넘나들며 대륙의 문화 시장에 큰 영향력을 행사해 온 홍콩의 문화 평론가 량원다오梁文道는 이제 중국에서 '문화 내순환'의 시대가 시작되었다고 설명한다. 미국의 견제를 의식하면서 시진핑이 제시한 '쌍순환' 경제 구조 중 '내순환'에 해당한다는 것이다. 여기서 '외순환'은 외국과의 교역을 의미하고 '내순환'은 중국 국내의 내수 시장의 성장 촉진을 뜻한다.

　그가 예로 든 〈장진호〉는 인민 해방군의 적극적인 협력, 역대 최대 제작비와 중국판 〈람보〉인 〈전랑〉 시리즈의 주인공 우징吳京과 중국 최고의 청춘스타 이양첸시易烊千璽를 비롯한 호화 캐스팅, 첸 카이거陳凱歌와 쉬커徐克라는 중화권 최고 감독들이 참여해 만들어 낸 전쟁 블록버스터 영화다. 공산당 정부의 프로파간다 주제를 담은 소위 '주선율主旋律'을 대표하는 작품이다. 기술적 완성도가 높기도 하지만 대중들의 호응에 힘입어 할리우드 전쟁 영화 〈덩케르크〉가 가지고 있던 박스오피스 기록을 넘어섰다.

　오로지 중국 영화 시장에서만 거둔 성과인데 어차피 이게 끝이다. 수작이라고 해도 중국의 주선율 영화를 수입해 갈 외국 영화 시장이 존재할 리 없다. 자국 중심 세계관을 서사화해 글로벌 시장에서 성공할 수 있는 국가는 현재 유일한 패권 국가인 미국뿐이다. 아직 '팍스 시니카pax sinica'의 시대는 오지 않았다. 하지만 중국 국내 시장만으로도 손쉽게 세계 흥행 1위를 만들어 내는 상황이니 중국 콘텐츠는 내순환으로도 충분히 지속 가능하다.

대륙의 평론가들도 이에 동의하지만 여전히 아쉬움은 남는다. "우리라고 〈오징어 게임〉 정도의 작품을 만드는 것이 불가능한 이야기만은 아니다, 검열 제도만 없다면…." 이런 허세를 들으면 해방 이후부터 늘 일본을 경쟁 상대라고 여겨 온 한국인들의 '근자감'이 떠오른다.

'근자감'의 이유는 이렇다. 첫째, 중국인들의 오만한 중화주의 표현이다. 비록 개혁 개방 이후 30년 정도는 한국의 경제적 성과를 벤치마킹하고 한류를 즐겨 소비하기도 했지만 베이징 올림픽을 성공적으로 치르고 차이메리카chimerica라는 G2 시대를 연 2010년경부터는 대국의 자존심을 회복했다. 1000년이 넘는 번속국으로 '중화 문명의 아류'로 여겨 온 지금의 한국은 경제적으로나 문화적으로나 '졸부'에 지나지 않는다는 편견이 존재해 왔다. 조선인의 일본어 표현인 '조센징朝鮮人'이 단순한 일본어 기표가 아니라 멸칭이었던 것처럼, 중국 내에서 '차오셴朝鮮'이나 '까오리高麗'라는 표현도 '중화 문명 내 이류 국가와 이류 문화'라는 기의를 지니고 있었다. 자연히 중국이 일단 대국의 위상을 회복하기만 하면 한국의 문화 역량을 앞지르는 것은 시간문제라는 인식이다. 그래서 늘 한류는 중국인들의 마음속에 서구 문화나 일본 문화에 비해 한 수 아래인 통속적인 이류 문화라는 선입견이 있었다.

둘째, 한한령과 코비드19 팬데믹 기간의 제한적 국제 교류 영향으로 중국인들은 한국의 변화한 국제적 위상을 잘 실감하지 못했다. 같은 기간에 한국인들도 일취월장한 중국 대중문화를 접할 기회가 없었으니 중국의 문화적 역량을 실제보다 낙후된 것으로 여기기는 피장파장이다.

10년 전까지는 근자감이었지만 결국 한국은 일본의 대중문화를 상당 부분 추월했다. 중국 문화도 그럴 수 있을까? 검열 제도가 존속하는 한 쉽지 않다. 검열 제도가 만들어 놓은 더 큰 폐단은 일종의 '울타리 속 자백 문화'다. 중국에서 미스터리 범죄물이나 SF는 상대적으로 표현이 자유롭다. 그래서 수작들이 나오는데 예를 들면 인기 작가 쯔진천紫金陳 원작의 드라마 〈은밀한 구석隱密的角落〉 등이 과감한 아동 범죄 표현으로 호평을 받기도 했고, 또 다른 작품 〈침묵의 진상沈默的真相〉은 중국 정부의 부패와 타락을 노골적으로 다뤄 화제가 되었다. 드라마는 원작 소설에 비해 표현이 순화되었는데 그 과정에서 검열을 피하기 위해 결말부에 '예술적 모호성'을 사용한다. 〈은밀한 구석〉의 원작 소설인 《나쁜아이들壞小孩》에서 살인범을 협박해 금전을 뜯어내는 주인공 중학생이 완전 범죄를 위해 공범인 두 아이의 죽음을 방조하는데, 드라마에서는 이들의 죽음이 환상 속에서 완곡하게 표현된다. 중국 내에서는 이를 '천재적인 기교'로 극찬하지만 외국인인 내가 보기에는 하드보일드 범죄물로 이미 완성도가 높은 원작의 스토리에 판타지 장르를 뒤섞어 버리는 '군더더기 장치'처럼 보일 뿐이다.

　정부의 부패를 다룰 때에도 항상 문제는 하급 정부에만 존재한다. 상급 정부, 특히 중앙은 이 문제를 해결하기 위해 노력하는 정의의 사도로 그려진다. 〈침묵의 진상〉의 원작 소설 《동트기 힘든 긴 밤長夜難明》에서 주범은 처벌받지만 진상은 완전히 드러나지 못하고 봉합되는 현실을 암시하면서 체제의 한계를 꼬집는다. 드라마에서는 이 정도도 표현할 수가 없다. 2023년 초 중국에서 가장 인기를 끌었던 드라마 〈광표狂飆〉도 공권력과 민간이 결탁한 지역 사회의 부패 문제를 깊이 있게 다뤄서 사회적 반향을 일으키고 호평을 받았다. 하지만 여기에서도 '정의 구현의 화신'으로서의 상급 정부와 공산당의 이미지는 상수로 존재한다. 이 때문에 도시의 젊은 중국인 시청자들도 이 캐릭터들의 판에 박힌 대사는 '빨리 감기'로 넘겨 버린다. 이처럼 작품 전체적으로 이런 제약을 안은 채 완성도를 높이기에는 한계가 있다.

쯔진천은 원래 2021년에 '계급 고착화' 문제를 다룬 신작 소설을 내놓을 예정이었는데 알 수 없는 이유로 아직 출간되지 못하고 있다. 원래 중국의 검열 당국은 상대적 소수가 즐기는 장르 예술에 대해 상대적으로 관대했지만 드라마로 제작되는 등 대중성이 높아지면 더 이상 창작의 자유는 허용되지 않는다.

2023년 초에 역시 화제가 된 텐센트의 OTT 드라마 〈삼체〉도 류츠신의 걸작 SF 소설을 원작으로 삼고 있다. 이 드라마의 가장 큰 문제는 세계적으로 인정받는 자국의 대가에 대한 독자들의 과도한 충성심 때문에 소설의 장면 장면을 그대로 영상으로 옮기는 것에 집착하게 된 것이다. 그래서 극의 호흡에 적합하게 각색하지 못해 지루해졌다. 시대 상황의 급변 때문일 수도 있지만, 문화대혁명의 비극에 대한 반성적 서술도 극의 배경이 되는 올림픽 전후 시절의 현대 중국과 조화를 이루지 못한다. 2008년 금융 위기 사태 당시 중국은 미국과 자본주의 세계를 구원한 것이 맞지만 지금은 미국이 규정한 '자유 민주 세계의 공적'이 되어 버렸기 때문이다. 인류 문명에 대한 날카로운 통찰과 뛰어난 상상력, 컴퓨터 그래픽 기술은 여전히 상찬을 받을 만하므로 중국의 애호가들은 열광했다. 하지만 외국인들이 이 '뻔한 결함'을 감안하고 높은 평점을 주기는 어렵다. 중국의 판권 소유자들도 이 점을 잘 알기 때문에 넷플릭스 버전은 〈왕좌의 게임〉의 감독에게 의뢰해 미국에서 별도로 제작하고 있다.

그래서 중국의 대중문화 평론가와 애호가들은 결과적으로 K-컬처에 대한 애호를 숨기지 못한다. 가장 유사한 문화권의 공감대 안에서 거의 무한한 표현의 자유를 지켜보는 쾌감과 이를 통해 얻어 내는 치유의 감각을 잊지 못하기 때문이다.

전통의 짐을 이고 보편의 보편으로

검열의 문제와는 별개로 중국은 아마도 한국이나 일본과는 또 다른 방향으로 대중문화를 발전시킬 수도 있을 것 같다. 그것은 '위대한 전통 중화 문명의 저주'라는 역설 때문이다. 내가 관찰한 중국 문화의 특성 중 하나는 지나치게 무거운 전통의 관성이다.

나는 무조건 '신토불이'를 외치는 국수주의적 복고주의자들을 언급하고 있는 것은 아니다. 중국인들은 현대적인 삶과 문화를 표현할 때조차 전통적 요소를 결합한 크로스오버에 대한 강박에서 벗어나지 못하는 경우가 많다. 이 점이 한국과 크게 다르다. 최근 몇 년간 '조선의 ○○○'라는 식으로 다뤄진 한국 전통문화의 현대적 표현들을 살펴보면 그 중요한 특징 중 하나는 맥락이 없다는 것이다.

한국의 MZ세대는 전통문화 요소들을 해체하고 이를 현대적으로 재구조화해서 여기저기에 가져다 쓴다. 이들이 공통적으로 하는 이야기를 들어 보면 한국 것이냐 아니냐가 중요한 것이 아니고 그냥 '쿨하게 보이고 들리니까 사용'하는 것이다. 꼭 본래 의미가 통해야 하는 것도 아니다. 그런데 신기하게도 전혀 이물감이 느껴지지 않는다. 예전의 크로스오버처럼 굳이 이것이 한국풍이라거나 한국 전통문화에서 유래한 것이라고 의식되지 않는 상태에서도 "뭔지 모르겠지만 중독성 있네"라는 반응을 들을 법하다. '조선의 랩' 이날치와 협업한 '앰비규어스 댄스컴퍼니'가 콜드플레이와 공연한 것이 가장 대표적인 예다. 달리 말하면 글로벌 사회 어디에서나 통할 수 있는 현대 문화의 보편성을 획득한 것이다.

반대로 중국의 창작자들은 창작 과정에서 '이것은 중국 문화'라는 자의식을 늘 가지고 있으며 이를 현대적으로 표현하기 위해 명확한 의도를 가지고 노력한다. 누가 봐도 '메이드 인 차이나'라고 받아들일 수밖에 없는 콘텐츠를 만들어 낸다. 이런 콘텐츠는 중국 문화나 중국풍을 선호하는지 여부에 따라 호불호가 명확히 갈릴 수밖에 없다.

다른 방식으로 이를 설명해 볼 수도 있다. 중국인들은 과거 한국 대중문화의 성공을 바라보며 '가장 로컬한 것이 가장 글로벌한 것이다'라는 금언을 되새기는 것을 좋아했다. 그러다 보니 한국이 원래 잘하는 장르에서 벗어나는 시도를 하면 비판하는 경우가 있었다. 이를테면 한국판 스페이스 오페라인 〈승리호〉를 중국의 〈유랑지구〉와 비교하며 한 수 낮춰 본다. 자본과 기술의 한계를 지닌 한국 SF 영상물의 단점을 고려하면 틀린 평가는 아니다. 실제적 우주 기술을 보유한 미국이나 중국 정도만 이런 SF 문화 창작물도 잘 만들 수 있을 거라고 예단한다. 또 한국은 원래 강점이 있는 가족이나 연인 사이의 인간관계와 심리를 섬세하게 표현하는 드라마에 집중하는 것이 좋다고 조언한다.

듣기에 따라서는 현명한 충고일 수도 있다. 어차피 자원은 한정되어 있으니 대국은 대국의 국가 전략을, 중형 국가는 중형 국가의 전략을 가져갈 수밖에 없다. 문화 산업도 마찬가지다. 하지만 누리호 발사를 보면서 '미래는 꿈꾸는 자의 것'이라는 격언도 되새기게 된다. 대국을 무조건 따라 할 수는 없지만 한국이 가질 수 있는 꿈조차 포기해야 할 이유는 없다. 일단 시도해 본 후 어디까지 갈 수 있는지 자신의 한계를 정확히 인식하고 그 안에서 어떻게 최선의 결과를 만들 수 있는지도 알 수 있다. 반대로 자기가 만든 프레임에 갇혀 미리 포기한다면 실재 잠재력을 갖춘 것도 이뤄 내지 못하게 된다. 검열의 구속과 함께 '중화 문명의 전승'에 집착하는 자의식이 그런 울타리이자 중국인들이 스스로에게 부과한 천형인 것 같다.

역으로 전통과 로컬의 특성은 일부러 벗어나려 한다고 벗어날 수 있는 것도 아니다. 한국이 기존의 관성을 넘어 온갖 장르의 창작물을 시도해도 거기에는 자연스럽게 한국 문화와 한국의 사회적 특성이 묻어난다. 다만 핵심 주제가 다른 국가들과 동시대적이기 때문에 외국인들도 공감하는 것이다. 〈기생충〉의 반지하방이나 〈다음 소희〉의 콜센터 상황을 보면서 외국인들이 느끼는 감정이 그렇다.

중국이 지금의 태도를 유지한 채 보편성을 얻는 방법은 자신의 전통 자체가 현대화하면서 새로운 보편이 되게 하는 것이다. 나는 '중국 특색 사회주의의 발전을 통한 중화 민족과 중화 문명의 부흥'이라는 말이 이를 의도하는 것이라고 이해한다. 반은 맞고 반은 틀린 말이다.

맞는다는 의미는 무엇인가? 어쨌든 한국이 서구 문명 중심의 당대 보편 문화에 편승했다면, 중국은 다양한 문명이 공존하는 가운데 새로운 복수의 보편이 병립하게 될 미래를 이야기하고 있다. 그래서 자신의 표준을 외부 세계에 강요하지는 않을 것이라고 약속하면서 다만 미국이 대표하는 서구의 보편도 그들에게 강요하지 말아 달라고 요청한다.

중국이 전통적인 자의식을 간직한 채 정말로 현대화되고 매력적인 콘텐츠를 만들어 세계인을 매료시킨다면, 그리고 중국의 발전 모델이 30년 후나 혹은 그 이전이라도 미국과 대등한 위치에 설 수 있는 결과를 만들어 낸다면 어찌 될까? 우리는 또 하나의 오래된, 그리고 새로운 보편을 인정하지 않을 수 없을 것이다.

틀리다는 의미는 무엇인가? 중국이 또 다른 보편을 획득하는 과정에서 전제가 되는 것은 '보편의 보편'에 대한 수용이다. 중국이 다른 국가의 내정에 간섭하지 않고 자신의 가치관을 외부에 강요하지 않는다는 자세는 일종의 '극중주의'로서 '보편의 보편'의 실천이라고 볼 수도 있다. 공자가 이야기한 대로 "내가 원치 않는 것은 남에게도 바라지 않는다. 기소불욕 물시어인己所不欲 勿施於人"이다. 문제는 그 가치관을 자신의 내부에도 적용할 수 있느냐는 점이다.

이것은 자유주의와 같은 서구식 가치관을 전격적으로 수용해야 한다는 의미가 아니다. 그보다는 좀 더 구체적인 사례로, 앞서 말했던 이념의 경직성에 있어 지역적 차이를 두는 것을 뜻할 수 있다. 즉, 핵심과 변경을 나누고 핵심 가치관을 변경에 강요하지 않을 수 있겠느냐는 질문이다. 중국은 이미 홍콩에서 실패를 경험했고 대만과 지나친 긴장 관계를 만들고 있다. 2022년 코비드19 봉쇄로 상하이에 거주하던 다수의 외국인이 중국을 떠난 사건도 긍정적인 답변을 예상하기 힘들게 만드는 신호다.

문화의 쌍순환은 내순환과 외순환이 완전히 분리된 것을 의미하지는 않는다. 두 순환 고리가 균형을 이루고 잘 맞물릴 때 원활하게 돌아간다. 두 고리의 접점이 되는 곳도 바로 이런 변경 지역이다. 중국의 애국주의 사회 평론가들은 중국이 LGBT와 같은 '정치적 올바름'을 강요하지 않기 때문에 미국과 달리 이슬람 문화권과 부담 없이 교류할 수 있다고 말한다. 맞는 말이다. 하지만 그런 관용은 중국 내, 특히 변경 지역에서 페미니즘이나 LGBT를 탄압하지 않는 것처럼 서브컬처를 허용할 수 있을 때 빛을 발할 수 있다. 중국 문화의 내순환이 자폐적인 고리에서 벗어난다면 세계는 외순환을 통해 '중국 특색의 보편 문화'를 존중하고 함께 즐길 수 있게 될 것이다.

중국식 유교 관료 사회의
기원과 한계

중국은 여전히 계급 사회인가?

2022년 4월, 40일 넘게 전 주민의 자택 격리가 진행 중인 상하이를 가까스로 탈출해 유럽으로 돌아온 벨기에 청년이 유창한 중국어로 질문을 던진다. "왜 중국 시민들은 이런 부당한 정책을 펼치는 정부에게 저항하지 않는 거죠?" 중국판 유튜브인 '비리비리哔哩哔哩'에서는 하루 만에 삭제되었지만 유튜브에서는 여전히 이 동영상을 볼 수 있다. 상하이에 10년 넘게 거주하는 한국인 지인도 입에서 불을 뿜는다. "우리 아파트에 사는 한 고위 공무원 가족이 양성 판정 후에도 격리 시설에 안 가고 버티면서 줄줄이 확진되는 통에 보름 넘도록 단지 내 산책도 못 하고 있어요. 그중 한 명은 주민들 항의로 마지못해 격리 시설에 갔다가 음성 판정을 받았다면서 하루 만에 몰래 숨어 들어왔죠. 그리고는 다시 양성이 나왔고요." 중국은 여전히 소수의 통치 세력인 관官과 대다수의 민民으로 나뉘는 계급 사회일까?

서구는 봉건제에서 자본주의 사회로 이행하면서 거의 과도기가 없었지만 중국은 봉건 사회와 현대 자본주의 사회의 간극이 2000년이나 존재한다. 베이징대학교의 정치 철학자 허화이홍何懷宏 교수는 2000년의 긴 세월을 마르크스주의 학자들이 단순히 봉건 전제 사회라고 부르거나 막스 베버가 가산家産 관료제 사회라고 칭해 아쉽다고 했다. 그래서 서주 시대에서 춘추 시기까지 '세습 사회世襲社會'라고, 한나라에서 청나라 말까지를 '선거 사회選擧社會'라고 분석하고 각각의 제목으로 2권의 책을 펴냈다.

여기서 '선거'는 '투표election'가 아니라 '선발selection'을 의미한다. 중국은 지금의 한국으로 치면 '학종'에 의한 수시 모집이라고 할 수 있는 추천을 통한 '찰거察擧제'와 수능 필기시험에 해당하는 정시 모집인 '과거科擧제'를 통해 평민에게도 관료가 될 '기회의 평등'을 부여했는데 그 역사가 2000년이 넘는다. 극소수의 천민은 과거에 참여할 수 없었지만 철저한 신분 사회였던 조선과 달리 명청 시기를 거치며 신분제가 해체되고 적서 차별도 없앤 탓에 이는 전혀 빈말이 아니다.

문헌 고증을 통한 연구에 따르면 이 시기에 관료로 임용된 사람들 중 20~50퍼센트가 평민 출신이었고 특히 과거제가 확립된 송대 이후에는 늘 3분의 1 이상을 유지했으며 그 비율은 꾸준히 증가해 왔다. 물론 도시와 향촌 출신 간 격차는 늘 존재했다. 그래서 하버드대학교의 존 킹 페어뱅크John King Fairbank, 費正淸는 중국의 전통 사회를 도시-향촌 이원 사회로 규정하기도 했다.

인류학자 페이샤오퉁이 청조의 과거 급제자 900여 명 표본을 가지고 진행한 조사에 따르면 이 중 44퍼센트가 향촌 출신이었다. 당시 인구의 90퍼센트가 향촌에 집중된 것을 고려하면 도시에 비해 상대적 비율은 많이 낮다. 하지만 같은 시기, 서구 사회 지식인들의 농촌 출신 비율에 비하면 압도적으로 높다고 볼 수 있다.

저자는 근대화를 거치며 서구 사회를 변화시킨 평등의 흐름을 설명한 알렉시 드 토크빌의 관점으로 중국의 전통 사회를 분석하면서 그 내재적 '근대성'을 짚어 보고자 했다. 사상적으로 유가, 묵가墨家, 도가道家는 나름의 형식적 평등 이념을 지니고 있었다. 유가는 인격의 평등, 묵가는 모든 사람을 동등하게 사랑하는 겸애兼愛, 도가는 자연으로 대상을 확대한 생명의 평등을 추구했다. 하지만 유가의 차등差等 관계에서 드러나는 것처럼 전반적으로는 봉건 사회의 안정과 질서를 유지하기 위한 신분과 계급의 차이를 더욱 중시했다.

실질적인 측면에서 유가가 추구한 소강小康이나 대동大同이라는 이상 사회를 고려하면 군주와 소수의 관을 제외한 대다수의 민은 평균주의를 지향했다고 볼 수 있다. 실제로 근대 사상가이자 향촌 개혁가였던 량수밍梁漱溟이 관찰한 화베이華北와 산둥 지역 농촌의 사례를 보면 거의 모든 소농이 자기 토지를 갖고 있었고, 만주족 귀족의 토지에서 농사를 짓는 소작농들도 영구 경작권을 가지고 있었다. 광둥성의 빈농 출신인 쑨원도 남방 지역의 농민들에 대해 비슷한 설명을 하고 있다. 근대 이전의 생산력 한계 속에 전체적으로는 가난했지만 인구 대부분을 차지하는 농민들의 상황은 별다른 차이가 없었다는 뜻이다. 그리고 민이 폭동을 일으키거나 역성혁명이 일어나는 경우는 근대적 의미의 평등권 추구라기보다 사회적 모순이 누적되어 불평등이 심화할 때 생존권을 확보하려는 시도라고 봐야 한다고 했다.

과거제와 사인 계급의 고전 중국몽 시대

세습 사회, 즉 봉건제가 해체되면서 선거 사회로의 이행이 가능했던 것은 군주의 세습을 통해 사회의 안정을 꾀하는 동시에 국가의 효율적인 운영을 위해 관료의 세습은 막았기 때문이다. 비결은 귀족도 평민도 아니면서 동시에 어느 쪽에도 속할 수 있는 사인士人 계급이 등장한 덕이다. 그 자신이 사인의 대표 격인 공자는 봉건적 신분 계급 질서를 옹호했지만 동시에 학교를 열어 신분에 상관없이 자신의 제자로 받아들였다. 누구나 덕행과 학문을 닦으면 관료가 될 수 있는 유교 사회의 '고전 중국몽中國夢' 시대가 열린 것이다.

과거제에는 '팔고八股'라는 표준이 있었다. 송대에 왕안석이 틀을 기초한 후 주희朱熹가 정리하고 주석을 단 사서四書를 다루는 경학經學이 주요한 내용이었다. 지금으로 치면 철학, 논리학, 정치학과 사회학 등이 결합된 인문 사회 과학이다. 그 형식은 시부詩賦를 사용해 문학적 재능도 함께 살폈다. 표준의 변화를 시도하는 일이 제법 있었지만 논란 끝에 금세 복원되었다. 주자의 '신유학'은 중국 지식인들의 '컨센서스consensus'를 담은 중국 유교 문화 2000년의 정수를 담고 있기 때문이었다.

과거의 중요성이나 그 운영의 엄정함에 대한 요구는 말할 필요도 없는 것이었는데 왜냐하면 국가의 기강을 상징하는 제도였기 때문이다. 그래서 황제의 의지와 무관하게 항구적으로 진행되어야 했으며 전쟁이나 천재지변이 일어나 연기되어도 꼭 보결 시험이 행해졌다. 미국의 200년 역사상 4년에 한 번 대통령 선거는 반드시 치러야 한다는 논리나 의지에 비견할 만하다. 황제나 고관이 과거에 개입할 여지는 적었으며 설령 개입이 있어도 대세에는 영향을 끼칠 수 없었다. 출제와 진행, 평가 등의 관리도 매우 엄격했으며 부정이 발견되면 엄벌에 처했다. 청조의 일부 기록을 살펴보면 4명의 황제 재위기에 행해진 5번의 향시鄕試에서 부정행위에 연루된 37명이 사형에 처해졌으며 그중 한 명은 최고위급 관료인 대학사였다.

또 관료들이 학력 자본이나 권력을 이용해 과거 선발에 유리한 결과를 얻는 문제를 해결하기 위해 '적극적 평등 실현affirmative action'과 같은 노력도 기울였다. 대표적인 것이 건륭제와 강희제의 정책이다. 지역 선발 단계, 특히 수도권에서는 평민 자제의 합격 비율을 9 대 1로 높여 잡기도 했고, 고급 관료들의 자제와 친인척은 아예 과거에 응시하지 못하게 하는 '역차별 제도開報回避'를 시행하기도 했다. 물론 바꿔 말하면 현실적으로 관료 집안 자녀의 합격 비율이 지나치게 높았다는 의미이기도 하다.

가난한 평민들에게 수십 년간 글공부에 매달리는 과거 준비라는 선택지가 실제로 가능했겠느냐는 의문이 들 수 있지만 전통 시대에는 교재를 비롯한 지식의 양에 한계가 있었고 인쇄술의 발달로 학습 환경을 확보하는 것도 그리 어렵지 않았다. 또 중국에는 종친, 향우회 등을 통해 어려서부터 학문적 재능을 보이는 인재를 집단적으로 지원하는 풍토가 있어서 실질적 기회의 평등도 양호하게 주어졌다.

서구 사회의 봉건제는 기독교의 왕권 엄호와 무력, 그리고 영지에 기반한 재력을 결합해 귀족 집단에 부여하고 그 신분을 법률로 명문화했다. 그리고 국가가 위기를 맞았을 때 국왕과 영주 사이에 서로 보호를 약속하는 의존 관계를 맺었다. 한 명의 최강자와 다수의 강자가 재력과 무력을 기반으로 계약 관계를 맺은 것이다. 이 요소들의 결합은 혈통에 기반한 봉건제를 오랜 세월 강고하게 유지하는 배경이 되었다. 이와 달리 중국 상위 계층의 권력은 관직으로부터 나오고 관료가 되기 위한 조건은 개인의 문화 역량/자산, 즉 아비투스habitus였다.

중국에서 봉건제의 성립은 서주 시대부터 적장자嫡長子를 군주로 선택하고 종법宗法 제도를 실시하면서 그 필요가 생겨났다. 적장자 가문인 대종大宗과 나머지 형제 가문인 소종小宗이 나뉘고 소종의 제후를 지역에 봉해서 봉지를 개척하게 했다. 이런 구조는 봉건국에서도 같은 형태로 운영되었다. 제후는 경대부에게 채읍采邑을 나눠 주었다. 이들 지역 귀족이 다시 농민의 땅에서 공출을 받았으므로 이 계층은 천자天子-제후諸侯-경대부卿大夫-사士로 구조화한다. 평민은 농민이자 야인野人인 서인庶人과 도시의 성곽 안에 사는 국인國人, 공상工商인으로 구성되었다.

중국에서 봉건 사회와 세습 귀족 계급이 해체된 것은 전국 시대에 돌입하면서 전란 속에 계급 유동성이 증가했기 때문이다. 더 중요한 이유는 귀족 계급 내부에서 권익이 재분배되는 가운데 분쟁이 증가하고 수백 년이 지난 후 종법 제도의 기반이 되는 가족 유대감이 열어졌기 때문이다.

한편으로 량수밍은 서구와 비교해 중국에서 봉건제가 단기간에 사라진 이유를 이성理性적인 태도 혹은 초월성을 부정하는 현세적인 경향으로 분석하기도 한다. 정치와 대등하거나 이의 권능을 넘어서는 종교의 권위를 인정하지 않은 것이다. 베버가 이야기한 탈주술화 disenchantment가 일정한 수준으로 진행된 '조숙한 근대성'으로 볼 수도 있다. 또 문화를 중시해서 원래 무사武士 계급이었던 사士가 문인으로 전환했고 무인보다 상위 계급으로 자리매김했다. 일본의 사무라이는 고대 중국의 무사 계급 전통이 그대로 유지되고 에도 시대 말기에 가서야 뒤늦게 문인화가 이루어졌다. 하지만 군국주의가 이를 다시 되살려 전쟁의 화근을 키웠다.

기존의 귀족들도 혈통에 기반한 특권에 집착하지 않고 지식과 문화 자본을 보존하는 방식을 통해 사인 계급으로 전환했다. 이의 문화적 흔적으로 통치 계급과 피통치 계급을 구분하는 군자君子와 소인小人이라는 유교적 표현이 있다. '군자'는 원래 '국왕의 아들'을 의미하는 '국군지자國君之子'에서 유래했는데 나중에는 혈통과 무관한 덕행과 학식의 소유자로 뜻이 바뀐 것이다.

찰거 제도가 운영되던 한漢 왕조가 쇠망하며 위진 남북조 시기에 사족士族 계급이 번성했는데, 선거 사회가 세습 사회로 일시 회귀하는 경향이었다. 사족은 사인들이 명문가를 형성한 것을 뜻하는데 이렇게 문화 자본과 권력을 세습하려는 경향은 후대를 챙기고 자자손손 번영을 기원하는 인간의 자연스러운 성정으로 볼 수도 있다.

유교 윤리하에서 입신양명하여 가문을 빛내야 한다는 책임감도 강조되었다. 중국인들에게는 전통적으로 가족과 가문의 공동체 의식이 국가나 종교의 그것보다 우선했다. 하지만 결론적으로 봉건 사회로 돌아가지는 않았는데 유교 문화 사회에서 성공의 가장 중요한 요소는 부나 무력이 아니라 문화였기 때문이다. 이 시기에 대지주나 상인들이 힘을 갖게 되고 사병도 거느린 지방의 호족豪族들이 존재했지만 역사에 장기간 뚜렷한 흔적을 남기지는 못했다. 강남江南 지역의 호족들이 대표적인데 이 시기에 중국 경제의 중심이 북에서 남으로 옮겨졌다. 하지만 결국 남조南朝의 정치 엘리트 위치를 점한 것은 남으로 내려온 북의 사족들이었다.

과거제의 폐단

좋은 제도라도 오래되면 모순이 쌓이게 마련이다. 대부분의 응시자가 급제할 때까지 지나치게 오랜 기간 준비해야 했기 때문에 많은 사람이 피로를 호소했다. 합격자가 극소수인 시험의 특성상 재능보다 운이 결정적 요소가 되기 마련이었다. 우여곡절 끝에 합격한 후에는 이미 중장년이 된 이들이 자신의 능력을 실전에서 발휘할 시간이 충분히 주어지지 않았다. 더 큰 문제는 관직의 수는 제한되어 있는데 너무 많은 이가 몰려들어 국가에 부담이 된 것이다. 시간이 지남에 따라 절대 인구와 수험생 모두 증가하면서 질적 하락이 일어났다. 권력의 획득을 목적으로 한 시험의 속성상 공리주의가 만연할 수밖에 없었다. '문화 도덕 엘리트'를 선발하자는 원래 취지와 달리 과거에 응시하거나 합격하는 이들 중 보신주의자나 기회주의자가 늘어났다.

수험생의 증가에 따른 국가의 대응은 시험의 경로를 늘이고 시험 횟수도 증가시킨 것이다. 과거는 크게 동생과童生科, 향시, 회시會試의 3단계로 진행되었다. 이 중 하급 과거인 동생과는 현縣시, 부府시, 원院시를 거쳐야 한다. 최종 합격하면 오늘날의 대학 입시에 합격한 셈으로 고등 교육을 받을 자격을 얻는다. 이들은 생원生員으로 불렸으며 하급 신사士紳에 속했다. 두 번째 단계인 향시를 통과한 후부터 사대부士大夫로 불리고 관료가 될 자격을 얻는다. 차례로 공생貢生, 과인擧人, 진사進士로 승격되고 마지막 단계가 황제 앞에서 시험을 보는 전시殿試였다.

하지만 수험생이 너무 많아지거나 관료의 적체 현상이 벌어질 때마다 실제로 문제가 해결된 계기는 전쟁이 일어나거나 역성혁명이 벌어진 것이다. 난리가 일어나면 전체 인구도 줄고 명문가가 먼저 몰락했기 때문이다.

중국이 근대화의 격랑에 휩싸이면서 1905년에 과거제가 폐지되었는데 이는 근대화 개혁의 신호탄이었다. 전통 사회의 가장 근대적인 제도였던 과거가 우선적으로 폐지된 것은 역사의 아이러니다. 과거의 진보는 내일의 적폐가 될 수 있다. 량치차오를 비롯한 신지식인들은 과거제를 신학문을 가르치는 학교로 전환할 것을 주장했다.

이 의미는 다음과 같다. 진보를 지향하는 서구 문명과 달리 중화 문명의 전통적 이상은 '태평천하'였다. 그래서 이를 안정적으로 유지하기 위한 소수의 '군자형 엘리트'를 관료로 선발해 정치를 맡겼다. 이제 근대 국가는 세계열강을 경쟁 상대로 삼아 승리하기 위한 공리주의적 부강을 목표로 한다. 이를 위해 전 국민을 대상으로 기술을 교육하고 전문가를 육성하고자 했다.

변화의 시작은 청일 전쟁의 패배로 자극을 받아 시행한 1898년의 '무술변법'이었다. 1900년 8국 연합군의 베이징 입성과 1905년 러일 전쟁에서 일본의 승리를 목격한 후 최종적으로 과거를 폐지했다. 원래 점진적 개혁을 주장하던 이들도 외부의 압력 속에 입헌파로 빠르게 변신했다. 그러나 전환 과정 없이 성급하게 실행한 과거의 폐지가 부작용을 낳기 시작했다.

유학에서 돌아온 이들 중 상당수는 고향으로 돌아가 학교를 열고 신학문을 가르쳤다. 하지만 신학교 출신 인재들의 사회적 영향력은 과거 급제자에 비할 바가 아니었다. 따라서 당초의 기대와 달리 이들에게는 관료로서의 신분 상승 기회가 쉽게 주어지지 않았다. 결과적으로 교육을 받은 인재의 수도 상대적으로 감소했고 문맹률은 더 높아졌다. 19세기 말 전국에 2000개가 넘는 서원이 있었고 학생은 15만 명이었는데, 1909년 통계를 보면 전국에 학교는 700여 개, 전체 학생 수는 7만여 명으로 줄었다.

19세기 말의 여론 주도층인 신사紳士 계급에 속한 사람은 140만 명이었는데 1910년 각 성省 단위 의회인 전국의 자의국諮議局에 속한 이들은 30만 명에 불과했다. 이들 대부분은 사실 신사 출신이었다. 1880년에 비문맹자는 전 인구의 20퍼센트 정도였는데 1930년대 소학교 졸업자의 비율은 전 국민의 17퍼센트에 불과했다. 과거 제도가 폐지되면서 신사 계급이 붕괴되었는데 이는 지역 민중을 조직하고 동원해 사회를 개혁할 수 있는 엘리트 계급이 사라진 것을 의미했다. 농촌에는 고령의 신사와 토호만 남게 되었고 농민들에 대한 착취가 심해졌다. 농촌이 공산 혁명의 온상이 된 배경에는 이러한 변화가 있었다.

하지만 과거제의 적폐도 지적하지 않을 수 없다. 지나치게 오래 유지된 탓에 중국에 '정치 제일주의'라는 뿌리 깊은 관념을 심었다. 권력이 독립 변수고 명예와 부는 이에 따르는 종속 변수다. 지금은 전 지구적 자본주의 체제하에서 '경제 제일주의'가 만연하지만 중국은 예외다. 비즈니스를 통해 부를 얻을 수는 있지만 정치권력의 비호를 받지 못하면 오래 지킬 수 없다는 오랜 경험칙이 존재해 왔다. 중산층 이상은 늘 재산권을 국가에 몰수당할 수 있다는 불안감 때문에 재산을 해외로 빼돌리고 이민을 꿈꾸는 사람이 많다.

공산당원은 새로운 관료 계급?

2021년 '공동 부유' 정책 시작을 전후하여 공식 석상에서 자취를 감춘 알리바바의 마윈을 비롯해 인터넷 플랫폼 대자본이 된서리를 맞고 있다. 수천 년을 유지해 온 전통이 극적으로 재현되고 있는데 정치권력이 지나치게 강한 만큼 사회의 다른 분야의 발전은 억제될 수밖에 없다. 홍콩 출신의 좌파 경제학자 홍호평은 《차이나 붐》에서 청조 시대 중국의 제조업이나 상업이 서구 사회 못지않게 발전했는데도 불구하고 중국에서 자본주의와 산업 혁명이 자생적으로 발생하지 못한 이유는 이런 전통 때문이라고 해석하기도 한다. 가부장적 왕조 정부가 자본가를 통제해 자본의 집중과 투자에 의한 혁신을 막았다는 것이다. 상대적으로 자본이 농촌 지역에 분산되고 노동의 착취도 억제되는 순기능이 있었지만 말이다. 당시에도 중국에서 가장 경제가 발전했던 곳은 장강 하류 지역이었다. 그리고 항저우 출신의 마윈을 비롯한 상하이 지역의 경제 엘리트를 중심으로 베이징 공산당 정부의 공동 부유 정책에 불만을 품고 있는 것도 과거의 상황과 다르지 않다.

더 큰 문제는 소수의 지배 계급인 관과 피지배 계층인 다수의 민이 나뉘는 계급 사회가 지속되는 것이다. 중국의 선거selection 제도는 칼 비트포겔Karl Wittfogel이 지적한 것처럼 지배 집단에 새 피를 수혈하는 기능을 할 뿐 현대 사회의 민주적 평등을 가져오지는 못한다. 권위주의 정부의 집권 세력이 여론에 신경 쓰는 것은 전통 사회의 유교적 민본주의와 다르지 않고, 투표로 정치적 책임을 지는 현대의 민주주의와는 거리가 멀다. 태평천국의 난을 전후해 생원을 포함한 신사의 인구 비율은 1퍼센트, 그들의 가족을 더하면 5퍼센트 정도였다고 한다. 현재 당 국가 사회의 정치 엘리트인 중국 공산당원은 약 9000만 명, 14억 인구의 6퍼센트 정도에 해당하니 이 비율은 그 당시와 별로 변함이 없는 것 같다.

오랜 '선발 관료 사회'의 전통이 그림자를 드리운 중국의 현실이 조금 이해된다면 그 전통을 공유하는 한국 사회의 실정도 돌아볼 수 있다. 법조 권력을 위시한 고급 관료들의 특권 의식과 권능, 이를 묵인하는 언론과 대중의 판단은 어디서 유래한 것일까? 정치 성향과 무관하게 학력 자본을 세습하기 위해 몸부림치는 중산층은 '현대판 신사 계급'인 것일까? 물론 명백한 부패와 불법이 아니라면 이익의 분배 문제는 일도양단하는 식으로 옳고 그름을 판단할 수 없다. 많은 사안이 회색 지대에 놓여 있다. 그래서 한국에서도 '보수'와 '민주개혁'과 '진보 좌파'의 의견이 가치관에 따라 첨예하게 대립한다. 또 노년층, 중장년층, 그리고 청년들의 의견이 자신들의 현실에 따라 모두 다르다. 실은 개개인이 놓인 이해관계가 모두 다를 수밖에 없다.

허화이홍 교수가 선거 사회의 내재적 근대성을 이야기하는 이유는 중국의 현실이 과거와 크게 다르지 않기 때문이다. 신해혁명으로 근대 국가를 수립한 이후에도 국민당과 공산당으로 이어지는 일당 독재 당 국가의 현실을 하루아침에 바꿀 수 없는 상황에서 과거와 현재가 조응하는 가운데 어떻게 보다 나은 제도를 설계할 수 있을지 고민하는 것이다.

서구식 민주주의를 도입한 지 이미 한 세기에 가까워지는 한국의 현실에서도 전통 사회의 깊은 문화적 영향이 전 국민의 절반에 가까운 보수 성향 유권자를 중심으로 남아 있다면, 우리와는 발전 경로가 달랐던 서구의 자유 민주주의 모델만을 금과옥조로 여길 필요는 없을지 모른다. 그리고 싱가포르처럼 절충한 모델이 실제로 시행되는 예도 있다. '유교 관료 사회 문화'를 공유하는 동아시아인들이 이제 동서양의 역사적 경험을 반추하며 함께 머리를 맞대고 열린 마음으로 논의를 해 볼 만한 주제다.

제로 코비드 정책의
기쁨과 슬픔

중국은 KOL 전성시대

2022년 가을, 중국의 제로 코비드 정책 유지로 인해 사회 각계각층에서 불만의 목소리가 터져 나오고 있을 즈음 미국과 중국을 오가며 공부하고 있는 한 청년 정치학도와 페이스북상에서 제법 긴 토론을 했다. 그는 중국 정부가 '오피니언 리더들'로부터 여론을 수집하고 반영하는 메커니즘에 대한 자기 생각을 짧게 정리해서 공유했다. 내가 여기에 코멘트를 달면서 긴 댓글 토론이 이어진 것이다.

나는 중국 정부의 여론 수렴 메커니즘에 대해 별로 아는 바가 없다. 하지만 중국에는 'KOLKey Opinion Leader'이라는 유행어가 있는데, 주로 비非관방 매체나 소셜 미디어에서 상당한 영향력을 행사하는 유명 인사들을 일컫는다. 이들은 분명히 사람들의 소비 행위나 생각에 많은 영향을 끼친다. 하지만 정부 정책과의 관련성은 여전히 좀 모호하다. 그래서 나는 중국에서 어떤 사람들이 정말로 '정치적 오피니언 리더'라고 불릴 수 있는지 판단이 잘 서지 않는다.

비공산당원인 KOL의 발언이 사회적 반향을 얻을 때 중국 정부는 이를 어떻게 받아들일까? 사적인 발언이라도 검열 대상이라는 것을 고려할 때 이들은 자기 생각을 얼마나 자유롭게 표현할 수 있을까? 공산당원인 오피니언 리더는 당내와 당 외의 발언이 일치할까? 즉, 당내에서는 훨씬 자유롭게 의견을 말할 수 있을까? 후자의 경우 당원인 대학 교수도 수업을 포함한 외부 발언을 할 때 검열을 의식한다. 수업은 모두 녹화되기도 하고 학생들이 교수를 고발하는 사례도 적지 않다.

그래서 만일 중국 정부가 '다양한 메커니즘을 통해 오피니언 리더 등의 여론을 충분히 수렴'한다고 주장하면 동의하기 힘들다고 내 생각을 밝혔다. 중국 사람들은 공공장소에서 자신의 정치적 의견을 밝히는 것을 극도로 꺼린다. 거리나 식당에서 목소리만 조금 높아져도 눈살을 찌푸리거나 서둘러 이를 제지한다. 누군가 고발할지도 모른다고 두려워하기 때문이다. 앞선 글에서 언급한 베이징 차오양구군중BJCYQZ이 가장 대표적인 사례다.

이런 신고 문화의 문제점은 단순히 검열 그 자체로 끝나는 것이 아니다. 가족이나 매우 친밀한 사이가 아니면 속내를 털어놓기 힘들게 되고, 연고 관계가 없는 도시 환경 속 낯선 사람들 사이에서는 '공민'이라는 자격으로 상호 신뢰와 존중에 기반한 공공 여론을 형성할 수 없다.

최악의 경우 신고제를 악용해 사적인 원한을 갚으려는 사람들도 생겨난다. 몇 년 전 선전에서 한 예술가가 누드 표현 사진이 실린 독립 출판물을 만들어 인쇄를 맡겼는데 인쇄소 사장에게 원한을 품은 이가 신고를 하는 통에 예술가와 인쇄소 사장이 함께 징역을 살게 된 경우가 있었다. 문화대혁명 시기를 그린 옌거링嚴歌苓의 소설《방화芳華》에서는 한 등장인물이 다음과 같이 말한다. "누군가를 선량하다고 평할 수 있다면, 그건 그 사람이 친구를 밀고하지 않는다는 뜻이야."

전염성이 매우 높은 오미크론이 등장하기 이전인 2021년까지 중국은 자국 내에서 매우 성공적으로 코비드19를 관리해 냈다. 그래서 그해 여름에 공로자들에게 시진핑이 직접 '국가 훈장'을 수여하며 성공을 자축했다. 가을이 되자 한 전문가로부터 '위드 코로나'를 준비해야 한다는 목소리가 흘러나왔고 공론장에서 논의가 시작되었다. 중국의 '기모란 교수' 정도에 해당하는 KOL이었던 장원홍張文宏이 그 주인공이다. 하지만 그는 박사 학위 논문의 표절 논란 등 여론 공작으로 의심되는 모종의 공격과 비판을 받고 입을 다물어야 했고 그 후로 아무도 정부가 주장하는 '제로 코비드' 정책 고수 입장에 도전하지 못했다. 결국 중국 정부와 사회는 '위드 코로나'로의 빠른 전환을 실기하고 2022년 봄 '상하이 봉쇄'로 큰 혼란을 겪었다. 이 혼란은 최종적으로 중국 전역의 봉쇄를 해제한 2022년 말까지 이어지며 모든 중국인을 고통에 빠뜨렸다.

14억 중국인이 겪은 고통은 봉쇄에 따른 경제적 측면과 심리적 측면 모두 적지 않다. 그중 하나는 공론장이 '비상식적인 프로파간다'에 의해 오염되는 상황이었다. 해외에서 오미크론의 특성을 파악하고 개방한 후 '위드 코로나'로 성공적으로 전환한 사실을 확인하고도 중국 정부는 계속 오미크론의 위험성을 과장되게 설명했다.

한편 오미크론의 특성상 '제로 코비드'를 유지하는 것이 불가능하고 언젠가는 개방할 수밖에 없다는 사실이 분명한데도 어떤 조건이 만족되어야 정책을 전환할 것인지, 전환을 준비하기 위해 어떤 로드맵이 있는지에 대해 전혀 설명하지 않았다. 다만 정부는 앵무새처럼 국민들의 협조가 있어야 '제로 코비드'를 유지할 수 있다는 주장만 되풀이했다. 제3자인 내가 보기에 중국 시민들을 정부 말이라면 무조건 순응하는 '개돼지'로 보고 있는 것처럼 느껴졌다. 하지만 이것 또한 외부의 소식을 생생하게 접할 수 있는 외국인인 내가 가진 편견일 수도 있다.

중국 정부가 장원훙을 침묵하게 했지만 공산당 내부에서는 계속 치열한 논쟁이 있었을 것이라고 짐작할 수 있다. 장원훙은 국가전염병의학센터 주임이자 공산당원이기 때문이다. 아마도 장원훙은 2021년 내부 논쟁에서 패배한 후 외부로 불만을 토로했다가 비판을 당했고 막상 2022년 그에게 유리한 상황이 전개된 이후에도 입을 열 수 없게 된 것으로 보인다.

민심이라는 거친 바다 위의 조각배

중국 정부는 KOL보다 오히려 보통 사람들의 여론, 즉 '민심'을 두려워하고 있을 것으로 짐작되기도 한다. 마오쩌둥은 공산당을 "언제라도 거센 풍랑이 몰아칠 수 있는 민심의 바다 위에 떠 있는 조각배"로 비유한 적이 있다. 상시적으로 여론 조사 기관의 정당과 정책 지지율이 발표되는 한국과 달리 중국에서 어떤 메커니즘을 통해 민심을 파악하는지 나는 알지 못한다. 그래서 이것은 오히려 일종의 '감시'나 '모니터링' 과정으로 상상되기도 한다.

중국 정부가 2022년 내내 '제로 코비드'를 유지한 것은 공산당 내부의 전문가와 정치가들의 토론 과정과 함께 '민심의 동향'을 계속 모니터링한 결과일 것이다. 그렇다면 이렇게 바꿔 질문을 던져 볼 수도 있다. "중국 당 국가는 과연 대도시에 거주하는 엘리트 중산층과 중소도시에 거주하는 중위 집단의 보통 중국인들, 그리고 상대적으로 기층에 해당하는 농민과 농민공, 블루칼라 노동자의 여론 중 어느 쪽을 가장 중시할까?"

중국은 사회주의 국가이니 당연히 기층 민중을 가장 중시해야 한다는 이념적 주장을 하려는 것이 아니다. 이미 도시화율이 60퍼센트를 넘은 상황에서 예전처럼 농민이 다수의 인구라고 이야기하기도 힘들고, 중국의 중산층에 해당하는 '먹고살 만한' 중간 소득 계급에 속하는 인구가 이미 3억 명에서 5억 명 사이라고 판단하는 분석도 있다.

2022년 봄, 상하이 봉쇄가 벌어지기 직전의 보도를 보면 '위드 코로나'로 전환하는 과정에서 몇 달 만에 중국의 공중 보건 의료 시스템이 붕괴하고 수백만 명이 사망할 수 있다는 시뮬레이션 결과가 나왔었다. 그리고 이런 피해가 집중되는 곳은 의료 인프라가 취약하고 백신 접종률이 상대적으로 낮은 고령자가 많이 사는 농촌 지역이라고 이야기한다. 그렇다면 다시 거칠게 이분법적으로 '도시와 농촌' 여론을 구별해 볼 수도 있다. 즉, 'A: 경제 효율을 중시하고 해외의 변화에 민감한 도시의 중산층 엘리트', 'B: 농촌을 중심으로 좋은 의료 인프라의 혜택을 보기 힘든 기층 민중' 간의 이해관계 상충을 짐작해 볼 수 있다.

하지만 실제로는 이 두 집단의 중간에 속하는 더 많은 '보통 사람'이 존재할 것이다. 현실적으로 농민공을 포함한 도시 노동자와 도시의 자영업자들은 제로 코로나 정책에 의한 내수 위축 때문에 생계에 심각한 위협을 받고 있었다. 이들을 'C'라고 불러 보자. 얼핏 생각하기에 이들은 제로 코로나 정책에 반대할 것 같지만 그들의 부모가 여전히 농촌에 남아 있는 고령의 농민이라고 한다면 앞선 시뮬레이션 결과를 듣고 선뜻 어느 한쪽 편에 서기 쉽지 않았을 것이다.

A그룹을 상징하는 이들이 바로 상하이 시민들이다. 중앙 정부와 시진핑을 비롯한 베이징의 공산당 지도층에 대한 이들의 반감은 2022년 들어 극에 달한 상황이었다. 이들 중에는 봉쇄가 해제된 이후 해외로 떠난 사람도 적지 않다고 한다. 이런 사회적 이동을 표현하는 '룬潤, run'이라는 조어가 크게 유행하고 있다. 당시 중국 친구들의 이야기를 들어 보면 심지어 상하이시 정부 내에 미국의 스파이가 많다는 소문이 퍼져 있었다. 하지만 상하이 봉쇄와 이에 따른 상하이 시민들의 고통이 미국의 스파이 활동과 직접 연관이 있을 리 없다. 오히려 내부의 적을 만들어 불만을 잠재우려는 정부의 여론 공작에 가깝다는 생각이 들었다. 이런 여론은 중국 내 A그룹의 확대를 막는 유효한 수단이 될 수도 있었을 것이다.

그렇다면 중국 정부의 제로 코로나 정책은 B의 편에 서기 위한 것이었을까? 그리고 중국 정부에게는 농촌에 거주하는 고령 농민의 생명과 안위가 국가의 최우선 과제였을까? 만일 이 질문들에 대한 답이 '그렇다'라고 한다면, 그것은 윤리적 판단보다 현실적인 이유 때문이었을 것이다. 그리고 나는 아마도 이것이 중국의 보통 사람들의 보수적 가치관에서 비롯된 것이라고 짐작해 본다. 여기서 내가 말한 보통 사람은 주로 B와 C그룹에 해당하는 사람들을 일컫는다.

정부의 공리주의와 보통 사람들의 가족주의

중국 정부는 당연히 윤리적 차원의 생명권을 그 이유로 내세울 수 있다. 수백만 명의 목숨이 경제를 비롯한 모든 다른 요소보다 중요하다는 것이다. 하지만 나는 중국 정부의 생명권 강조가 일종의 숫자로 표현되는 실적주의와 공리주의의 관점을 벗어나기 힘들다고 생각한다. 개개인의 자유와 생명을 중시하는 근대적인 인권 관념에서 비롯한 것이 아니라는 말이다. 지정학적, 역사적 이유는 논외로 하더라도 신장, 티베트, 혹은 홍콩에서 벌어진 인권 침해를 정당화하기 위해 중국 정부는 항상 일관된 논리를 펼쳐 왔다. 소수의 불만분자를 통제해 최대한의 안정을 추구하는 것이 지역의 경제적 발전과 14억 전체 인민이라는 상대적 다수의 평화와 행복을 보장한다는 논리다. 그런데 갑자기 수백만 명의 생명이 14억 명의 안녕보다 중시되는 논리가 등장한 것은 납득하기 어렵다.

그래서 내가 짐작하기로 정작 생명권을 걱정했던 것은 정부가 아니라 중년 이상의 보통 사람들일 것이다. 즉, 이들은 가족 중 노인들의 안위에 대해 크게 염려하고 있을 것이다. 평소 공산당 정부의 권위주의적 정책을 큰 불만 없이 수용하는 중국 시민들이라도 가족 중에 실제 사상자가 생겨난다면 민심이 크게 이반할 수 있다는 뜻이다. 이러한 사태가 우한과 같은 특정 지역이 아니라 전국적으로 확산되는 상황을 중국 정부는 두려워했을 것으로 보인다. 심지어 나는 복수의 중국인 '단톡방'에서 A그룹에 속하는 상당히 자유주의적인 생각을 가진 고학력 청년들조차 이와 같은 고백을 하는 것을 목격했다. '조부모의 생명과 자신의 자유로운 생활권' 사이에서 그들은 전자를 포기할 수 없다고 말했다.

이것은 과거 중국 정부의 백신 접종 정책에서도 드러난다. 농촌 노인들의 백신 접종률이 상대적으로 낮아서 문제라고 했는데 왜 이들에게 서둘러 백신 접종을 강요하지 않았던 것일까? 한국 같은 나라들과 달리 중국 정부는 왜 노인들에게 가장 나중에 백신을 접종한 것일까? 그것은 부작용에 의한 사망 등을 우려했기 때문일 것이다. 백신 부작용에 의한 사망과 코비드19 확산에 의한 사망의 장단점을 비교했을 때 중국 정부는 여타 국가와는 다른 판단을 취한 것으로 보인다. 그리고 그것은 가장 보수적인 선택이었다. 백신을 강요하는 대신 아예 바이러스 전파를 차단하는 방법을 택한 것이다.

다시 정리하자면 중국인들은 정치적 올바름 같은 이념적 도덕이나 경제적 이익보다 친족들의 안위와 생명에 더 신경을 쓰는 경향이 있다. 그래서 여전히 혈연, 지연 등의 각종 연고와 관계가 매우 중요하다. 중국의 보통 사람들이 미얀마나 우크라이나 사태 등의 국제 문제와 관련해 관심을 덜 갖는 데에는, 중국 정부가 취하는 불간섭 정책과 더불어 이런 현실적인 거리감의 영향도 있다고 생각한다. 그래서 중국 정부는 머나먼 이국의 사정이나 변경의 문제에 대한 내부 여론은 크게 걱정하지 않아도 된다.

하지만 중국인들의 현실적이고 보수적인 윤리관은 한국인들이 생각하는 것처럼 이기적인 것은 아니다. 사회와 공공에 대한 윤리적 감각이 다를 뿐이다. 한국인들이 흔히 생각하는 중국인의 비윤리적 이미지는 다음과 같다. "중국인들은 매우 이기적이다. 그래서 곤경에 처한 타인을 잘 돕지 않는다. 중국인들의 이런 비도덕성은 중국인들의 전통적인 물질주의, 배금주의, 그리고 전통적 가치관을 부정하는 공산주의 등에서 비롯했다."

여기서 중국인이라는 대상은 너무 모호하지만 한국인들이 중국인에 대해 가지고 있는 부정적인 인식은 '펑츠碰瓷 사건'과 같은 수많은 일화를 다룬 가십성 기사가 오랜 기간 보도된 결과로 형성되었다. 펑츠는 문자 그대로 해석하면 도자기에 부딪힌다는 뜻을 가지고 있는데 한국으로 치면 일종의 자해 공갈 행위에 해당한다. 길을 가다가 갑자기 쓰러진 노인을 도와줬더니 너 때문에 다쳤다고 억지를 부리며 배상을 요구했다는 사건들이다. 이 때문에 길에서 곤경에 처한 사람을 마주쳐도 어지간하면 돕지 않으려 한다는 선입견이 만들어졌다.

이와 유사한 일화는 수도 없이 많다. 이를테면 누군가 버스 안에서 소매치기를 당하거나 성추행을 당했는데 다른 승객들이 말썽에 휘말리고 싶지 않아 이를 알면서도 외면했다는 식이다. 중국인들이 남의 일에 상관하지 않는 것은 문화대혁명 시절 무고를 당해 피해를 입거나 목숨을 잃은 비극적인 상황을 떠올리기 때문이라는 설명이 따르면서 '냉혹한 중국인'의 이미지는 더욱 강화되었다.

중국인의 부정적 이미지는 대개 한국인들이 스스로에게 가지고 있는 '정치적 진보성'이나 '의협심 넘치고 정의로운 시민 영웅 집단'에 대한 상상적 이미지와 대비되어 더욱 깊은 인상과 조작된 기억으로 남게 된다. 몇 년 전 주간지 《시사인》의 기사에서 심신 미약 문제를 겪고 있는 사람이 아파트 단지에서 돈다발을 뿌렸는데 한국에서는 100퍼센트 회수되고 중국에서는 약 60퍼센트밖에 회수되지 않았다는 에피소드를 전한 적이 있다.

나는 나라나 인구 집단의 크기 때문에 지역적 편차가 심하고 경제 발전 정도나 사회적 신뢰 자본 수준에서 엄연한 차이가 있는데 이를 고려하지 않고 이런 극단적인 사례를 들어 단순하게 한국 사회의 도덕적 우위를 자랑하는 내용이 적절하지 않다고 생각했다. 또 100퍼센트 회수라는 결과도 자연스럽게 느껴지지 않았다. 지나치게 강박적인 도덕적 요구가 생기면 사회적 관용의 여지도 줄어들기 마련이다.

급속한 경제 발전은 분명히 중국 사회에 일시적으로 아노미적 상황을 가져왔지만 소강 사회의 달성, 즉 전체적인 '먹고사니즘'의 문제가 해결된 뒤에는 다시 전통적 윤리관에 대한 사회적 요구가 강하게 되살아나고 있다. 사실 이 문제를 제대로 살펴보려면 중국을 동유럽, 혹은 푸틴 집권 이전의 러시아와 비교하는 것이 더 적절하다. 1989년 베를린 장벽 붕괴와 소련의 해체 이후 동유럽 국가들의 사회주의 체제가 무너지고 큰 사회적 격변을 겪은 것과 비교하자면, 중국은 상대적으로 큰 혼란 없이 체제를 유지하면서 사회를 발전시켜 왔다.

상대적으로 지속 가능한 중국의 발전은 윤리 의식을 포함한 사회적 신뢰 자본의 크기와 무관하지 않다. 그리고 중국의 경우 이런 윤리 의식은 전통적인 유교적 공동체주의에 기반한다. 중국은 농촌의 곤경 속에서도 마을 공동체를 최대한 유지해 왔고 도시에서도 직장과 사택을 중심으로 한 '동네 공동체'가 유지되었다. 오히려 1997년 아시아 경제 위기를 겪으면서 대형 국유 기업의 도산과 정리 해고, 사회적 해체가 일어나던 시점이 한국의 IMF 충격과 비슷한 혼란의 시기였는지 모른다. 내가 2015년 이후 상하이와 광저우에 거주하면서 경험한 중국 사회는, 2003~2007년에 겪었던 선전과 베이징의 상황과 비교했을 때 기본 질서가 훨씬 잘 잡혀 있음을 느낄 수 있었다.

중국 특색 공공의 윤리

하지만 중국 사회의 윤리가 국가와 가족 사이에 어떤 공공의 윤리로 발전할 수 있을지는 더 오래 지켜봐야 할 일이다. 특히 대도시에서 동네 공동체가 해체된 이후 뚜렷이 이를 대체할 새로운 구조가 나타나고 있지 않기 때문이다. 중국 정부의 무리한 제로 코로나 정책 고수는, 이런 사회 집단 간 이해관계를 조절하고 균형을 맞춰 행위와 실천의 규범으로 나타나야 할 새로운 공공 윤리 의식을 형성하는 데 실패한 결과일 수도 있다.

당 국가를 맹목적으로 신뢰한다고 여기는 중국의 기층 민중들, 그리고 그중에서도 보수적인 노년층이 왜 한사코 백신 접종을 거부했는지, 그리고 보통 사람들이 이 의사 결정이 감당해야 할 개인적 리스크를 왜 여전히 가부장 국가의 책임으로 남겨 뒀는지 곰곰이 생각해 볼 일이다.

중국 정부는 사회 관리治理 정책의 일환으로 '사구건설社區建設'을 추진하고 한편으로는 사회 복지 기관 등에 위탁하는 방법으로 '사구영조社區營造'를 전개하고 있다. 전자는 커뮤니티 내의 행정적 편의와 안전을 강화하기 위한 것이고, 후자는 주민들의 참여를 유도하기 위한 중국판 '마을 공동체 사업'에 가깝다. 고故 박원순 시장이 생전에 서울에서 지역 공동체 정신을 회복하기 위해 실행했던, 동네의 소규모 지원 사업 같은 것들이다.

나는 중국 정부가 어떻게 '밑바닥 여론'을 수집하는지 그 메커니즘을 알지 못하지만 사구건설과 사구영조도 이와 관련되어 있을 거라고 짐작할 수 있다. 결국 중국의 정치 체제가 '중국 특색의 민주주의'를 실현하고 있다는 주장의 최저선이 이 정책들의 실행 과정에서 드러날 수밖에 없다. 그래서 나는 '중국 정부의 민주주의'는 여전히 민본民本주의를 벗어나고 있지 못하다고 생각한다. 즉, '군림하는 관료 집단'이 사회적 안정을 위해 '피지배 계층인 민民의 목소리'를 들어주겠다는 사고방식이다. 물론 '자본주의 시장 논리와 실적주의 원칙'을 받아들인 이후의 민본주의는 또 다른 얼굴을 보여 주며 헷갈리게 만든다. 국가 행정의 고품질화를 추구하는 친절하고 편리한 대민 서비스 말이다. 청소나 보안 순찰과 같이 말단 행정 서비스를 위탁받아 실행하는 비정규직 노동자들은 토박이 주민들의 텃세에도 목소리를 높이기 힘든 지역의 최약자들이니 미소를 얼굴에 걸고 있을 수밖에 없다.

이것은 나의 구체적인 생활 경험에서 우러나온 판단이다. 나는 내가 사는 지역에서 수년간 앞서 언급한 방역 정책의 실행 과정과 그 밖의 행정 실천을 지켜봤다. 이를테면 쓰레기 분리수거나 교통질서 관리,

공공시설 관리와 같이 생활과 밀접하게 관련된 변화들이 일어날 때 주민들의 의견이 제대로 수렴되는 것을 본 적이 없다. 그 결과는 부작용을 낳았고 재정의 낭비와 비효율이 뒤따랐다. 말단 행정 기관의 수장은 투표를 통해 뽑지만 주민들의 투표 의지는 낮은 편이고 외지에서 온 주민들에게는 투표권도 잘 주어지지 않는다. 이는 그들이 무능할뿐더러 매사를 비민주적으로 처리하면서도 문제의식을 갖지 못하는 중요한 이유일 것이다.

그래서 나는 중국 정부의 여론 수렴이라는 것이 일종의 관리 수단일 뿐 민주적인 협상 과정과는 거리가 멀다고 생각한다. 중앙 정부를 포함해 상대적으로 유능한 엘리트들인 상급 정부 공무원들은 효율적인 행정을 펼쳐 왔기 때문에 중국은 지난 40년간 기적에 가까운 국가 발전을 이루어 냈다. 하지만 행정의 최말단부에서는 재정과 인적 자원의 한계로 부작용이 발생하고 있다.

원래 중국의 전통적인 관료 시스템도 수천 년간 상부 구조와 하부 구조가 이원화되어 있었다. 하부 구조는 마을이나 동네의 기층 엘리트들에게 자치와 자율을 최대한 보장해 왔다. 특히 많은 지역에서 향신鄕紳 계층이 이런 역할을 담당했다. 향신이 과거에 급제하면 중앙의 관료가 되고 은퇴하면 낙향해서 다시 향신의 위치로 돌아오기 때문에 중앙의 관료와 기층의 향신은 상호보완적인 관계였다. 하지만 지금은 말단 행정 기관의 대표조차 상부의 지시를 기계적으로 집행하는 공무원이 되어 버렸다고, 향촌 관리 사회학자 허쉐펑賀雪峰은 근심한다.

사구건설은 이 집행의 효율성을 높이는 것에만 치중하지, 아래로부터의 참여를 끌어내지는 못한다. 사구영조가 이를 보완하려는 의도를 가지고 있지만 매우 제한적인 성과에 머문다. 주로 이 업무를 책임지는 사회 공작 센터는 지역 복지관의 형태를 띠고 있다. 이들의 주 업무는 기층 정부의 사회 복지 위탁 수행이고 '마을 공동체 만들기'는 부차적인 업무이기 때문이다.

역사 사회학자 황쫑즈黃宗智는 중국 정부가 이야기하는 민주 집중과 참여식 민주주의의 역사를 되짚어 보고 이를 보다 실질적인 '참여식 사회주의 민주'로 전환하자고 주장한다. 서구 사회와 같은 수준의 각종 선거와 개인의 자유를 보장할 수는 없지만 하부 행정 단위에서는 자발적인 민중의 정치 참여가 이뤄져야 한다는 것이다. 서구 선진 국가들보다 높은 수준의 분배의 정의를 실현하는 것이 그 비결이다. 공산당의 혁명 성공도 농민들에게 토지를 분배하겠다는 약속을 내걸고 민중의 지지와 참여를 유도해서 쟁취한 성과였다.

구체적으로는 마을과 동네 차원에서 다양한 민주적 의사 결정 기구를 활성화시키고 그 과정의 투명성을 높여야 한다는 내용이다. 농촌의 경우 오래전부터 '마을 공유지'와 같은 집체集體 경제의 이익을 매개로 농민들의 조직화와 참여를 독려하려는 움직임이 있어 왔다. 하지만 도시는 주민들 간의 관계망도 분명치 않고 이들을 묶어 줄 수단도 마땅치 않아서 더욱 난항을 겪을 것으로 보인다. 중국은 국가의 강력한 자원 동원 능력을 통해 3년간의 코비드19 팬데믹 위기를 무사히 넘겼다. 하지만 국가가 손을 쓸 수 없을 정도의 큰 위기가 닥친다면 시민들의 자구와 연대를 통한 위기 극복이 가능할 것인지가, 내게는 큰 의문으로 남아 있다.

중국 상부 정치 구조의 민주화에 대해 의문을 제기하는 독자들을 위해서 중국과 우리 자신을 위한 변명을 남겨 두고 싶다. '투표 민주 정치는 절대 선이고 국가의 최고 지도자는 반드시 시민의 손으로 선출해야 한다'라는 선언은 항상 옳은 공리가 아니다. 민주 정치의 실행이 가능한 환경과 조건을 갖추는 것이 더 중요하다. 국민들 대다수의 정치관이 전통적이고 보수적인 국가라면 하루아침에 민주정 체제를 도입한다고 해서 더 좋은 결과가 나오지 않는다. 러시아의 푸틴의 사례처럼 제도가 무력화하고 퇴행하는 결과를 낳을 수 있다. 문화와 제도가 함께 뒷받침하지 못하는 불안정한 상태에서 중국의 최고 지도자가 국민 투표로 선출된다면 한반도를 비롯한 동아시아 지역 정세에 더 나쁜 영향을 끼치게 될지도 모른다.

중국, 법가와 법치 사이에서 갈팡질팡하다

중국의 흙수저 법률 엘리트

법조 엘리트를 키워 낼 목적으로 설립된 중국정법대학교의 형법 연구자 뤄샹羅翔 교수는 사법 고시 준비 학원의 '일타 강사'이기도 하다. 2003년 박사 과정 시절부터 가계를 돕기 위해 아르바이트로 시작한 일이었기에 대학에서 정교수로 승진한 후에는 그만두려고 했다. 하지만 수십만 명의 사법 고시 준비생에게 법치주의 이념을 알리는 수단으로는 이편이 더 효과적이지 않느냐는 주위의 권고를 받아들였다. 2020년, 그의 형법 기초 온라인 강의가 중국의 유튜브 비리비리에서 갑자기 인기를 끌며 그는 '셀럽 지식인'으로 떠올랐다. 국민적 관심을 끄는 사법적 이슈가 발생할 때마다 그의 평론은 수천만 조회 수를 가볍게 기록한다. 언론과 정치가 온통 '법조인판'인 한국에서는 신기할 것도 없지만 보통 사람들이 '변호사와 양의西醫는 적게 볼수록 평안하고 행복한 삶'이라고 생각하는 중국 사회에서는 이례적인 일이다.

벼락같이 유명세를 타게 된 이유를 묻자, 190센티미터가 넘는 장신에 용모도 준수하고 말재주도 빼어난 그가 허리를 숙이며 겸손하게 답한다. "공정과 정의에 대한 중국 시민들의 갈증이 심했던 것 아닐까요?" 오해하지 마시길. 그는 한국의 법률가 출신 정치인들과 같은 금수저가 아니라 후난성 촌구석에서 온 '흙수저' 출신이다. 그리고 대학에 몸담고 있는 체제 내 지식인이라 민감한 정치 영역 주제라면 여전히 입도 벙긋 못 한다.

그의 법률 에세이 《법치의 디테일法治的細節》은 2021년 말에 출간되어 베스트셀러에 올랐다. 그의 전작 《형법학 강의刑法學講義》처럼 보통 사람의 눈높이에서 형법과 법치의 이모저모를 설명한다. 중국의 전통 형법은 전쟁에서 기원했다는 설이 유력한데 최초의 형벌은 전쟁의 패잔병, 반란군, 군기 문란자를 처벌하기 위한 것이었다고 한다. '병형법 동일兵刑法同一' 원칙에 의해 외부는 군사력으로 지배하고 내부는 형벌로 다스렸다.

법률과 도덕의 관계를 설명하면서 그는 법치의 근본 전제는 '차선 혹은 차악을 택해 최악을 피하려는, 인간성에 대한 현실적인 이해'라고 한다. 인간이 지상에서 도덕적 최선이 실현되는 천당을 추구할 때 오히려 최악의 지옥도가 펼쳐졌음을 역사에서 배웠다고 설명한다. 좋은 예가 나치에 협력한 독일 철학자 하이데거다. 그는 히틀러가 플라톤이 이상국에서 그린 '철학 왕'일지도 모른다고 생각했다. 조금 더 최근의 사례로 풀자면 푸틴의 우크라이나 침략을 두둔하는 러시아의 철학자 알렉산더 두긴이 있다. 그는 푸틴이 타락한 서구 문명에 맞서 도덕적인 유라시아 문명을 부흥시킬 영웅이라고 예찬한다. 이론적으로는 완벽한 원과 같은 '객관적 정의'가 존재한다고 믿지만 인간은 절대로 완벽한 원을 그릴 수 없는 '불완전한 존재'임을 잊지 말라는 것이 뤄샹의 법률관이다.

중국 형법 발전사

그렇다면 중국의 형법은 국민의 생명을 보호하고 권리를 더 많이 보장하는 선한 방향으로 진화해 왔을까? 뤄샹은 과거에 사형 제도 폐지를 주장했으나 지금은 부득불 그 효력을 인정하고 범죄자가 처벌 가능성을 인지하고 있었을 경우라면 사형이 범죄자의 선택 의지를 존중하는 것이라고까지 말한다. 미중 G2 국가가 모두 사형 제도를 유지하는 것도 그 현실적인 기능 때문이라는 것이다. 하지만 중국은 형법을 개정할 때마다 지속적으로 사형 죄목을 줄여 와서 1998년에 68개였던 것이 지금은 46개가 되었다. 명청 시기의 고대법 사상을 반영한 '사완死緩'이라는 제도도 존재한다. 과거에는 오판의 가능성을 경계하여 형 집행을 뒤로 미루고 일정 시간이 경과한 후 중앙에서 다시 한번 판단했다. 지금은 사형 판결 2년 후 여죄가 밝혀지지 않으면 무기 징역으로 감형하고 복역 기간 중 사회적 공헌이 있을 경우에는 25년 유기 징역으로 다시 감형하는 제도다.

고위 관료들의 심각한 부패에 대해서도 사형이나 무기 징역과 다르게 감형이나 가석방이 불가능한 '종신 감금제'가 존재한다. 17년이라는 장기형을 선고받고도 불과 1년 남짓 옥살이를 한 후 사면된 이명박 전 대통령의 사례를 생각하면 이런 제도의 합리성도 이해할 수 있다.

아이들의 살해범으로 몰려 26년간 수감되었던 장위환張玉環 씨는 2020년에 다시 무죄 판결을 받고 석방되었다. 유일한 증거였던 그의 자백이 강요에 의한 것이었기 때문이다. 자백 강요죄는 3년 이하의 유기 징역이고 5년간 기소가 가능한데 수사권 남용에 의한 피의자의 인권 침해에 대한 논의가 언론을 통해 지속적으로 의제화되고 있다.

성범죄나 젠더 문제와 관련한 사법적 논의는 중국에서도 주목의 대상이다. 여성주의적 시각을 반영한 성 중립적 표현을 사용하거나 강간에 대한 판단 기준에서 'No means No'라는 동의 여부, 반항을 판별하는 객관성을 강화하고 있다. '그루밍' 처벌을 위한 성 동의 능력 기준 연령의 세분화도 그 일환이다. 중국 사회도 한국의 'N번방 사건'을 특히 주목했는데, 중국은 이미 인터넷을 공공장소로 해석하고 있으므로 악질적인 신종 성범죄에 대한 가중 처벌이 가능하다.

중국 사회에서 유아나 부녀자를 유괴 납치해서 인신 밀매하는 행위는 과거에 오랫동안 사회 문제였다. 2022년 초 장쑤江蘇성 쉬저우徐州 지역에서 수십 년간 감금된 채 8명의 자식을 낳은 여성이 발견되어 충격을 주기도 했다. 가난한 농촌 지역에서 남자아이로 대를 이어야 한다는 관념과 신붓감을 구하지 못할 경우 보쌈이나 매매혼을 하던 악습이 남아서 생긴 일들이다.

가중 처벌에 의해 사형까지 받을 수 있는 납치범들뿐 아니라 이들로부터 아이와 부녀자를 매수한 수요자에 대한 처벌 조항이 계속 문제가 되었다. 현재는 3년 이하의 유기 징역에 처할 수 있다. 과거에는 자포자기하고 혼인 관계를 받아들인 피해자가 처벌을 원하지 않으면 이를 완전히 면책하는 조항이 있었지만 지금은 감형 정도만 가능하다. 하지만 여전히 납치범에 비해 처벌이 지나치게 가볍기 때문에 이를 강화해야 한다는 목소리가 있다.

'사회주의 시장 경제 질서 파괴죄'에서는 개혁 개방 이후 큰 혼란을 거쳐 차츰 자리를 잡아 가는 중국 시장 경제의 모습들을 살펴볼 수 있다. 대표적인 항목은 과거 중국에서 자주 문제가 되었던 가짜 식품과 의약품에 대한 처벌이다. 예를 들어 중국에서 문제가 된 '불량 식품' 중 가장 큰 대중의 분노를 불러일으켰던 것은 안후이安徽성의 가짜 분유 사건이다. 한 농촌 지역에서 100여 명 가까운 유아가 피해를 입었다.

그런데 이 분유는 정확히 이야기하자면 유해 식품은 아니었다. 분유나 분유의 일부를 전분과 설탕, 그리고 우유 맛 향신료로 대체해 속여서 팔았다. 공업용 재료와 같이 인체에 유해한 성분이 들어간 것은 아니지만 유아들에게 공급되어야 할 단백질, 지방, 비타민, 미네랄 등을 고르게 섭취하지 못했기 때문에 이런 결과가 빚어진 것이다. 당초 법조문에 기재된 '유해 성분'이라는 표현을 직접적으로 적용할 수 없었다. 또 각 업자들의 판매량은 그리 많지 않았기 때문에 법적 처벌의 기준이 되는 금액인 5만 위안에 이르지 못한 경우도 적지 않았다. 하지만 재고 생산량 기준으로 미수죄를 적용했고 법조문도 적극적으로 해석해 생산자와 판매자들을 모두 처벌할 수 있었다.

가짜 의약품의 경우, 불법 행위가 공공의 이익을 목적으로 한 것이었다는 정반대 이유 때문에 화제가 된 사례도 있다. 2018년 공전의 히

트작 〈나는 약의 신이 아니다我不是藥神〉라는 영화는 실제 몇 가지 사건에서 모티브를 가져왔다. 다국적 제약 회사가 지나치게 비싸게 팔던 '글리벡'이라는 백혈병 치료제를 카피 약으로 대체하기 위해 노력한 백혈병 환자들의 이야기를 그렸다. 정품 수입 약은 한화 기준 수백만 원대에 팔렸기 때문에 일반인들은 쉽게 구입할 수 없었다. 하지만 인도의 카피 약은 암거래로 수십만 원에 구할 수 있었다. 이를 통해 효과를 본 주인공 루용陸勇이 총대를 메고 공동 구매로 밀수한 결과 불과 수만 원대 가격으로 많은 사람의 생명을 구했다.

인도의 카피 약은 중국 정부의 허가를 받고 정식 수입된 것이 아니었기 때문에 '가짜 약'에 해당했고 루용은 구속되었다. 하지만 사건 발생 당시에는 "건강에 위해한"이라는 표현이 법 조항에 들어 있었다. 그래서 선처를 바라는 여론에 의해 해당 법을 적용하지 않는 것으로 결론이 지어졌고 수년 후 재심을 통해 풀려날 수 있었다.

나중에 이 문구는 제약 회사의 요구에 의해 관련 법 조항에서 삭제되었으나 한편으로 소규모 해외 직구는 처벌하지 않는다는 사법 당국의 해석이 제시되었다. 형법은 징벌 수단이지만 형법의 기초는 도덕적 정당성 위에 있어야 한다는 상식이 있다. 이에 따라 검찰 등의 사법 당국이 기계적 사법 적용을 자제함으로써 영화는 실제와 같이 해피 엔딩으로 끝날 수 있었다.

트럼프 집권 시기부터 이어진 미국 측의 총공세로 지적 재산권과 저작권법에 의한 단속도 중국 내에서 강화되는 추세다. 저작권을 위반한 불법 수익의 금액에 따라 7년 이상의 유기 징역도 가능하다. 중국인 소비자들의 소득 증대와 문화생활 향유 의지가 높아짐에 따라 합법적인 구매 비중이 많이 늘고 있다. 하지만 이와 연관이 있는 불법 경영 죄의 출판 조례는 여전히 표현의 자유를 옥죄거나 새로운 미디어의 발전 현실을 따라가지 못하고 있다. 웹소설의 유명 저자가 자신의 작품을 직접 인쇄 판매했다가 유기 징역형을 받은 사례가 있다. 이런 와중에도 한한령이라는 특수한 정치적 상황 때문에 여전히 K-컬처 상품들이 중국 내에서 불법적으로 유통되는 것도 아쉬운 현실이다.

악법은 살아 있다

중국은 1908년에 도입된 '헌법대강憲法大綱'과 1911년에 도입된 '대청신형률大淸新刑律'에 따라 '죄형 법정주의'를 도입하고 문명사회 기준으로 지나치게 잔혹한 형벌을 없앰으로써 법을 현대화하기 시작했다. 죄형 법정주의는 권력자의 자의가 아니라 법에 명문화된 규정에 따라서만 범법자를 처벌할 수 있다는 이야기다.

공권력을 매우 중시하는 권위주의 체제의 특성상 '사회 관리 질서 방해죄' 안에는 죄형 법정주의와 충돌하는 악법들이 존재해 왔다. 대표적인 것이 1979년의 형법에 남아 있던 '건달죄流氓罪'다. 도덕적이고 모호한 어휘를 사용해 '귀에 걸면 귀걸이 코에 걸면 코걸이'식으로 시민의 권리를 심각하게 침해했다. 문화대혁명 시기 극단적인 경우에는 일부 지역에서 가벼운 성희롱이나 애정 표현이 사형으로, 노상 방뇨와 같은 경범죄가 15년의 유기 징역과 먼 유배지에서의 노동 개조라는 매우 위중한 처벌 결과로 이어지기도 했다.

진정한 의미의 현대적 형법이 1997년에 도입되면서 이 어처구니 없는 법 조항은 취소되었지만 여전히 그 후신인 '소란죄尋衅滋事, Picking quarrels and provoking trouble'가 남아 있다. 기존 법령의 빈틈을 메우기 위한 보충적 성격을 가지고 있는데, 지나치게 높은 형량은 사라졌지만 여전히 규정이 모호해서 중국 정부는 이를 이용해 정치적 반대자들을 옭아맨다. 또 공권력을 자의적으로 남용해 시민의 자유를 심각하게 침해할 수 있는 전형적인 '악법'이다.

2022년 여름, 쑤저우蘇州에서 벌어진 일본 의상 사건이 대표적인 사례다. 난징南京에서 중국 내 반일 감정을 자극할 만한 사건이 벌어졌는데 불똥은 엉뚱하게 중국 내 코스프레와 일본 문화 애호가들에게 번졌다. 쑤저우의 일본풍 상점과 식당가로 유명한 한 상업 지구에서 일본 의상을 입고 코스프레 사진을 찍던 한 젊은 여성에게 경찰관이 다가왔다. 그 경찰은 여성에게 '토착 왜구'라며 일방적인 폭언을 퍼붓고 소란죄를 적용해 강제로 구인, 구류했다. 큰 사회적 논란이 일었으나 경찰관은 애국주의 비호 여론에 힘입어 아무런 처벌도 받지 않았다.

'인터넷 신상털이人肉搜索'는 과거 민중을 선동하는 정치 운동이 유행하던 시기에 죄명을 목에 걸고 '조리돌림游街示众'하던 인권 유린 행위의 변형된 유산으로 볼 수 있다. 지금은 범죄자나 용의자를 군중 앞에서 공개적으로 망신을 주거나 피해를 주는 일을 법으로 금지한다. 인터넷에서도 상대방의 명예를 훼손하고 프라이버시 정보를 공개하는 행위는 불법이다.

뤄샹의 인기는 "국가여, 범죄자들을 엄히 처벌하여 공정과 정의를 실현하라!"라는 식의 포퓰리즘적 선동과는 정반대의 이성적 메시지로 얻어 낸 반응이다. 형법에 대한 대중의 기대는 국가 권력의 작용을 미화하는 방식의 선전과 함께 증폭한다. 중국뿐 아니라 한국의 보수 정당이 즐겨 사용하는 소위 사정 정국이나 여론몰이 마녀사냥도 이런 포퓰리즘에 기댄 것이다. 뤄샹은 법치의 정신이자 형법의 가장 큰 존재 이유는 개인을 처벌하기 위한 것이 아니라 국가의 공권력을 구속하기 위한 것이라는 이야기를 끊임없이 반복한다.

중국의 고대 형법을 집대성했던 법가法家는 최초로 죄형 법정주의를 구현했다고 볼 수도 있다. 하지만 그들에게 법은 권력 유지를 위한 도구에 지나지 않았기 때문에 법과 정의의 원칙에 '독립적 가치'를 부여하는 법치法治와는 엄밀히 구분되어야 한다. 사필귀정인지 법가를 대표하는 진秦의 상앙商鞅과 이사李斯 모두 자신들이 만든 혹독한 형법에 의해 비참한 최후를 맞았다. 진시황은 법가에 기반해 중국 대륙을 통일했고 이로부터 1000년도 더 지난 1215년 영국에 대헌장이 등장하면서 절대 권력을 구속하려는 근대적 법치 정신의 초석이 마련되었다.

뤄샹이 존경하는 중국 근현대 법학의 태두 선자번沈家本은 100년 전에 이렇게 말했다. "법가는 전제 통치의 도구에 지나지 않아서 민중에게는 언론의 자유가 없다. 반대로 법치의 중요한 명제 중 하나는 권력을 구속함으로써 민중에게 자유의 편의를 제공하는 것이다." 법치를 유난히 사랑하는 한중 양국의 위정자들이 새겨들어야 할 대목이다.

3부

도그마 너머의
중국과 한국을 만나다

혐중 정서의 또 다른 기원,
르상티망 플러스

부럽지 않아!

2022년 여름, 중국 문화와 관련한 한 학술회의에서 '혐중 감정'에 대해 발표할 기회를 얻었다. 나는 연구자가 아니라서 발표 형식에 크게 구애받지 않을 수 있었고 노곤한 오후를 흔들어 놓고 싶어 발표 자료의 첫 페이지에 가수 장기하의 뮤직비디오의 한 장면을 붙였다. "너네 자랑하고 싶은 거 있으면 얼마든지 해. 난 괜찮어. 왜냐면 나는 부럽지가 않어. 한 개도 부럽지가 않어." 둘째 페이지에는 과거 장기하의 연인이었던 아이유의 사진과 함께 한마디를 덧붙였다. "너는 내 스타일이 아니거든.ㅎ"

실은 몇 달 전 눈여겨본 한 일간지의 칼럼을 살짝 패러디한 것이었다. 그 칼럼의 필자는 남들의 성공이 다른 이들의 희생을 전제로 한 것이라서 부럽지 않다고 했는데, 나는 그 주장에 반만 동의했다. 내가 부럽지 않은 이유는 스스로의 삶에 그럭저럭 만족하기 때문이지, 나보다 세속적으로 성공한 이들보다 내가 더 도덕적이라거나 약자에 대한 공감 능력이 더 크다고 생각하기 때문은 아니었기 때문이다.

눈치 빠른 독자들은 "아니, 혐중 감정이 부러움 때문에 생긴 것이라는 말인가?"라며 눈을 세모꼴로 뜰지 모른다. 글쎄, 사실 나는 그보다 좀 더 독한 표현을 사용해 보려고 한다. 그것은 '르상티망ressentiment'이다. 내가 이 표현을 처음 접한 것은 아시아에 오래 거주한 미국 언론인 패트릭 스미스가 서구 사회에 대해 '원한을 품고 있는' 중국 지식인의 감정을 한마디로 형용했을 때였다. 그는 1990년대에 개축된 난징 대학살 기념관의 다소 과장된 서사에서 드러나는 과거 일본에 대한 감정에도 이 표현을 사용한다.

당장 반대 의견을 제시할 사람들이 있을 것이다. 주간지 《시사인》 753호에 실린 만화가 굽시니스트의 만화를 보면 알 수 있다. 그는 한국의 청년 세대가 일본에 대해서는 르상티망을 가지고 있지만 중국에 대해서는 "키보드만 한 절지동물 천 마리와 같은 방에 놓였을 때 느낄 법한 혐오감과 공포감"을 품고 있다고 설명했다. 중국의 애국주의 청년들인 소분홍과 '키배'를 반복하며 형성된 감정이라고 한다.

나는 이 해석에 동의할 수 없다. 르상티망은 숙명적으로 도저히 능가할 수 없는 상대에게 품는 원한이다. 그래서 니체가 이것을 '주인에 대한 노예의 감정'이라고 설명했다. 많은 면에서 한국이 일본과 대등하거나 일본을 추월한 상황에서 한국의 청년들이 일본에 대해 여전히 르상티망의 감정을 품고 있다는 것은 이치에 닿지 않는다. 그것은 과거의 일이다. 늙고 무능하고 부패했으며 조롱의 대상에 가까운 일본의 극우는 그렇다 치고, 일본의 리버럴이나 진보가 한국에 대해 가지고 있던 우월감은 더 이상 우리가 숙명으로 여겨야 할 만큼 무거운 감정은 아니다.

오해하지 말기 바란다. 나는 여전히 한국이 일본에서 배울 것이 많다고 생각하고, 우리가 가해자-피해자의 이원론적 사고를 속히 벗어나길 원한다. 한편으로는 보통 일본 사람들의 세상만사에 초연한 '사토리悟り' 감각이 좀 부럽다. 한국인들의 극단적 혐오와 분열, 그 배경이 되는 비교 경쟁 심리, 이것이 낳는 우월감과 열등감을 보고 있으면 너무 피곤하다. 한국과 일본이 매사에 경쟁을 벌이고 반드시 그들보다 잘났다는 사실을 확인해야만 우리가 행복해지는 것일까?

코비드19 팬데믹이 시작된 2020년 이후 반중 혹은 혐중 감정이 비등하면서 이 문제의 현상과 원인을 분석하는 수많은 사회적 논의가 이어졌다. 나도 지난 몇 년간 한국의 매체에서 기고나 코멘트를 요청받은 적이 있다. 확실히 한국인이 중국인 혹은 그들을 대표하는 중국 정부를 싫어해야 할 이유는 적지 않게 존재한다. 그 이유들은 중국이 자초한 것도 있고 중국을 악마화해야 하는 미국이나 이에 동조하는 한국의 우파 세력이 과도하게 부추긴 점들도 없지 않다. 그런데 내가 관찰한 일련의 반중 감정은 확실히 특별한 점이 있었다. 특히 한중 관계가 아닌 제3국에서 벌어진 일들을 바라보는 한국인들의 관점이 이 문제를 더 깊게 생각하도록 만들었다.

장기화되는 러시아의 우크라이나 침략 사태와, 이미 사람들의 뇌리에서 사라진 미얀마의 군부 쿠데타가 그런 예다. 당시 적지 않은 수의 한국의 지정학, 지역학 전문가들과 매체가 사태에 대한 자신들의 분석을 전하면서 말미에는 중국을 손가락질했다. 모든 화제가 한 지점으로 수렴한다는 깔때기 이론이 생각났다.

물론 이들의 분석이 무리한 것만은 아니다. 전 세계에서 벌어지는 어떤 정치적 갈등도 덩치가 산만 한 중국과 무관하기 힘들어졌고 이미 미국의 의도대로 '한미일 vs 북중러'라는 대결 구도도 고착화되었기 때문이다. 지금도 많은 사람이 염려하는 것처럼 중국이 대만을 침공한다면 미국의 동맹인 한국이 이 분쟁에 끌려들어 갈 가능성도 적지 않다. 다만 중국과 국경을 맞대고 있지도 않은 한국이, 한반도에 대한 중국의 영토 확장욕이나 침략을 걱정하는 것은 과도하게 느껴졌다. 현재의 지정학적 고려라기보다 '소국이 대국에 흡수될지도 모른다'는 막연하고 뿌리 깊은 공포감에 가깝다는 생각이 들었다.

나는 2021년 가을 한 무크지에 발표한 기고문을 통해서도, 한국인들이 역사적으로 스스로를 고래 사이에 끼인 새우의 숙명에 처해 있다고 한탄하는 것이 일종의 르상티망 같다고 분석한 적이 있다. 특히 이런 감정은 한국 중장년 세대의 '중화 문명 예찬'에 대한 동전의 반대면으로 볼 수도 있다. 이를테면 한국의 대표적 지식인 중 도올 선생이 이런 감정을 가장 솔직하게 표현한다. '노자는 우리 한민족의 조상인 동이족'이라는 도올 선생의 엉뚱한 민족주의적 주장 등에서 중화 문명에 대한 애증을 진하게 느낄 수 있다.

도저히 바꿀 수 없는 숙명 속에서 압도적으로 군림하는 강자에 대한 원한과 원망이 섞인 이 감정의 타깃은 당연히 약한 의미의 중화 민족주의 혹은 강한 의미의 중화 중심주의일 것이다. 한반도의 엘리트들은 청일 전쟁 이전까지 중화 중심주의를 철저하게 내면화한 조선 왕조 500년 혹은 1000년 이상 문명의 변방에 위치한 자신의 처지를 탓하며 이런 감정을 심화시켜 왔을 것이다.

소중화의 아이들

아마도 우리 이웃 중에 한국과 가장 비슷한 감정을 공유하는 나라는 베트남이 아닐까 싶다. 조선과 함께 중원의 황제에게 가장 충성하는 조공국이었으며 천하 시스템 유교 문화권의 우등생이었던 나라. 이렇게 생각하면 앞으로 10~30년 내, 중국 혹은 한국과의 관계 속에서 베트남에 어떤 사회적 심리 현상들이 대두될지 대충 짐작이 간다. 2022년, 월드컵 예선 경기에서 중국이 베트남에게 패배한 후의 소란을 떠올려 보라. 자국의 국가 대표팀에 대한 중국인들의 원성은 하늘을 찔렀고, 베트남은 마치 월드컵에 진출한 듯 환호작약했다. 하필 그 베트남의 감독이 한국인이었다는 사실은 얼마나 더 기이한 인연인가. 중국이 싫은 건지, 아니면 '베트남 팀+한국 감독'의 합작 승리가 즐거운지 알 수 없지만 한국인들도 덩달아 기뻐하는 모습이 낯설지 않았다.

사실 중화권에 속하는 대만과 홍콩도 일정 부분 이런 정서를 공유한다. 왜냐하면 과거에 이들을 품고 있던 광둥廣東성이나 푸젠성 주민들은 남만南蠻의 후예들이기 때문이다. 주강 삼각 지역 중심의 광둥성 주민 상당수가 중원의 왕조 국가 체제에 제도적, 이념적으로 통합된 것이 명청 시기였다는 사실은 홍콩중문대학교 다비드 포르David Faure 교수가 1980년대에 필드 조사를 통해 밝혀낸 역사 인류학 연구 결과다.

남방의 문화적 관습에는 진한 시대 이래의 중원 중심주의에 기반한, 자기를 비하하는 본질주의적 관점이 존재한다. 남방의 기후와 풍토를 두고 습하고 나쁜 기운이 많아서 사람의 건강을 해친다고 생각하는 것이 좋은 예다. 이에 대한 반작용으로 중앙에 대한 반감도 늘 존재해 왔다. 그래서 이들은 범한족에 대한 소속감과 남만 독립 주장이라는 분열적 정서를 함께 가지고 있다. 이는 단순히 혈연관계와 생물학적 유전 정보에 의한 것이 아니라 문화적 밈에 해당한다.

그래서 나는 중화권 남방 지역 중에서도 특히 홍콩, 광둥, 대만 지역 사람들이 이따금 과도하게 강조하는 중화 문명 적자로서의 정체성을 조선의 소중화 주장에 비견되는 '내부 소중화' 의식으로 파악하기도 한다. 예를 들어 '중화 민족'이라는 개념을 만들어 낸 사람은 잘 알려진 바와 같이 광둥 지역 출신이면서 동시에 중앙 엘리트였던 량치차오다. 그는 광둥어 화자로서 중앙의 관료들이 사용하는 표준어인 관화官話(관청과 궁중에서 사용하는 당대의 표준말)를 사용할 때도 사투리 억양이 너무 심해 황제도, 그의 강의를 듣는 대학생들도 그의 말을 잘 알아듣지 못했다고 한다.

이들은 어떨 때는 화인 정통성을 매우 강조하기도 하고 한편으로는 지역주의적 변방 의식이나 독립 의식을 강하게 드러내기도 한다. 원元에 쫓기던 남송南宋의 마지막 황제와 그를 보위하던 충신들과, 명明이 멸망한 후 남명南明을 칭하며 청에 저항하던 황실의 후손들이 광둥성까지 쫓겨 왔다가 최후를 마친 역사가 있다. 그래서 이를 근거로 광둥성에 한족 황실의 후예가 많이 남아 있다고 주장하는 사람들도 있다. 마찬가지로 청에 마지막까지 저항했던 정성공鄭成功의 근거지도 푸젠성과 대만이었다. 태평천국의 난을 일으켰던 것도 광둥성 객가 출신 홍수전洪秀全이고 국민당이 공산당에 패한 후 대만으로 달아나 중화민국을 이었으니, 이들에게는 '대륙을 점령한 중앙의 오랑캐 정권'에 저항하는 중층적 정통성 역사의 서사가 풍부하다. 2019년 홍콩의 반송중 사태 이후 청년층을 중심으로 후자의 목소리가 커졌는데 이제는 정치적으로 진영이 양분된 것처럼 보이기도 한다.

그래서 이런 감정은 르상티망 이상의 의미를 갖는다. 노예가 가진 열등감을 넘어 로마 제국에 죽음으로 저항한 스파르타쿠스의 혁명 정신이나 반골 기질로 해석할 수도 있다. 이는 패권 혹은 '추상적인 거악'에 대한 반역과 저항으로 드러난다. 1980년대부터 운동권에 공유되다가 2000년 '미순 효순 사건'을 거쳐 2008년 광우병 파동에서 전 국민에게 확산된 한국의 반미 정서 같은 것 말이다. 이런 반역과 혁명의 정서는 그 대상이 미국도, 일본도, 중국도 될 수 있다. 다만 중국 혹은 중화에 대한 감정은 아주 오래되고 '쩐득한' 것이다. 미국, 프랑스, 중국에 대한 베트남의 감정도 아마 크게 다르지 않을 것이다. 이 감정을 여기서는 '르상티망 플러스(이하 '르상+')' 정도로 명명해 보자.

공교롭게도 언급한 지역들 모두 근대화 시기에 식민지 처지를 경험하면서 패권에 대한 이들의 저항 정신을 더욱 강화시켰을 것이다. 이들은 중화라는 전통적 패권뿐 아니라 식민 종주국이었던 일본, 프랑스, 영국의 제국주의자들에게도 강력한 반감을 지니고 독립 투쟁을 전개했다. 이 지역 사람들이 어떤 형태의 정부나 국가 권력에 대해서 조건 반사적으로 보이는 골수에 사무친 반감과 의심, 저항의 태도는 중국 대륙의 보통 사람들이 공산당 중앙 정부를 별다른 저항 없이 수용하는 양상과 사뭇 다르다. 중국에서 공산당은 성공한 혁명의 주체로서 근대 공화정이나 좌우 이념의 성격을 배제하고 보면, 200~300년 주기의 왕조 교체가 반복되면서 등장한 새로운 중원의 집권 세력으로 해석될 수도 있기 때문이다.

하지만 이런 반골 기질이 꼭 정의롭거나 정확하지만은 않을 수도 있다. 그래서 나는 앞서 '추상적인 거악'이라는 표현을 사용했다. 광우병 파동 사건에서 소고기 수입을 강요한 미국 정부의 강압적 통상 정책에 대한 반발과 반미 감정은 추상적인 것이 아니다. 그런데 러시아의 우크라이나 침공이나 미얀마의 군부 쿠데타는 사정이 다르다. 우크라이나를 침공한 것은 러시아고 미얀마에서 시민들을 탄압하고 학살한 것은 미얀마의 군부 독재자들이다. 여기서 그들은 구체적인 '거악'이다. 하지만 한국인들이 덩달아 미워한 중국의 존재는 무엇일까?

조금 해상도를 높여 따져 볼 수도 있다. 러시아나 미얀마와 비교했을 때 형태와 정도는 다를지 몰라도 '독재정'을 구사하는 시진핑과 중국의 공산당, 그리고 이들을 지지하는 중국의 엘리트와 보통 사람들을 어떻게 판단해야 할 것인가? 이들을 싸잡아 '거악'이라고 이야기해도 되는 걸까? 반대로 이를 다시 갈라서 보자고 주장한다면, 보통 중국 사람들은 무고하고 시진핑과 중국 정부만 거악에 해당하는 것일까? 사실 중국 정부는 러시아나 미얀마의 독재 정부에 대해 지지를 표명한 적은 없다. 늘 기계적 중립을 지켜 왔다. 나는 1년 가까이 중국의 관영 방송인 CCTV의 저녁 뉴스를 모니터링했는데 외신 첫 보도는 늘 러시아 측의 전황 보고였고 우크라이나 측의 전황 보고가 이어졌다. 즉, 두 전쟁 당사자의 입장을 공평하게 전달했다. 다만 미국과 나토가 우크라이나를 군사적으로 지원하는 것에 대해 비판적인 입장을 취하는 일부 외국 좌파 지식인들의 목소리를 추가로 전할 뿐이었다.

나는 '적敵/악惡'의 친구는 '적敵/악惡'이라는 식의 이분법적 판단에 동의하기 힘들다. 그리고 정의감의 발로로 '추상적인 거악'을 반대하는 것과 매우 구체적으로 누군가를 거악으로 지정해 혐오하는 것은 다른 문제라고 생각한다. 나는 이념적 정의감이나 악에 대한 의분이 내 삶과의 구체적인 연관성을 거쳐 유기적으로 통합할 수 있을 때 그게 '진짜 우리 삶의 윤리'라고 생각한다. 만일 전자만 앞서고 후자에 대한 고민이 부족하면 오지랖 넓은 '완장질'이 되어 버릴지 모른다. 결과적으로 아주 쉽게 '내로남불'의 이중 잣대에 빠지게 되고 자기가 지지한다고 '느끼는' 우리 편마저 바쁜 생활에 쫓겨 금세 잊어버릴 수밖에 없다. 분쟁이 낳은 고통과 고민은 결국 '멀리 위치한 타자'들과 전문가나 활동가들의 몫으로만 남는다. 최종적으로 내게는 '추상적인 거악'이라는 적과, 이를 미워할 줄 아는 정의감을 빙자한 자기만족감만 남는다. 그래서 '르상+'는 원래 부정적인 의미의 르상티망과 비교하면 중립적인 감정이지만 그렇다고 마냥 좋은 것만도 아니다.

나는 길들여지지 않는다

중국 사람들도 우리의 이런 형용하거나 정의하기 힘든 기질과 감정을 감지한다고 생각한다. 중국의 저명한 원로 지리 역사학자 거젠슝葛劍雄의 대표작《통일과 분열統一與分裂》을 보면 아주 재미있는 이야기가 있다. 거젠슝은 우선 한반도와 베트남이 한漢 왕조 이후 한 번도 중화 왕조 국가에 속한 적이 없는 독립국이었음을 매우 명확히 지적한다. 한편으로 두 나라가 신장이나 티베트 주민들과 같은 중국 변강 지역의 소수 민족보다 중화 문화를 훨씬 잘 수용한 나라들이었다는 역설도 잊지 않고 언급한다. 실은 지리적인 여건만 따지면, 한반도와 베트남이 왜 중화 왕조에 완전히 통합되지 않았는지는 중국 역사학자들이 답할 수 없는 난제라고 말한다. 아마 내가 '르상+'로 설명한 요소 같은 것이 있다고 이야기하고 싶지만 차마 학자로서, 비연구자인 나처럼 논증하기 어려운 문화 본질주의적 주장을 할 수 없으니 그냥 커다란 의문 부호 정도만 남기는 것이 아닌가 싶다.

한국의 누리호 발사나 K-무기 개발에 관한 중국 뉴스들, 그리고 최신 한국 하드 SF 영화 등에 대한 중국 내 평을 살펴보면 유독 비꼬는 댓글이 많다. 바로 한국인들을 분노하게 만드는 소분홍식 관점들이다. 그런데 입장을 바꿔 생각하면 중국인들 상당수가 이 화제를 두고 상당히 껄끄러워하고 부담스럽게 의식한다는 것을 뜻하기도 한다. 이 중에 조금 천박한 수준의 중화 중심주의를 가진 사람들이 앞서 말한 댓글을 다는 것이다. 아예 관심을 둘 만한 가치도 없다면 굳이 뉴스를 들여다보거나 댓글을 달지도 않았을 것이다. 소분홍의 이런 행위는 한국의 반중주의자들이 '차이나 포비아'와 무거운 르상티망에 잠겨 즉자적으로 반응하는 것의 거울 이미지다.

나는 이런 현상들을 단순히 문화 본질주의로 보지 않고 물리적, 이

넘적으로 강력하게 작용하는 중앙과 이에 대한 반작용으로 그만큼 강력히 저항하는 변방의 관계 속에서 형성된 문화적 특성으로 해석할 수도 있다고 생각한다. 그런 식으로 중앙과 변방은 힘의 차이가 있을 뿐 대단히 동질적인 속성을 갖게 된다. 그래서 중화라는 문명의 중심과, 중화 내부의 변방인 남만 지역, 천하 체제에 속하지만 중화의 외부인 조선, 베트남의 관계가 그러하다고 추정해 본다. 그렇게 남만, 조선, 베트남이 중화에 대해 품고 있던 감정들에 공통점이 있다는 것을 설명하고 이를 '르상+'로 명명한 것이다.

반면 역사학자 뤄신에 의하면 중화의 북방 변경은 기후와 풍토적 한계로 인해 농경 중심의 중화 문명이 전파될 수 없는 이질적 지역이었기 때문에 중화와 정치적, 정서적 관계를 만들지 못했다고 한다. 반대로 중원을 시시때때로 침략하거나 정복하고 그중 일부는 흡수되면서 중화 문명에 유목 문화적 요소를 더했다. 중화와 국경을 마주하고 있는 조선과 베트남을 거쳐 너무 먼 곳에 위치한 일본이나 동남아시아의 여러 국가도 마찬가지로 중화와의 상호 관계는 제한적이었다.

중화 제국이 조선과 베트남을 자국 영토로 복속시키지 못한 것은 이런 반골 기질을 장기적으로 복속시키고 제국에 완전히 동화시키는 비용이 제국의 확장을 통해 얻는 수익을 능가하거나 심지어 제국의 수명을 단축시킬 수도 있다는 계산에 의한 것으로 짐작된다. 그래서 상당한 문화적 동질성에 기반한 책봉과 조공 체제는 제국과 번속국 사이에 '윈윈'의 선택으로 여겨졌을 것이다.

'르상+'의 또 다른 표현 방식으로 들고 싶은 것은 코비드19 팬데믹 국면을 통해 등장한 '위대한 K-서사'다. 르상티망을 열등감이라고 봤을 때 '위대한 K-서사'는 열등감과 함께 동전의 양면이라 볼 수 있는 우월감이다. 이런 우월감은 급속한 경제나 사회 제도의 발전과 함께 선진국이 된 한국이 가지게 된 개발 도상국이나 중진국에 대한 차별적 감정이다. 한국은 1992년 대중 수교 후 '가난하고 낙후한' 중국에 대해 줄곧 우월감을 가지고 있었다. 한국에 이주해 주로 육체노동에 종사했던 조선족 동포들에 대한 우월감이나, 전근대적인 모습의 중국을 희화화하는 '대륙의 ○○' 같은 밈들은 이런 감정을 잘 드러내는 현상과 코드들이다. 2000년대 초반 중국과 중화권에 불어닥친 1차 한류 붐은 이런 우월감에 정당성을 부여하는 계기가 되었다.

그런데 2008년 중국이 하계 올림픽을 개최하며 '대국굴기'를 선포했을 때 미묘한 변화의 기류가 감지되었다. 장이머우라는 세계적 거장이 연출한 중화 스펙터클 개막식은 한국인들로 하여금 경제 중국뿐 아니라 문화 중국의 잠재력에 대해 다시 생각해 보게 하는 계기를 만들어 줬다. 2008~2010년경은 중국의 대중문화에 있어 상당히 중요한 시기다. 중국의 젊은 문화 소비자들은 개혁 개방 이후 홍콩과 대만의 대중문화, 일본의 오타쿠 문화, 그리고 한류와 한국 인터넷 게임 문화의 영향을 많이 받고 자랐다. 2000년대 초반부터 대학생과 문화 엘리트들이 활발히 이용해 온 인터넷 게시판 문화가 전성기를 맞았다. 이때 10대 후반~20대였던 중국의 80허우 세대가 주도하는 서브컬처가 웹소설 플랫폼 '진장晋江'이나 비디오 플랫폼 '비리비리'와 같은 다양한 웹사이트와 플랫폼을 통해 만개하기 시작했다. 당시 중국 내 수많은 B급 문화가, 지금과 비교했을 때 상대적으로 자유로운 환경 속에서 풍부한 상상력과 중국 전통문화 코드를 바탕으로 전개되었다. 이 인재들은 자연스럽게 중국 콘텐츠 산업의 핵심 인력으로 성장하게 되었고, 2016년 한한령 등을 계기로 자국 콘텐츠에 대한 수요가 늘면서 상당한 기술 수준과 공감할 수 있는 서사를 가진 웰메이드 작품들이 등장하게 되었다.

물론 예능과 같은 특정 분야에서는 여전히 한류 문화를 과도하게 모방하는 등의 문제가 많이 남아 있는데, 한국 네티즌들은 이를 근거로 중국의 대중문화를 비아냥거렸다. 〈별에서 온 그대〉를 중심으로 하는 2차 한류 붐의 '코인'을 제대로 만끽하지 못한 상태에서 시작된 한한령은 한국의 서민 경제에 상당히 심각한 영향을 끼치게 되었고 청년층을 중심으로 한 한국의 보통 사람들이 서서히 중국에 대한 반감을 키워 가는 계기가 되었다.

한류는 서민 경제와 직결되는 소비재 수출이나 서비스업, 관광 상품과 관계가 많다. 하지만 윤석열 대통령 집권 이전까지 지속되던 반도체 등의 대중국 수출 호황처럼, 삼성과 같은 하이테크 대기업이 누리는 특수는 이중화된 한국 경제 체제 속에서 쉽게 '트리클 다운trickle down'되지 않는다. 그런 의미에서 재벌들의 대변인 역할을 하는 한국의 보수 매체나 경제지들이 혐중 감정 확산에 앞장서는 것은 자해적이라는 사실을 누구나 안다. 물론 자신들과 한통속인 극우 정치 세력의 지지층을 결집시키기 위해 '살을 주고 뼈를 취한다'고 생각할 수도 있을 것이다.

한국의 높은 대중화권 경제 의존도라는 비단 주머니를 흔들어도 청년들이나 서민들의 반중 감정이 쉽게 사그라들지 않는 것은, 한한령이 지속되는 한 실제로 이런 경제 관계의 수혜를 누리는 사람들은 경제 엘리트들뿐이라는 사실을 그들도 인식했기 때문이다. 마치 영국의 노동자나 농촌 사람들이 '시티'의 글로벌 금융 엘리트들에게 반대하며 브렉시트Brexit에 찬성표를 던진 것처럼, 중국의 영향권에서 분리되기를 원하는 '코렉시트Korexit'를 지지하기 시작한 것으로 볼 수도 있다.

중국 네티즌들은 이미 굴기하기 시작한 자국 대중문화에 대한 한국 네티즌의 비판에 굴욕감을 느꼈고 이들이 한국 네티즌에게 반격할 소재는 전통문화였다. 한국이야말로 중국 전통문화의 대표적 수혜국이니 모방, 짝퉁 문화의 원조가 아니냐는 주장이다. 소위 '한복 공정', '김치 공정' 논란은 이 과정에서 나타난 해프닝에 가까운 현상이다. 한복이나 김치, 혹은 특정 전통문화의 종주국이 어디인가 하는 논쟁은 그래서 별로 의미가 없다. 문화는 일방적으로 수출, 수입되는 '상품'이 아니라 영향을 끼치는 쪽이나 영향을 받는 쪽이나 상호 작용하며 새로운 문화를 창출하는 '대화'의 과정이자 그 '산물'이기 때문이다. 제로섬 상품 경제와 달리 대화를 통해 무한히 확장되는 생명을 가진 유기체에 가깝다.

이런 긴장 관계 속에 혐중이 갑자기 돌출한 것은 팬데믹 국면에서 위대한 'K-서사'가 괄목할 만한 성장을 보였기 때문이다. BTS와 영화 〈기생충〉의 성공이 〈오징어 게임〉으로 이어지면서 K-컬처가 서구 주류 세계, 나아가 전 세계 다양한 문화권의 인정을 받는 계기가 되었다. K-방역은 문화를 넘어 정책, 행정, 기술, 시스템과 제도에 대한 외부의 인정과 자부심으로 이어졌다. 이런 표현은 '촛불 혁명'에 의해 등장한 문재인 정권 혹은 이를 창출한 한국의 시민 사회가 일회적 해프닝인 '혁명'뿐 아니라 제도적, 시스템적 성과를 안착시킨 것으로 보일 수 있다. 그런 의미에서 우리가 갖게 된 자부심은 객관적인 평가를 받을 만하다.

이런 우월감과 자기의 상승한 신분을 공고히 하기 위한 태도가 선택적인 차별과 배제의 전략으로 드러나는 것은 홍콩인들에게서도 많이 발견된다. 조금 더 뿌리를 거슬러 올라가면 지금은 광둥이 자랑하는 부의 젖줄인 주강 삼각 지역의 발전사와도 관련이 있다. 광둥의 수도 광저우에서 남쪽으로 홍콩 섬에 이르는 주강 삼각 지역은 원래 1000년 전까지는 모두 바다였다고 한다. 그런데 주강의 퇴적물이 쌓이면서 점차 습지로 변해 갔다. 광저우성이나 인근에 관청이 위치한 행정 구역, 그리고 북쪽의 산악 지역을 제외하고 이곳에 살던 광둥인들은 대부분 한족 정체성을 가진 사람들이 아니라, 배 위에 사는 원주민('탄카tanka'로 불린다)을 비롯한 몇몇 소수 민족들이었다. 홍콩과 광저우를 중심으로 하는 화남華南 학파의 연구에 의하면 주로 명청 시기에 이들 중 일부가 방대한 습지를 간척해 농지로 전환시켰다. 이 농지에서 산출된 엄청난 부를 바탕으로 광둥 지역에서는 차츰 상업과 도시 문화가 발전했다. 그래서 특히 이 농지에서 재배되는 작물은 환금성이 높은 것이었다고 한다. 광저우는 당시 이미 1000년 역사를 자랑하는 중국을 대표하는 무역항이었고, 중국 각 지역의 생산물과 전 세계의 상품을 연결하는 상업적 허브로 성장하게 되었다. 광둥성과 홍콩은 오늘날까지 이 자산을 이어받고 있다.

당시 습지를 개척했던 현지인들이 자신의 토지 소유권을 비롯한 자산을 공고히 하기 위해 벌인 몇 가지 중요한 작업이 있다. 첫째, 왕조 정부의 등기제에 응해 세금을 납부했다. 둘째, 족보를 만들고 사당을 세워 중원의 가문과 연계시켰다. 셋째, 자손들이 유교적 지식인의 교양을 쌓고 과거에 응시하게 했다. 한족 정통성을 갖추기 위한 정치적, 문화적 기획이 착실히 수행된 것이다.

하지만 이와 동시에 여기에 참여하지 않은 현지 주민은 철저히 배제시켰다. 이들은 마을의 거주권이나 경작권을 얻지 못해 계속 배 위에서 살아야 했다. 소작농이 아니라 이보다 못한 천민 계급으로 취급받았다. 광둥성에 일찍부터 거주하기 시작한 한족들은 원래 탄카를 사람으로 취급하지 않았다. 탄카를 지칭하는 단蜑이라는 한자에는 '벌레 충' 자가 사용되고 있다. 그래서 고대에는 이들을 밧줄로 묶어 진주 채취 등의 작업을 시켰는데, 작업 도중에 악어의 공격을 받아 몸이 상하거나 목숨을 잃는 이가 적지 않았다는 잔혹한 기록도 전해진다. 이들은 어민인 동시에 국가가 전매하는 소금 생산에 동원되기도 했다. 국가는 이들에게 세금과 군역도 요구했는데 이에 반발하는 이들은 해적이 되기도 했다.

홍콩 출신 정치 경제학자 홍호펑에 의하면 식민 도시로 발전하기 이전의 홍콩 거주민들도 어민인 탄카와 농사를 짓는 지주 세력인 호족, 그리고 하카客家가 다수였다. 이 중에서도 하층민에 해당하는 이들이 백인들의 사업이나 생활을 돕기 위한 노동자 계층이 되었다. 하지만 일부 탄카와 하카는 영국 식민 정부와의 협력하에 큰 상업적 성공을 거뒀고, 경우에 따라서는 대륙의 공산당 정부와도 좋은 관계를 맺었다. 이들의 후손 중 상당수는 지금도 베이징과 관계가 좋은 홍콩의 지배층으로 남아 있다. 이들 홍콩의 오래된 지배 세력 중 일부는 회색 지대에 온존하는 삼합회 등의 폭력 조직과 연관이 있는데, 이들이

2019년 반송중 시위에 참여한 홍콩 시민들에게 경찰의 묵인하에 백색 테러를 가한 세력이다.

광저우의 상인 계급도 홍콩으로 터전을 옮겼고, 중국의 상하이 등지에서도 내전과 공산당 정부를 피해 홍콩으로 이주한 부유층과 지식인들이 다시 홍콩의 엘리트와 산업 자본가 계급을 형성했다. 이런 이주의 물결은 문화대혁명 시기까지 이어지는데 이때 광둥성 등지에서 이주해 온 농민들이 노동자 계급이 되고 하층의 홍콩 시민으로 편입된다. 1970년대 이후 태어난 이들은 본격적으로 '홍콩인'의 정체성을 갖게 된 첫 세대인데 이들은 홍콩의 대륙 귀속 후 다시 홍콩으로 이주해 오는 대륙인에 대해 적지 않은 반감을 가지고 있다. 물론 이때의 대륙인은 상당한 재산과 학력 자본을 가진 사람이 많다. 하지만 실제로 가장 큰 혐오에 노출되는 사람들은 대륙에서 이주해 온 하층민들이다. 대표적인 예가 소위 '시끄러운 대륙 아줌마大媽'들인데 주로 광둥성 접경 지역에 거주하며 공원에서 함께 춤을 추거나 노래를 부르는 대륙 출신 중년 여성들이다. 이들 중 일부는 유사 성행위를 제공하기도 한다. 중년 여성들이 공원에서 집단무를 즐기는 광장무廣場舞 문화는 대륙 내에서도 공공 공간의 점유 경쟁 문제로 젊은이들과의 갈등 요인이 되기도 한다. 이들 중년 여성들 대부분은 개혁 개방 이후 광둥성으로 건너온 홍콩 남성들과 내연 관계를 맺다가 홍콩으로 이주한 사례라고 한다.

이렇게 광둥과 홍콩 하층 계급의 정체성 변화 과정을 살펴보면 반복되는 패턴이 있다. 하층으로부터 신분이 상승하면서 중앙의 정체성과 아비투스를 획득하고, 여기에 들어오지 못한 사람들에게 차별과 배제 전략을 취한다. 잠재적 경쟁자들을 미리 제거함으로써 자신의 위치를 공고히 하기 위해서다. 또 중앙에 대해 귀속감과 독립성의 양가적 감정을 갖는다. 애초에 배제되었던 하층민들이 사회와 경제의 구조적 변화 속에서 다시 이 그룹으로 편입된다. 편입 조건을 갖추지 못한 이들이나 새로운 이주민들이 다시 배제와 차별의 대상이 된다. 중앙에 대한 숭배와 귀속감, 내면에 잠재한 반감, 그리고 자기 그룹보다 더 변방에 대한 구별 짓기를 통한 차별과 배제 전략이 공존하는 것이다. 박노자는 2020년 이후 한국인들의 과도한 친미 성향을 분석하면서 친미, 혐중, 반북 현상이 나타나는 이유 중 하나로 한국인들이 획득한 '가진자 의식'을 드는데, 위에 서술한 패턴과 크게 다르지 않다는 것을 눈치 챌 수 있다. 아니, 좀 더 직접적인 과거의 우리 사례가 있다. 일제 시기의 사회 경제사를 연구한 사회학자 조형근은 《우리 안의 친일》에서 식민지 주민인 조선인들이 일제의 만선滿鮮 사관에 큰 영향을 받고 '이등국민으로의 출세를 꿈꾸며 만주로 진출해서' 보이는 '반중' 행태들을 구체적으로 설명한다. 뿐만 아니라 싱가포르에 동행했던 군복 입은 조선인들이 일본군 못지않게 고압적인 태도를 보였다는 리콴유李光耀의 회고까지 인용한다.

자유 민주주의라는 성배

그렇게 세상 모든 일에는 빛과 그림자가 있는 법이다. 역사학도이자 서평가인 유찬근의 표현을 빌자면 K-서사로 비대해진 한국인의 자아가 '보편의 전유'를 주장하고 있으며 그 구체적인 모습은 소중화의 현대 버전인 '리틀 아메리카'로 형상화하고 있다. '성리학'이라는 성배가 이번에는 '자유 민주주의'로 탈바꿈했다고 볼 수도 있다. 그리고 가장 직접적인 결과는 '반중/혐중' 정서인 것 같다. 과거 '중화의 적통을 계승한' 조선이 청을 멸시했던 것처럼 '자유 민주주의'를 부정하는 '공산 중국 오랑캐'에 대한 한국인의 혐오는 그렇게 정당화된다.

여기서 아이러니한 것은 위대한 K-서사의 어떤 측면들이 사실은 자유 민주주의와 거리가 있거나 상반된 지점에 있다는 것이다. K-방역 정책의 효율성과 성과는 서구 사회가 택한 느슨한 방역 정책들의 '생명 경시'와 대비되어 칭송된다. 그런데 이런 설명은 중국 정부와 주류 매체의 그것과 놀랍도록 닮아 있다. 2022년 초, 한 이탈리아 언론이 자국의 실패한 방역 정책 때문에 다수의 노년층이 사망했고 결과적으로 천문학적인 연금을 절약할 수 있었다고 분석했는데, 이를 중국 관방 미디어가 대대적으로 보도하면서 서구와 달리 중국이 얼마나 많은 생명을 보호할 수 있었는지 자랑을 늘어놓았다. 방역 초기 2년간 중국인들이 국내 혹은 성省 내에서 상대적으로 자유로운 생활을 즐길 수 있었고 제조업 등이 위축되지 않았던 것도 객관적인 성과로 이야기될 수 있다.

그런데 서구 사회에서 벌어진 논쟁이나 그들의 정책적 선택을 곰곰이 되짚어 볼 때 실패라는 결과와는 별개로, 그들이 추구하는 개인의 자유와 생명 존중이라는 가치 사이에 상당한 고민이 있었다는 것도 생각해야 한다. 그러므로 서구인들이 자신의 관점으로 K-방역의 성공을 평가할 때 중국의 성공을 바라보는 것과 같은 관점을 취할 수도 있다.

또 K-방역의 성공 요소 중 하나는 분명히 국가의 강력한 자원 동원 능력과 관련이 있다. 시민들의 생활 공간에 공무원이 가장 근접하게 존재하는 동 주민 센터는 중국의 마을/동네 위원회, 당 지부와 함께 세계적으로 유례가 드문 행정 제도라는 사실도 간과할 수 없다. 우리는 봉쇄를 최소화한 배경으로 자유를 존중하는 민주주의 정신과 이를 뒷받침하는 IT 기술의 수월성과 효율성만을 자랑하지만, 한국의 성공도 심층적으로는 중국 못지않게 개인의 자유와 프라이버시를 포기한 결과로 해석될 수 있다는 이야기다.

그럼에도 불구하고 K-방역의 성공은 '개인의 자유' 대 '생명 존중에 기반한 시민들의 연대와 절제'라는 가치 사이에서 적절한 균형을 택했다는 점을 평가받아야 한다고 나는 생각한다.

그런데 이러한 성공을 우리의 관점으로만 바라보는 지나친 우월감이 오스트레일리아, 뉴질랜드, 대만과 같은 타국의 성과를 폄하하거나 중국의 방역 정책을 일방적으로 비판하는 행위로 드러나는 것을 보면, '시민의 연대 의식'과 '민족주의로 뭉치는 정치적 부족주의 동맹'을 구분하기 힘들어지는 지점이 있다. 더 나아가 성과 제시에 대한 과도한 집착은 K-방역이 생명 존중이라는 가치에 기반한 것이었는지 아니면 '살린 목숨의 숫자'라는 성과에 대한 집착이었는지 구분하는 데 곤란을 겪게 만든다. 만일 후자에 방점이 찍혀 있다면 어느 순간 우리는 상대적으로 많은 노년층을 구한 덕분에(혹은 때문에?) K-연금의 재정 상태를 고민해야 하는 순간을 맞게 될지도 모른다.

보통 중국인이 바라보는 우크라이나 전쟁

끝으로 보통 중국인들이 러시아의 우크라이나 침략 사태를 어떻게 보는지 잠깐 이야기하고 싶다. 전쟁 발발 초기에는 전쟁 상황을 전하며 대만에 대한 협박을 일삼는 매파 유튜버가 적지 않았다. 중국 정부의 모호한 태도나 해외에서 중국을 러시아와 한통속으로 보는 관점에 스스로 동화되어 러시아를 응원하는 사람들도 있었다. 하지만 평화를 사랑하는 인류의 보편적 가치를 들어 전쟁에 반대한다고 선언하며 러시아의 침략을 규탄하는 사람도 적지 않았다. 유감스럽게도 중국 정부가 인터넷상에서 후자의 여론을 검열 통제했기 때문에 상대적으로 찾아보기 힘들었을 뿐이다.

그런데 이런 한쪽 편들기나 보편 가치를 따르는 평가, 혹은 복잡한 역사적 맥락과 국제 정세에 기반한 신중론 외에도 상당수의 중국 사람들에게는 판도를 바라보는 전혀 다른 관점이 존재했다. 이들은 일단 뒤통수를 맞은 것 때문에 러시아를 괘씸하게 여겼다. 그렇지 않아도 동계 올림픽 기간에 조마조마 가슴을 졸였고, 원래는 2022년 가을에 열릴 예정이었던 항저우 아시안 게임을 앞두고 이런 복잡한 국제 상황이 벌어졌기 때문에 나쁜 영향이 미치지 않을까 짜증을 내기도 했다. 한국을 비롯한 다른 국가의 시민들이 일찌감치 대피한 것과 달리 중국 유학생 수천 명은 수도 키이우를 비롯한 우크라이나 곳곳에 상당 기간 발이 묶여 있었다. 중국 정부도 예상을 못 하고 있다가 뒤통수를 맞았거나 아니면 알고도 자국 시민을 버린 기민 정책을 취한 것인데, 어떤 경우든 중국 시민들 입장에서는 분노할 수밖에 없을 것이다.

어떤 중국인들은 우크라이나와 러시아의 관계를 중국, 대만과 미국의 관계로 투사하여 보기도 했다. 정확히 말하자면 동우크라이나는 대만, 서우크라이나는 중국, 러시아는 미국에 해당한다고 보았다. 일찌감치 독립을 선언한 동우크라이나의 두 공화국이 현재 독립을 주장하는 대만과 비슷하다는 것이다. 그래서 미국이 대만의 독립을 승인하거나 지지하고 더 나아가 러시아의 서우크라이나 침공처럼 중국 대륙을 침공할 수도 있다는 것이다.

러시아와 우크라이나 전쟁이 장기화되면서 보통 중국인들의 관심은 현저히 줄고 있다. 2022년 말에 행해진 대만 지방 선거에서 독립을 반대하는 국민당이 승리하자 중국 내에서 대만을 협박하던 매파의 목소리도 함께 사그라들었다. 2027년 중국의 대만 침공설을 기정사실화하는 중국 바깥의 미국 주도 여론과는 달리 중국 내에서는 무력 통일을 주장하는 강경한 목소리도 잘 들리지 않는다. 2023년 초 시진핑은 러시아의 푸틴을 방문하여 중러 양국 간 경제 협력 대화를 나누고 우크라이나 전쟁의 해결 방안을 논의했다. 또 베이징에서 중국이 이란과 사우디아라비아의 평화안을 중재했다. 이제 중국 정부는 G2 패권 국가로서의 힘자랑 대신 몸을 숙여 '평화주의자' 역할을 강조하고 있다.

제3자로서 내가 관찰한 바에 의하면 중국인들이 각각 러시아와 우크라이나를 바라보는 입장이나 감정은 주체적인 판단에 의해 생기지는 않은 것 같다. 겉으로는 중립이지만 실질적으로는 러시아 쪽에 기운 중국 정부의 입장이 분명히 영향을 끼치고 있기도 하고, 더 결정적으로는 미국이 우크라이나와 러시아를 대하는 태도, 그리고 중국을 대하는 태도가 이들의 관점을 만들어 내고 있다. 즉, 이는 미국이 러시아를 적대하고 중국도 적대하니 '적의 적은 우리 편, 적의 친구는 우리의 적'과 같은 대단히 원초적인 반응에 가까운 것으로 보인다.

한국인들은 중국인들이 가진 '아메리카 포비아' 혹은 미국에 대한 애증과 '르상+'를 잘 이해하지 못할 것이다. 나는 앞서 언급한 무크지 기고문에서 이를 "중국인들의 머릿속에서 두 아버지가 대립하는 정신 분열적 심리 상태"로 묘사한 적이 있다. 내면에 서구 문명과 중화 문명이라는 두 아버지의 서로 다른 목소리가 끊임없이 울려 퍼지는 것이다. 2020년 하반기 미중 갈등이 격화하고 있을 때 우연히 엿듣게 된 초등학생 아이들의 소꿉놀이 대화가 잊히질 않는다. 한 아이가 이렇게 물었다. "미국이 우리를 공습하거나 미사일 공격을 가하면 어디로 대피해야 하지?" 이 아이들은, 반미주의자가 아니라 미국과 서구 문화를 매우 좋아하고 기회가 되면 자녀를 영어권으로 유학 보내고 온 가족의 이민도 고려하는 중산층 가정의 아이들이었다.

우크라이나 사태에 대한 중국 정부의 모호한 태도는 비판받아 마땅하다. 서구의 일방적인 러시아 비판 담론에 편승하거나 직접적인 경제 제재에 참여하지는 못하더라도 주권 국가에 대한 침략 전쟁에 반대하는 최소한의 원칙은 표명하는 것이 옳다고 생각한다. 중국 정부의 이런 태도를 좇는 중국 시민들도 비판을 피할 수 없다. 특히 침묵하는 지식인들은 더욱 그러하다. 인류의 운명에 영향을 끼칠 수 있는 G2 대국으로서 최소한의 윤리적 책임을 회피할 수 없다. 자신들이 자랑하는 '위대한 중화 문명'의 보편 가치가 인류의 보편 가치와 부합함을 입증하려면 이는 꼭 필요한 일이다.

하지만 여기까지다. 혐중이나 차이나 포비아에서 비롯해 문제의 당사자가 아닌 중국 정부와 중국 시민을 비난하거나 혐오하는 것은 공정한 처사가 아니다. 이런 태도는 외부의 공격에 대한 중국인들의 방어 기제를 발동시킴으로써 비판에 대해 스스로 반성적으로 사유할 여지를 줄인다. 우리의 기대나 희망과 정반대 결과를 초래할 것이다. 우리가 '혐오를 위한 혐오' 르상티망이라는 숙명적 심리 상태에 머물고 싶어 하는 것이 아니라면 말이다.

플랫폼으로서의 중국과
지속 가능한 한중 관계

우리는 강팀이다

한국의 제20대 대통령 선거 결과에 반중 감정이 영향을 끼쳤다고 분석하는 이들이 있다. 한국 언론과 인터넷상에서는 몇 년째 논란의 대상이 되었지만 실제 한중 관계에서는 수면 위에 올라오지 않았던 혐중 감정의 지뢰가 베이징 동계 올림픽에서 제대로 밟혔다는 것이다. 그래서 그 매캐한 화약 연기가 중도층으로 하여금 2번을 선택하도록 일정 정도 자극했으리라는 이야기는 설득력이 있다.

앞선 글에서 소개한 '르상+'를 혐중 감정의 기원으로 보는 내 분석은 MZ세대에게는 조금 달리 적용해 볼 필요가 있다. 굽시니스트의 "절지동물 천 마리"라는 적나라한 표현은 아마 솔직한 느낌일 것이다. 《삼국지》나 《영웅문》을 알지 못하는 MZ세대가 초강대국 중국에 느끼는

혐오와 공포감에, 윗세대의 '중화 문명에 대한 낭만적인 경외의 감정'
은 끼어들 틈이 없다.

MZ세대가 구체적으로 접한 중국인들은 동년배 유학생들이나 인터
넷상의 게이머들이다. 그런데 이들과의 만남을 통해 '현실적 손해를
입는 경험'을 하고 '짜증스런 감정을 느끼게 된' 이가 많았다는 것은
안타깝지만 사실이다. 한국어 능력이나 사교성이 부족한 중국 학생들
이 한국 학생들과 같은 조에 속한 채 조별 과제에 참여하면서 '민폐'가
될 수밖에 없는 것, 소위 '핵쟁이'라 불리는 게임 해커들 대부분이 중
국인이라는 사실 말이다. 흥미로운 점은 한국 유학생들도 중국 내에서
비슷한 평판의 대상이 된다는 것이다. 즉, 한중의 MZ세대는 구조적 문
제의 희생자일 뿐이라고 나는 생각한다. 문제를 초래한 장본인은 학사
행정의 국제화 준비가 부족한 상태에서 무분별하게 유학생을 받아들
인 한중 양국의 교육 당국과 대학들인 것이다.

'핵쟁이'들은 자국 내뿐 아니라 여러 나라의 게이머들이 함께 참여
하는 게임 신scene에서 공공연하게 해킹 프로그램을 사용하는 등 매너
없고 불법적인 행위를 벌임으로써 모두의 눈살을 찌푸리게 한다. 이
런 게임에서는 실제로 금전적 보상이 따르기도 하고, 게임 아이템들은
현실의 화폐로 거래되기도 한다. 또 메타버스, E2PEarn-To-Play 게임, 가
상 화폐나 NFT가 핫한 트렌드로 자리 잡고 있는 현실에서 이런 행위
의 범법성은 현실 범죄에 버금가게 무거워진다. 정의당 류호정 의원의
과거 게이머 경력 문제가 수많은 청년의 분노를 유발했던 것을 상기해
보면 한국의 MZ세대가 동년배 중국인들을 어떻게 바라볼지 짐작할
수 있다.

나는 베이징 올림픽 기간 중에 스스로를 '무관의 현실주의자'라 부른 한 1990년생 논객의 짤막한 분석 글을 읽고 느낀 바가 있다. 올림픽이 시작되자 나는 문자 그대로 '작열하는' 한국의 '국뽕 민족주의'에 대해 개탄을 금치 못했다. 그런데 개막식 한복 논란 속에 조선족 동포들을 대하는 1990년생 세대의 관점을 보고 이것은 우리 기성세대가 가진 혈연과 문화 전승에 기반한 전통적이고 낭만적인 민족주의와 많이 다르다는 것을 깨닫게 되었다. 우리 기성세대 사람들은 조선족 동포들을 바라볼 때 '경제, 문화, 정치의식에 기반한 계급적 우월성'을 품고 있었다. 과거에 있었던, 지역주의에 기반한 호남 차별과 유사하다. 하지만 그들이 우리 동포라는 역사적 사실은 잊어버린 적이 없다. 그런데 1990년생 세대에게 조선족 동포는 외국인 이주 노동자와 다를 바가 없다고 한다. 아마 이 관점은 탈북자 새터민으로 확장될 수 있을 것이다. 그래서 조선족 동포들에 대한 차별적 시선을 거두게 하기 위해서는 "우리가 남이가"라는 고전적 동포애에 호소하기보다 오히려 외국인 노동자나 이민자를 대하는 '정치적 올바름'을 설파하는 것이 더 유효할지 모른다는, 또 다른 1990년생 논객의 의견도 들을 수 있었다. 이런 이야기를 들으면 가슴 한편이 아리지만 그렇다고 '근본도 없는 청년 세대'라는 식의 비난을 퍼부어 봤자 소용없다.

　MZ세대의 민족주의는 김어준이 외치는 "우리는 강팀이다"라는 구호에 호응하거나 그 반대편에 선 채 '공정하게 세계적 경쟁력을 쌓은 한국'을 대표한다는 이준석을 지지하는 편 가르기다. 전 세계를 휩쓰는 '정치적 부족주의'로 부를 수도 있다. 물론 이러한 부족주의에서 가장 큰 역할을 하는 것은 여전히 전통적인 민족주의다. 필리핀 출신 화교이자 미국의 국제 정치 전문가 에이미 추아는《정치적 부족주의》에서 자신이 베트남, 아프가니스탄, 이라크 등에서 관찰한 다양한 형태의 부족주의를 통해 민족주의와는 무관하다고 생각되었던 미국 사회의 부족주의를 설명하고 있다. 내 생각에 이는 한국의 상황에도 충분히 적용이 가능하다.

정치적 부족주의

간단히 정리하자면 이렇다. 미국은 연안 지역의 엘리트와 중부 지역의 백인 하층 노동자와 농민으로 경제적, 사회적 자본 측면의 계급적인 분화가 이루어졌다고 한다. 물론 흑인과 소수 민족을 포함한 비백인 사회적 약자들도 존재하지만 일단 가장 큰 전선을 두고 대립하는 것은 계급으로 나뉜 두 '부족'이다. 연안 부족만 살펴보면 동부 엘리트를 대표하는 사람들은 월가의 금융가에서 일하고 있고, 서부 엘리트를 대표하는 이들은 실리콘 밸리의 테크 기업 종사자들이다. 이들은 좋은 학교를 나와서 좋은 직장을 얻고 고액 연봉과 글로벌화된 워킹/라이프 스타일을 즐긴다. 결혼도 인종에 상관없이 비슷한 배경을 가진 사람과 하고 자녀들에게도 자신들이 가진 사회적, 물질적 자본을 대물림하고 싶어 한다.

반면, 중부 지역의 쇠락한 공업 지대인 러스트 벨트rust belt나 농업 지대 출신 백인들은 교육 수준이 낮고 경제적으로도 갈수록 빈곤해지고 있다. 이들은 연안 지역 엘리트들이 자신들을 무시하고 모욕하고 있다고 생각한다. 2008년 금융 위기 당시 리먼 브라더스는 망했지만 사실 금융가 사람들은 다시 직장을 얻는 데 별 어려움이 없었다. 과거에 나는 국제 금융 산업계를 지원하는 IT 전문가로 일했었는데 일본 도쿄에서 이런 현실을 직접 목격한 적이 있다. 이들과 달리 빚을 갚지 못해 집에서 쫓겨날 처지에 놓인 중하층 노동자들은 은행을 찾아가 사정했고, 계약서를 들이대며 냉정하게 거절하는 금융 엘리트들에게 굴욕감을 느꼈다. 그리고 홈리스homeless로 전락했다. 심지어 '월가를 점령하라Occupy Wall street' 운동에 참가했던 이들 대부분도 대학 졸업자들이었고 노동자들은 이들의 시위에 전혀 관심을 갖지 않았다. 바로 이들이 트럼프를 미국 대통령으로 당선시킨 일등 공신들이다. 예일대학교 로스쿨에 재직하고 있는 에이미 추아의 지도 학생이었던 J. D. 밴스가 쓴 논문이 기반이 된 책《힐빌리의 노래》는 이들의 상황과 정서를 잘 묘사하고 있다.

결과적으로 예전에 '아메리칸드림'과 중산층을 대표하던 백인 블루칼라 노동자를 비롯하여 거의 모든 계층이 미국 사회에 불만을 품고 불안감을 느끼고 있다. 이들은 연안 엘리트들이 미국의 부를 독점하면서 아메리칸드림을 폐지했다고 생각한다. 그들이 지지하는 부동산업자 트럼프와 같은 고전적인 대자본이 더 약탈적이고 부정한 방법으로 축재하는 것이나 자본주의의 구조적 문제점에 대해서는 크게 문제의식을 느끼지 못한다. 트럼프는 미국 노동자의 생활 양식이나 언어 습관을 체화하고 있기 때문에 '같은 편'이지만 세련되고 글로벌한 문화적 자본을 지닌 연안 엘리트들은 '뼛속까지' 다른 부족에 속하기 때문이다.

토마 피케티도《자본과 이데올로기》에서 고전적인 상인 우파와 구별되는 '브라만 좌파'의 출현을 지적한 바 있다. 미국에서는 민주당 지지자인 연안 엘리트들이 브라만 좌파에 해당하는데 이는 글로벌한 현상이다. '강남 좌파'로 대표되는 한국의 중산층 민주당 지지자들, 586 엘리트들이나 소위 '깨시민'으로 불리는 그룹이 이에 해당한다. 보수 우파 정당 지지자들 중 경제적으로 하층에 해당하는 사람들은 앞에서 설명한 미국 공화당 지지자 중 백인 하층 노동자와 농민과 통한다. 그래서 이들이 친밀감을 느끼는, 한국 일터의 문화 양식 규정 요소 중 하나인 '술자리 보스' 스타일의 윤석열 대통령을 두고 외신이 'K-트럼프'라고 부르는 것은 무리한 연상이 아니다.

우파 청년 정치를 대표하는 이준석은 코비드19 팬데믹 상황 초기부터 혐중 감정을 부채질했다. 윤석열도 이에 편승해 외국인 노동자 의료 보험 문제를 거론하며 특히 중국 출신 노동자들의 사례를 부각해 혐중과 외국인 노동자 혐오를 부추겼다. 이들의 열렬한 지지자로서 강한 부족적 결집력을 보여준 MZ세대 남성들 상당수는 이밖에도 페미니즘 혐오, 장애인 혐오 등 다양한 '갈라치기 전술'에 적극적으로 호응했다. 그런데 다른 혐오 대상과 달리 혐중은 '다른 부족'들에게도 공유되는 감정이다.

민주당 지지자들 중 '개딸'이라 불리는 MZ세대 여성들이나 민족주의적 성향을 보이는 MZ세대 중도 우파 남성들도 그러하다. 전자의 경우 가부장적인 중국 체제에 대한 생래적인 거부감이 있고, 후자의 경우 유사 역사학 등의 영향으로 중화 애국주의로 무장한 소분홍과 민족주의적 대립각을 세우고 있다. 소위 '문화 공정, 한복 공정, 김치 공정'

등은 중국 정부가 아니라 이들이 만들어 낸 조어다. 이들이 공통적으로 이데올로기화하는 'K', 특히 'K-민주주의', 즉 한국형 자유 민주주의는 중국에서 허용되지 않는다. 중국은 언론과 학문의 자유, 인권 의식 등이 부족한 국가이고 공산당 일당 독재 체제도 가까운 시일 내에 변화할 가능성이 없다. 그래서 중국은 이들에게 어쩔 수 없는 비호감 국가다.

부족주의의 특징 중 하나는 사안에 따라 재빠르게 적과 아군을 뒤바꾸며 헤쳐 모이는 것이다. 그렇게 보면 2번 지지 MZ세대와 1번 지지 MZ세대는 반중으로 대동단결이 가능하다. 1도 2도 아닌 '좌파 진보 세력'도, 권위주의를 넘어 전체주의적 리더십을 추구한다고 평가받는 시진핑과 그의 지지 세력에 대한 불만으로 반중 감정을 품는 경우가 있다. 그렇게 반중/혐중 감정을 중심에 놓고 보자면 이들은 '대한민국 부족 연합' 전선을 형성한다고 볼 수도 있다.

그렇다면 '대한민국 부족 연합'을 이룬 청년들의 중국에 대한 근본적 반감은 어디에서 기인할까? 만일 이들이 자신의 설명대로 이념 따위에 구애받지 않는 진정한 '현실주의자'라면, 나는 이들의 반중 감정은 한국의 미래 밥그릇을 강탈해 갈 잠재적 적국인 중국에 대한 공포감에 기인한다고 생각한다.

김치라 쓰고 K-컬처라 읽는다

이런 관점으로 올림픽에서 문제가 된 한복, 김치, 그리고 쇼트트랙

이 한국의 MZ세대에게 무엇을 의미하는지 한번 따져 보자. 공교롭게
도 쇼트트랙이야말로 한국과 중국 두 나라 모두 동계 올림픽 종목 중
거의 유일한 메달밭이다. 동시에 점잖은 개인 기록경기가 아니라 치열
한 몸싸움을 통해 네가 죽어야 내가 사는 제로섬 게임이다. 승자가 되
기 위해서는 가장 빨라야 할 뿐 아니라 견제라는 명목으로 반칙이라고
판정받지 않을 수준에서 상대를 가로막고 밀치거나 붙잡을 수 있는 능
력을 갖춰야 한다. 그것도 자기 '부족과 협업해서' 이런 '비신사적인 임
무'를 수행한다. 우리 부족 중 한 명을 승자로 만들기 위해 개인의 희
생도 마다하지 않는다.

한국은 오랜 기간 이 종목의 최강자였는데 과거 한국을 대표하던 쇼
트트랙 선수 출신 코치들이 '지능적 반칙'을 포함한 여러 기술을 지도
해 중국 선수들을 메달 유망주로 키워 냈다는 것은 더욱 의미심장하
다. 한국을 따라잡거나 제치기 시작한 중국의 제조업은 한국의 '코치'
를 받아 가며 성장한 부분도 적지 않다. 어떤 의미로든 한중의 쇼트트
랙 대결은 한국과 중국의 경제 이익이 충돌하면서 살벌한 부족 간 생
존 경쟁이 벌어지는 현실과 미래 상황에 대한 의도치 않은 알레고리가
될 수밖에 없다.

나는 한복과 김치 논쟁에 대해 한국이 대다수 중국인의 의도를 매우
크게 오해하고 있다고 생각하지만, 지금은 자세한 언급은 생략하고 싶
다. 한복과 김치는 그 자체로 중요한 게 아니라 이 요소들이 한국이 자
랑하는 K-컬처의 환유라는 점이 핵심이다. K-컬처는 한국에게 있어
현재와 미래의 먹거리 산업으로서의 상징성이 크고 그 무대의 주역들
이 바로 BTS와 같은 MZ세대다.

중국인들은 K-컬처를 어떻게 받아들일까? 그들은 한국의 K-컬처가 세계 문화 시장에서 달성한 성과를 부러워한다. 국제적 흐름에 민감한 문화계 종사자나 코어 소비층의 경우 어느 정도 질투심도 품고 있다. 그리고 시진핑의 '중국몽' 중 하나는 중국 문화의 해외 수출이다. 이 꿈만큼은 소분홍뿐 아니라 시진핑을 반대하는 자유주의적 성향이 강한 지식인과 힙스터들도 공유한다. 중화 문명의 굴기에 대한 민족주의적 기대까지는 가지 않더라도 미국과 서구가 지배하는 문화 담론 안에서 '왕따'를 당하는 중국인의 처지가 이들이라고 달가울 리 없다.

그래서 부지불식간 문화 산업을 두고 양국 국민 사이에 경쟁 심리가 싹튼 것이다. 나는 2023년 설 연휴 직전에 아내와 함께 드라마 〈이상한 변호사 우영우〉를 재미있게 봤고 그러고 나서는 공평하게 중국의 최신 드라마를 함께 봐야 했다. 마침 중국의 대표 OTT 중 하나인 텐센트에서 중국의 걸작 SF 《삼체》의 드라마가 공개되었기에 보기 시작했다. 삼체 '미迷'(팬덤을 뜻하는 중국어. 예를 들어 축구팬을 치우미球迷 라고 부른다)인 아내는 텐센트 유료 사용권까지 구입해 정주행했지만 나는 너무 지루해서 중도 포기했다. 그게 미안해서 같은 시기에 공개된 쌍쉐타오雙雪涛 소설 원작의 드라마 〈평원 위의 모세平原上的摩西〉를 보는 것으로 균형을 맞춰야 했다. 이 드라마는 만족스러웠으며 쌍쉐타오의 또 다른 작품에 대한 평을 이 책의 4부에 소개한다.

쇼트트랙과 마찬가지로 중국 대중문화의 호기로운 발전에서 한국 문화의 영향을 지울 수 없다. 한중 두 나라 모두 일본이라는 프로토타입을 가지고 있지만 중국 대중문화의 급속한 발전을 추동하는 인터넷 문화와 팬덤 문화를 유심히 관찰하면 예전 광고 카피 같은 '내 남자의 향기' 혹은 'K의 광끼'가 느껴진다. 예를 들어 지금 세계 게임 시장에서 한국을 압도해 버린 중국의 대표 게임 '원신原神'의 성공 비결 중 하나인 '확률형 아이템'을 처음 개발한 것은 일본이다. 하지만 아직도 이 모델로 먹고사는 것이 바로 한때 중국 게임 시장의 70퍼센트를 점유했던 한국 게임이라고 한다. 그래서 이런 '추격자형' 발전 경로를 보면 한국인들이 현재의 우위에도 불구하고 중국 대중문화의 성장 가능성에 대해 큰 불안감을 느끼는 것은 이상하지 않다. 만일 검열 제도라는 내부 족쇄와 미국의 '중국 악마화'라는 외부 족쇄가 풀린다면 중국 문화가 빠르게 굴기할 가능성은 꽤 높다. 아동과 청소년을 대상으로 하는 게임이나 애니메이션처럼 이 구속의 영향을 덜 받을 수 있는 장르에서 중국 콘텐츠가 두각을 드러내는 것이 그 방증이다.

다시 말하지만 '한복, 김치, 쇼트트랙'은 맥락과 함께 각각의 사안들을 냉정하고 디테일하게 따져 보면 세간의 상상과는 달리 양 국민 모두 그다지 흥분해야 할 이유가 없는 해프닝에 불과하다. 반면 중국 어선들의 한국 영해 침입과 어족 남획은 한국인의 이익이나 한국의 주권을 침해하는 행위이다. 미세 먼지도 절반 가까이 중국에서 날아온다고 하니 간과할 수 없다. 한국 정부가 주권 국가로서 중국 정부에 당당히 협력과 시정을 요구해 성과를 내지 않으면 반중 감정이 생겨나는 것을 막을 도리가 없다. 하지만 '한복, 김치, 쇼트트랙'에 대한 논쟁이 다툼의 내용도 부실하고 실익은 별로 없는데도 불구하고 실제로는 반중과 혐중 정서를 더 심하게 자극한다. MZ세대가 염려하는 한중의 문화적 패권 다툼과 경제적 이익 충돌에 대한 공포감이 근본적 원인이기 때문이다. 그래서 한국 청년 세대가 중국에 대해 품게 된 공포감은, 문제

해결에 도움이 되지 않는 거친 감정 분출이 아니라 지혜로운 방법으로 해소되어야 한다.

차이나 플랫폼과 천하삼분지계

그 역할을 해야 하는 것이 정치, 경제, 그리고 각계의 전문가와 리더들이다. 미디어도 예외가 아니다. 정치권과 함께 반중 감정 선동에 앞장서는 일부 언론 종사자들은 스스로를 이 사회의 엘리트라고 생각한다면 이 점을 심각하게 고민해 보길 권한다.

중국은 많은 이가 소망하거나 상상하는 것과 같은 골리앗이 아니다. 우리가 스스로를 다윗으로 상상하면서 '야훼의 돌멩이' 하나를 던져 물리칠 수 있는 존재가 전혀 아니다. 중국은 인류의 고문명 중 아직까지 문화적 전승을 유지한 채 강력한 민족과 국가 공동체를 이루고 있는 유일한 나라다. 중국인들이 가진 단 하나의 신앙은 특정 종교가 아니라 '생존', 중국어로 표현하면 '휘져活着'라는 농담 같은 진담이 있다. 위화余華의 소설이 원작인 장이머우의 초기 대표작 영화 〈인생〉의 중국어 원제가 바로 이 단어다. 인류 역사에서 우리 민족이 과연 중화 민족보다 더 오래 존속할 수 있을지 장담하기는 쉽지 않다.

중국은 미국과 그 동맹국들이 어떤 식으로 공략을 하든 시간이 지남에 따라 미국과 동등한 역량을 가지거나 추월할 가능성이 높은 나라고 앞으로도 계속 우리와 공존해야 하는 이웃이다. 그렇다면 우리는 어떤 방식으로 이들과 오랜 기간 평화롭게 지낼 수 있을까?

그 대답 중 하나는 중국을 우리와 동등한 경쟁국이라고 여기기보다 하나의 플랫폼으로 간주하고 잘 활용할 방법을 고민하는 것이다. 마치 현재 우리가 미국이라는 세계의 슈퍼파워를 대하는 것과 같은 방법이다. 처음에는 어렵겠지만 우리는 부득불 이 상황에 익숙해져야 한다. 실은 100년 전 일본의 식민지가 되기 전 조선 왕조에서 우리 조상들이 능숙하게 해 왔던 일이다. 예전에는 중화가 중심이 되는 '천하' 세계 하나뿐이었지만 지금은 미국이라는 플랫폼이 존재하고, 중국도 미국도 아닌 제3지대의 결성도 고려해 볼 수 있다. 즉, '몰빵'하지 않아도 된다. 훨씬 가벼운 마음으로 '골라 먹는 재미'를 누리면서 해 볼 수 있다는 뜻이다. 이 책은 중국을 주제로 하고 있기 때문에 중국과의 관계에 대해 집중하고 있지만, 나와 독자 여러분들은 한반도가 200년 전처럼 중국의 세계관과 영향력에 일방적으로 포섭되는 '리차이나ReChina'를 바라는 게 아니다. 그렇게 되면 중국, 일본, 미국이라는 종주국 위치가 한 바퀴 돌아 다시 중국으로 넘어가는 것에 불과하다. 물론 균형을 맞추기 위한 긴장은 항상 존재할 것이다. 그런데 원래 한국인들은 이런 긴장감 넘치는 게임 같은 세상인 '재미난 지옥'에서 살아가는 것을 즐기지 않았던가?

그래서 나는 한국이 결국 3가지 트랙을 동시에 타야 한다고 생각한다. 첫째, 여전히 미국을 위시한 서방 핵심 국가와의 관계를 중시한다. 그리고 그들의 반중 혹은 중국 배제 전략에 조금 기대어 갈 수도 있다. 하지만 우리가 나서서 반중을 할 필요도, 그래야 할 이유도 없다. 중국 사람들은 한국을 그리 싫어하지 않는다. 중국이 우리에게 끼친 해가, 우리가 중국에게 본 덕보다 더 크다고 생각하지 않는다. 미국과 서구가 중국을 싫어해 이러저러한 일을 벌이겠다고 하면 우리는 그냥 못 이기는 척 중국에게 밉보이지 않을 정도로 뒤에서 살짝 거들기만 하면 된다. 절대로 앞에 나서서 대리전을 치루어서는 안 된다.

둘째, '비중비미非中非美'를 해야 하는 우리와 비슷한 입장의 나라들과 함께 연대해야 한다. 경제학자 고故 정태인이나 《한겨레》의 논설위원 박민희도 이런 주장을 한 적이 있다. 이를 제3지대 연대론이라고 명명했다. 가장 좋은 연대 상대는 물론 아세안 국가들이고 한-베트남처럼 지속적으로 돈독한 관계를 유지하면서 상호 협력해야 한다. 여기서 전제는 이들이 우리보다 뒤처져 있다며 얕보는 태도를 버리는 동시에 이들이 우리의 생존에 꼭 필요한 존재임을 인정하고 그만큼 존중하는 것이다. 한국인들은 자신이 설정한 도덕적, 문화적, 물리적 위계에 따라 상급자에 굴종하고 하급자에 군림하려는 오랜 습관을 버리지 못하면 파트너들에게 신뢰와 존경을 얻지 못할 것이다.

이러한 제3지대 협력 관계에서 일본은 좋은 파트너가 될 수 있을까? 국가 대 국가의 관계, 특히 안보 측면에서는 섣불리 판단을 내리기 힘들지만, 민간 차원에서는 충분히 이런 방향으로 협력할 수 있지 않을까 생각한다. 실제로 싱가포르와 같은 나라는 우리가 흔히 알고 있는 것과 달리 일본이 제시한 '인도-태평양 계획'을 안보 전략 이상으로 해석한다. 싱가포르 관영 매체인 CNA의 보도를 보면 일본이 오랜 기간 아세안 국가들의 인프라에 투자해 온 것은 단순히 역내에서 중국과의 경쟁을 의식한 것뿐 아니라 미중 갈등의 영향을 덜 받기 위해 독자적인 경제 권역을 꾸리려는 장기적 포석이었다는 것이다. 대표적인 예가 일본이 오랜 기간 진행 중인 2개의 아세안 경제 회랑이다. 이는 베트남에서 출발해 동서 간에 캄보디아와 라오스, 태국을 거쳐 미얀마에서 인도양으로 이어진다. 동남아시아 지리학 연구자 엄은희에 따르면 원래 이 계획은 '대메콩강 유역 개발 계획GMS'의 일환으로 추진되어 온 것이라고 한다. GMS에는 중국 역시 남북 간 인프라 개발 계획에 참여하고 있고, 한국도 일부 주도하는 프로젝트가 있다. CNA의 인터뷰에 의하면 아세안 지역 국가의 리더들은 누가 주도하고 참여하는가와 상관없이 인프라가 만들어지는 것이 지역 번영에 도움이 될 것이라는 점을 분명히 인식하고 있다.

셋째, 중국을 역시 플랫폼으로 활용하는 것이다. 중국과 협력하거나 관계가 있는 부분에서는 오히려 중국을 지지대로 하는 착생着生 식물 같은 자세를 취하는 것이 현실적일 수 있다. 조금 더 중립적으로 표현하자면, 중국을 플랫폼으로 여기고 플랫폼을 이용하는 참여자로 스스로를 포지셔닝해야 한다는 뜻이다.

이렇게 3가지 전략을 영역과 규모에 따라 적절히 조합해 구사한다면 지금처럼 중국과 미국에 절대적으로 의존하다가 낭패에 빠지는 일은 없을 것이라고 생각한다. 복잡한 상황이지만 우리의 지정학적 운명으로 받아들일 수밖에 없다.

'중국은 곧 플랫폼'이라는 나의 설정이 마음에 잘 와닿지 않는다면 넷플릭스와 틱톡의 예로 설명하겠다. K-드라마가 세계인들의 안방에 소개된 것이 넷플릭스 덕이라는 이야기는 모두 알지만, K-팝이 전 세계적으로 유행하는 데 세계 청년들이 틱톡을 통해 K-팝 흉내 내기 밈을 퍼뜨린 것이 큰 기여를 했다는 이야기는 잘 하지 않는다. 틱톡은 전 세계적으로 10억 명이 넘는 사용자를 확보하고 있으며 이 중에는 미국을 비롯한 서구 사회 젊은이도 적지 않다. 그래서 미국 정부가 그렇게 경계하는 것이다. 외적인 이유는 사용자들의 사적인 정보가 중국 정부의 스파이 활동에 노출되는 것이라고 하지만 또 다른 이유는 플랫폼과 그 알고리즘을 지배하는 자가 담론과 여론을 장악할 수 있다는 두려움 때문이다. 미국 정부의 우려와는 별개로 중국 혹은 중국 기업들이 이미 자신만의 플랫폼을 만들어 나가고 있는 것은 이렇게 기정사실이 되었다. 한 가지 예를 더 들자면 텐센트, 아이치이, 여우쿠와 같은 중국 OTT들이 모두 중국 국내와 별개로 인터내셔널 플랫폼을 가지고 있다는 사실이다. 현재 중국산 OTT들은 주로 동남아시아의 화교권 시장을 겨냥해 영향력을 확대하고 있다. 또 넷플릭스, 디즈니, HBO 같은 미국산 OTT가 관심을 갖지 않는 세컨드 티어, 서드 티어의 K-드라마와 콘텐츠의 해외 판권을 많이 확보하고 있다는 사실은 시사하는 바가 적지 않다.

이런 식으로 중국 사람들과 레드 오션식 경쟁보다는 블루 오션식 협력 관계를 유지하는 판을 어떻게 짤 수 있을지에 대한 고민이 필요하다. 하지만 한국에 머물면서 이리저리 머리를 굴리고 고민한다고 해서 답이 나오지 않을 거라고 생각한다. 결국 예전처럼 많은 이가 중국으로 건너가 직접 몸으로 체험하면서 경험을 쌓아 갈 수밖에 없다. 현지에서 창업을 하는 것도 좋은 방법이다. 예를 들어 중국이 계속 K-컬처의 진출을 막는다면 중국에 들어가 현지화된 K-컬처를 직접 만들어 내면 된다. 중국은 사드를 이유로 한한령을 시작했지만 K-컬처가 가진 정치적 잠재력 등의 이유 때문에 다시 문을 열기가 쉽지 않다. 결국 중국 땅에서 중국 상황에 맞는 것을 만들어 내는 것이 하나의 우회로

가 될 수 있다. 그리고 플랫폼 운용에서 중요한 것은 단기적으로 목전의 배당금을 많이 '땡겨 가는' 것이 아니라 직접 주주가 되어 플랫폼의 지분을 확보하는 것이다. 그렇게 하려면 중국을 더 많이 알아야 하고 중국인들과 직접적인 관계를 맺어야 한다. 특히 변화에 빠르게 적응할 수 있고 수용성이 높은 젊은이들이 중국으로 가서 그 일에 참여해야 한다. 과거의 열등감과 우월감에서 자유로워진 한국과 일본의 젊은이들이 스스럼없이 어울리게 된 것은 어느 정도 시사점을 준다. 물론 그들이 타국에서 자신만의 길을 만들어 나갈 수 있도록 기초적인 조건들을 지원하는 것은 우리 기성세대의 몫이다.

이렇게 새로운 관계를 맺을 때 특히 유의해야 하는 것은 조선족 동포들과의 관계다. 우리는 한국에 와 있거나 중국의 한인 커뮤니티에서 쉽게 마주치던 과거의 조선족 동포들을 스테레오 타입으로 떠올린다. 한국의 영상물은 이를 '한국인을 등쳐 먹는' 부정적인 이미지로 끊임없이 재생산한다. 조금 더 정치적으로 올바르게 대하고자 해도 그들을 아래로 내려다보는 시각에서 벗어나기 힘들다. 나도 여기서 자유롭지 않다.

나는 중국인들의 주류 사회에 섞여 사는 3세대, 4세대 엘리트 조선족 동포들을 접할 기회가 여러 번 있었다. 그들은 한국말을 잘 못 하고 굳이 한국과 엮이고 싶어 하지 않는다. 충분히 한화하여 스스로의 능력만으로도 중국 사회에서 잘살고 있는데, 자기들을 악마화하고 무시하는 한국인들과 굳이 어울릴 이유가 없다는 것이다.

한중 수교 초기에 중국에 진출해 기업을 운영하며 크게 성공했다가 믿고 있던 조선족 동포 부하 직원의 배신 때문에 패가망신한 사례가 적지 않다고 들었다. 이런 사례들이 반중 감정 확산에 크게 기여했다. 피해를 입은 이들이야 분을 삭이기 힘들겠지만 제3자 입장에서 자신을 배신한 조선족 동포들이 줄곧 한국 사람들에게 어떤 감정을 품고 있었을지 상상해 봤으면 한다. 앞에서 이야기한 '르상+'를 그들의 심리에 적용해 봐도 좋다.

나는 상하이에 거주할 때 비자 문제를 해결하기 위해 조선족 동포가 제공하는 서비스를 이용하면서 가격에 비해 서비스 품질이 형편없다고 분개한 적이 있다. 그런데 나중에 같은 서비스를 제공하는 재중 한국인 기업의 가격이 터무니없이 높은 것을 발견했다. 재화와 서비스의 가격과 품질을 결정하는 것은 시장의 구조와 환경이지, 그 시장 참여자들의 본질적인 자질과 덕성이 아니다. 사람들 간의 관계도 마찬가지다. 그들의 행동과 태도를 결정한 것은 경제적 권력관계이지, 본질적인 문화가 아니다. 한국인과 조선족 동포들의 관계 변화는 한중 관계 변화의 축소판일 수 있다. 이제 파트너를 대하는 자세로, 우리보다 중국 사회와 문화를 훨씬 더 잘 이해하고 언어 구사에도 불편이 없는 그들을 찾아 도움을 청해야 한다.

아직 끝내지 못한 동계 올림픽 이야기

동계 올림픽 이야기로 시작했으니 같은 소재로 글을 마무리하고자 한다. 나는 원래 국가 대항전인 올림픽이나 월드컵처럼 민족주의 아드레날린이 최고치로 분비되는 스포츠 이벤트를 좋아하지 않는다. 평창 동계 올림픽이 열릴 때도 뉴스를 챙겨 보지 않았고 차기 개최국이 어느 나라인지도 몰랐다. 폐막식이 열리고 있을 때 오랜만에 헤어진 중국인 '전 여친'이 문자 메시지를 보내와 컴퓨터를 켰다. 평창 올림픽의 성공을 축하하고 이런 분위기가 베이징 올림픽으로 이어지는 것을 자축하는 우정의 메시지였다.

개인적으로는 고마웠지만 솔직히 중국이 무리하게 동계 올림픽을 유치한 것이 불편하게 느껴졌었다. 중국에서는 원래 동계 스포츠에 대한 시민들의 관심이 그리 높지 않은 편이어서 올림픽을 개최하는 것은 정치적 목적에 부합할 뿐이라고 느껴졌다. 물론 베이징 올림픽을 통해 중국 시민들의 관심이 급증했다는 뉴스를 보면 동계 스포츠를 진흥시키고 경제에도 보탬이 되려는 목적을 가졌다고 이야기할 수도 있다. 하지만 나는 이런 설명에도 동의하기 힘든데, 중국에서 동계 스포츠가 활성화되지 않은 이유에는 단순히 경제 수준뿐 아니라 지리와 기후적 요소가 있기 때문이다. 경제가 발달한 연안 지역이나 베이징과 같은 건조한 내륙 도시에서는 눈을 보기 힘들다.

중국에서 가장 자연스럽게 동계 스포츠를 즐길 수 있는 지역은 아마 둥베이일 것이다. 한국인들의 억장을 무너지게 한 중국인 쇼트트랙 금메달리스트가 바로 이 지역 출신이다. 둥베이 지역은 동계 스포츠에는 좋은 환경을 가지고 있지만 기반 시설이 매우 취약하고 경제가 갈수록 퇴조해 인구가 지속적으로 감소하는 곳이다. 만일 중국이 동계 올림픽을 통해 동계 스포츠 문화 활성화와 경제적 효익을 함께 누리고 싶었다면, 시간이 좀 걸리더라도 마땅히 둥베이 지역을 중국 동계 스포츠의 메카로 활성화시키는 노력을 먼저 취했어야 한다. 중국 전역의 관광객들이 둥베이를 찾아 동계 스포츠를 즐기면 그 지역 경제에도 큰 보탬이 됐을 것이다. 이런 준비가 이뤄진 후 둥베이 지역과 베이징 등을 엮어 올림픽 경기를 치르면 눈이 잘 내리지 않는 베이징에 100퍼센트 인공설을 이용하는 스키 경기장을 만들 필요도 없었을 것이고, 올림픽을 전후해 둥베이 지역을 활성화시키는 큰 효과를 거둘 수 있었을 것이다.

그런데 나는 평창 올림픽 직후나 베이징 올림픽을 전후해 이런 분석을 하는 한국 매체를 본 기억이 없다. 평창 올림픽이 남북 관계의 긴장 완화에 도움이 되었고 중국이 이를 간접 지원했기 때문에 베이징 올림픽을 긍정적으로 수용하는 여론이 오히려 높았던 것으로 기억한다. 이런 여론은 2021년 중반까지 이어졌고, 올림픽 기간이 임박해서는 대선 정국을 비롯한 국내 뉴스에 묻혀 한국 사회는 베이징 올림픽에 완전히 '관심을 끄고' 있었다.

그리고 한복과 쇼트트랙 사건이 터졌다. 그 이후 한국 매체의 베이징 올림픽에 대한 보도 태도에 나는 상당한 실망감을 느꼈다. 한쪽에서는 중국의 애국주의를 비판하면서 다른 한편에서는 한국 선수들의 메달 소식에 과도하게 감격의 눈물을 흘리는 모습을 받아들이기 힘들었다. 변명의 여지가 없는 '내로남불'이다. 중국 정부가 셀링 포인트로 삼았던 하이테크 올림픽의 상징인 로봇 식당의 음식이 맛없다고 불평하는 모습은 정말 최악이었다.

사실 이 시스템을 갖춘 식당은 올림픽 개최 이전에도 이미 중국 내 몇몇 대도시의 명물로 자리 잡았다. 맛집이라 칭송받지는 못해도 구경거리로는 널리 알려진 곳이다. 동아시아인들의 정서상 '이웃집 잔치에

덕담은 못할망정 재를 뿌리는' 식의 행동이 개최국인 중국 시민들에게 어떻게 받아들여질지 불을 보듯 훤했다. 한국 언론은 베이징 올림픽의 모든 면이 최악이라고 주장했는데 주의 깊게 영어권 매체들의 보도를 검색해 본 결과 한국 언론의 보도는 상당한 혐중 편향이 들어 있었다는 것이 내 판단이다. 서구 언론들은 올림픽 개최 전 외교적 보이콧의 원인이 된 인권 문제나 환경 문제, 그리고 과도하게 느껴지는 중국식 방역 정책에 대해 비판의 목소리를 높였다. 하지만 올림픽이 시작된 후에는 경기나 행사 자체에 집중하는 모습이었고, 큰 탈 없이 진행된 운영에 대해서는 이의를 제기하는 모습을 찾아볼 수 없었다.

한국 미디어의 보도 태도에 실망한 와중에 몇몇 셀럽 지식인들이 올림픽이 끝난 후에도 자신의 유튜브 채널에서 같은 주장을 반복하고 있다는 사실을 알고 또 놀랐다. 이들은 국내 여론뿐 아니라 해외 시각을 함께 객관적으로 비교해 볼 만한 위치에 있다고 생각했기 때문이다. 한국의 매체와 전문가들은 속 좁게 이웃을 깎아내리는 일에 전념하는 대신 '윈윈윈' 미래에 대한 상상을 제시해 볼 수는 없었던 것일까? 평창에서 못다 이룬 꿈을 실현시키는 이야기 같은 것 말이다. 이를테면 한국의 투자 참여와 지원하에 북한과 중국이 둥베이에서 공동 개최하는 미래의 동계 올림픽도 그런 그림 중 하나가 될 수 있겠다.

방법으로서의 자기,
방법으로서의 K

하자센터에서의 추억

딱 10년만이다. 2022년에 두 번째 책을 번역하면서 첫 번째 책을 번역할 때를 떠올렸다. 나는 2012년에 서울 영등포구에 위치한 하자센터의 설립자이자 문화 인류학자인 조한혜정 선생의 권유로 일본 도치기栃木현 나스那須라는 농촌 지역에 있는 자급자족생활교육센터에 머물고 있었다. 그리고 이 센터를 만든 일본인 후지무라 야스유키 선생의 책을 한국어로 번역했다.

하자센터는 청소년을 위한 대안 교육 기관인 동시에 다양한 사회적 의제를 실험하는 공공 공간이다. 돌봄, 교육, 인문학, 예술과 기술, 창의성, 공동체, 생태주의와 관련한 한국 사회의 변화와 대응을 의제로 품고 있다. 일본에서 돌아온 후 이곳에서 2년 정도 머물렀다. 원래 마음에 품고 있던 '동아시아의 대안적 근대 찾기'라는 주제 의식에 3년 간의 경험들을 조합해 나름의 목표를 세웠고 2015년에 중국으로 건너 갔다.

동아시아와 근대에 대한 고민은 사회 문제나 역사의식 같은 추상적 인 사유에서 비롯했다고 말하고 싶지만, 진짜 이유는 내 첫 커리어인 14년간의 다국적 컨설팅 기업 근무 경험이다. 나는 이 업계에 있으면 서 서울뿐 아니라 홍콩, 베이징, 싱가포르, 도쿄에서 일할 기회를 얻었 는데 서구인들이 지배하는 기업 문화와 그들의 목표 속에서 우리 로컬 직원들은 늘 도구나 수단으로 여겨지는 것이 분하게 느껴졌다. 우리는 주권 국가의 국민들이지만 실제로는 여전히 식민화된 환경에서 일하 고 있다는 생각이 들었다. 중국에 관심을 가지게 된 것도, 서구의 담론 과 권력이 지배하는 세상에서 아시아인들이 자기 일과 삶의 주인이 되 려면 서구에 맞설 만한 주도 세력으로서의 맏형이 필요하다고 느꼈기 때문이다. 일본은 전전이든 전후든 그 사업에 실패했다는 것이 내 주 관적인 판단이었다.

나는 연구자나 언론인과 같은 직업적 지식인이 아니라 생활인으로 서, 혹은 활동가로서 개인적인 불만 때문에 동아시아 담론과 근대에 대해 이와 같은 사유를 이어 갔지만, 100년 전 중국과 조선 반도 출신 지식인들은 대단히 절박한 심정으로 같은 고민을 했던 것으로 보인다. 중국인 연구자 주효뢰周曉蕾, ZHOU Xiaolei에 의하면 근대의 조선 지식인 들은 근대의 참조점으로서 일본과 서구를 우선 주목하고 동시에 동병 상련 처지에 있던 중국의 근대화에 대해 관찰한단다. 그런데 특히 서 구 사회를 극복과 투쟁의 대상인 대립 항으로 설정할 때, 조선의 지식인들은 능력이 부족한 자기 민족의 한계를 극복하기 위해 동아시아라는 더 큰 주체의 울타리를 설정하고 이 울타리 안의 맹주를 찾는 경향을 보인다고 한다. 그것은 오래된 종주국이자 반제 연대의 동맹으로서 중국이기도 하지만 일찍 서구 문물을 받아들여 성공했던 부러운 이웃 일본이기도 하다.

특히 1930년대 이후 이미 식민지 주민으로서 상당 부분 내선 일체의 정체성을 획득한 후에는 '친일' 의식 이상의 주도성을 가지고 일본 제국의 대동아 공영권 구상에 참여했던 것으로 보인다. 이것은 다분히 오랜 기간 사대주의에 익숙해진 조선인들의 자연스러운 선택일 수 있다. 이후로 100년간 일본이나 미국에 대한 종속성을 견지해 왔던 한국 사회에서 살아온 내 경우도 이와 다르지 않았다고 생각한다.

중국으로 건너와 목표대로 생태 교육과 생활 공동체 만들기를 시도했다. 한편으로는 이곳이 동아시아 청년 교류의 거점이 되기를 희망했다. 반년가량 중국 전역의 생태 농장 등을 돌아보고 상하이 근교의 한 마을을 낙점했다. 2년 가까운 시도 끝에 실패를 인정하고 광저우로 이주했다. 이번에는 마을 친구들이 느슨한 관계를 맺고 있는 커뮤니티 안에 머물면서 한중 교류에 더 많은 노력을 기울였다. 그리고 광둥, 홍콩 대만 등 내가 살고 있는 중화권 남부 지역에 활동과 네트워킹 거점들을 더 집중시켰다.

코비드19 팬데믹 2년 차에 한중 관계가 급격히 악화되면서 한국에 있는 지인들의 도움과 소개로 대중 매체에 글을 쓸 기회를 얻었다. 한 일간지에 중화권에서 출간되는 서적의 서평을 연재하게 된 것이다. 그 때부터 중국 문화와 사회를 폭넓게 모니터링하기 시작했다. 한국에 출간되지도 않은 책 한 권에 대한 짧은 소개는 별 의미가 없다고 느꼈고, 책 소개를 구실로 당대 중국의 문화와 사회 현실, 그 배경이 되는 맥락과 역사를 함께 소개하고 싶었다.

서평으로 소개한 책 중 내가 번역한 두 번째 책 《방법으로서의 자기》가 있었다. 2020년 출간된 이래 20만 부가 팔린 이 책은 중국 내에서 MZ세대 지식인과 청년 세대를 중심으로 일종의 신드롬을 만들어냈다. 저자는 독일 막스플랑크 사회인류학 연구소 소장인 중국 출신 인류학자 샹뱌오다. 중국 근현대사와 사회에 대한 그의 통찰은 남달랐다. 동아시아라는 주제도 다른 각도로 돌아볼 수 있게 되었다. 나와 동년배인 그가 걸어온 끊임없이 유동하는 삶의 궤적 속에서, 나 자신의 경험과 생각을 어느 정도 발견할 수 있었던 것이 감정 이입을 도왔다.

책을 번역하면서 서평을 쓸 때보다 훨씬 꼼꼼하게 저자의 생각을 읽을 수 있었다. 내 생각을 정리하는 데에도 많은 도움이 되었다. 그의 제안들이 오히려 중국보다 한국 독자들에게 더 도움이 될지도 모른다는 생각이 들었다. 왜냐하면 이 책의 제목이 말하는 것처럼 그는 '방법으로서의 자기'라는 사유법을 제안하고 있기 때문이다.

원래는 '방법으로서의 아시아'가 있었다. 다케우치 요시미竹内好라는 일본 학자가 쓴 글이다. 그는 루쉰을 연구하면서 일본과 아시아의 근대를 치열하게 고민했다. 중일 전쟁에 참여한 그의 경험은 연구와 삶이 연계된 사유의 깊이를 가져왔다. 그 후 '방법으로서의 중국과 아시아'가 후배 연구자들에 의해 '동아시아 담론'으로 이어졌다. 책을 읽기 전에는 샹뱌오도 그 논의를 계승하고 있을 것이라고 짐작했다. 그런데 아니었다. 그가 이야기하는 '방법으로서의 자기'는 그저 수사학이 아니었다. 실재 없이 기호화한 동아시아 담론의 부실함에 대해서도 날카롭게 비판했다. 자기 삶이나 일상의 필요와 문제에서 출발하지 않은 담론은 생명력이 없어 오래가지 못한다고 했는데 동아시아 담론은 이미 그런 운명에 처해 있다.

중국인은 근대에 들어오면서 길을 잃었지만 아주 오랜 기간 '방법으로서의 자기, 중화中華'에 익숙한 사람들이다. 중국인들은 시간이 결국 자기편이라고 생각한다. 제3자인 내가 보기에도 앞으로 10년 후가 될지 30년 후가 될지 모르지만 미국과 서구 콤플렉스를 극복하고 결국 자신만의 세계를 복원할 것이다. 물론 소위 중국 중심의 질서인 '팍스 시니카'가 미국 중심의 '팍스 아메리카나pax Americana'를 대체하는 또 다른 패권적 사고일지, 아니면 보다 평화롭고 평등한 세계를 지향하는 새로운 질서에 대한 비전일지 아직은 예단하기 어렵다.

더 중요한 것은 중국이 아니라 결국 '우리'들일 것이다. 한반도에 사는 사람들은 한 번도 자기를 방법으로 삼아 본 경험이 없다. 대국들의 힘이 정면충돌하는 위치에 놓인 지정학적 운명 탓이다. 우리는 짧게는 500년, 길게는 1000년 넘도록 중화라는 방법에 의탁해야 했다. 그리고 식민지와 산업화 시기를 거치며 100년간 일본이라는 방법을 거울로 삼았다. 이제 30년 가까이 미국이 제시하는 '글로벌 스탠다드'가 우리 삶의 척도가 되고 있다. 사고방식과 생활 양식은 준서구인이 되어 버린 MZ세대를 보며 놀라움을 금치 못한다.

그래서 김어준이 신나게 명명하던 'K'에 대한 갈망과 이에 대한 대중의 열렬한 호응은 한편으로 충분히 이해가 간다. 나도 촛불 시위로 대표되는 K-민주주의, K-방역, K-컬처의 예상치 못한 성공을 보면서 그들의 언설에 반신반의했다. 드디어 '방법으로서의 K'의 시대가 온 것인가?

유연한 경계 국가

뭔가 이야기가 잘못 흘러가고 있음을 느낀 것은 K-문명이라는 말을 들었을 때부터다. 서구 문명과 중화 문명의 상대적 배치에 특별한 관심을 가지고 눈여겨봤던 입장에서 K-문명이라는 말은 무척 낯설게 들렸다. 한국의 지식인들과도 교류가 많은 중국학자 쉬지린이 문명의 특성을 설명하면서 이런 말을 한 적이 있다. "조선 문명이나 베트남 문명이라는 말은 성립하지 않죠." 한국인이 듣기에 불편할 수도 있지만 단순히 한국이나 베트남을 무시하는 발언은 아니다. 문명이 주변으로 전파 가능한 일종의 '거대한 보편성의 체계'를 의미한다고 할 때 한국이라는 체급의 나라가 특정 문명의 담지자가 된다는 것은 어색하게 들릴 수밖에 없다.

세계적 강대국이거나 세계 제국을 건설했던 나라들이지만 프랑스 문명, 독일 문명, 영국 문명이라고 말하는 경우는 거의 없다. 그저 '서구 문명'의 일부일 뿐이다. 한국이 이미 선진국으로 발돋움해서 인근 지역이나 세계로 전파되는 어떤 문화와 표준을 만들어 내고 있다고 해도, 이것은 과거 문명을 자양분 삼아 우리의 장점을 더하면서 지역 혹은 인류의 보편 문명 건설에 기여하는 것으로 보는 것이 더 타당하다. 문명의 몇몇 요소만 편의적으로 골라 K-문명이라고 주장하는 것은 포장이 화려하고 맛이 자극적인 조미료 범벅의 과자를 과대 광고하는 것처럼 느껴진다.

문명이나 문명화가 국가와 정부를 형성하기 위한 정치 담론이라는 아나키스트적 비판 관점으로 보면 문명 담론에 대한 집착은 강대한 국가와 유사 제국 건설의 욕망으로 느껴지기도 한다. 중국 서남부와 동남아시아, 인도에 걸쳐 있는 주요한 국가 형태와 이 국가들에 인접한 고산 지대의 소수 민족을 연구한 인류학자 제임스 스콧James Scott은 문명과 야만에 대한 이분법적 사고가 초기 국가 형태의 기초를 제공한 노예의 포획과 관련이 있음을 논증한다. 문명 담론의 담지자인 국가는 세금과 부역, 전시의 군역을 제공하는 신민을 확보할 필요성이 있었고 전쟁과 약탈을 통해 사로잡은 자유민을 노예, 그리고 정착 농민으로 만들었다. 고대 그리스의 도시 국가들, 로마 제국, 그리고 초기 중화권 왕조들 모두 이런 노예 제도 위에 성립되었다.

지형과 기후 때문에 역사적으로 강력하고 지속 가능한 국가를 형성하기 어려웠던 동남아시아의 경우 근대 식민화 이전까지도 많은 나라가 이런 '노예 국가'의 형태를 유지했다. 이 지역의 고산 지대에 살며 화전농, 수렵, 채집을 통해 생활하는 '조미아zomia'라 불리는 사람들이 지금도 존재한다. 이들은 역사적으로 '국가 체제'에 의해 문명의 세례를 받지 못한 소수 민족 원주민으로 치부되거나 '살아 있는 화석이나 개화하지 못한 조상'의 일족들로 여겨지지만, 실은 국가 권력으로부터 독립된 삶을 살고 싶어 주체적으로 이탈한 도망자들일 수 있다는 것이다.

그래서 우리가 특히 아시아에서, 자유 민주주의를 비롯한 선진 문물과 제도를 중국과 일본을 포함한 주변 나라들에 전파해야 할 '문명적 사명'을 지니고 있다는 '위험한' 생각에 빠져드는 것은 아닌지 염려하게 되었다. 마치 400년 전 청나라가 들어서자 조선이 중화의 적통을 계승했다고 주장하던 모습이나, 200년 전 서구인들이 비서구권을 문명화시켜야 한다며 대포와 선교사를 앞세워 아시아에 진출했던 일, 그리고 일본인들이 같은 핑계로 조선을 침략했던 사실들이 떠올랐다.

우리가 주변 국가를 침략할 위험이 있다거나 '꼴같잖게' 잘난 척한다는 이야기를 하고 싶은 게 아니다. 우리 문물과 제도가 주위의 다른 나라들보다 앞서 있고 제법 성숙한 것이라고 하더라도 우리가 그들을 가르치려 하거나 우리 삶의 방식을 전파하기 위해 나설 필요는 없다는 뜻일 뿐이다. 확실히 여러 면에서 객관적인 국가의 역량이 우리보다 못한 나라들, 이를테면 동남아시아 지역이라고 하더라도 우리가 그들을 선도하거나 개화시켜야 한다는 생각에 나는 반대한다. 이는 비유하자면 우리 사회에서 오랜 기간 세대 간 갈등의 원인이 되고 있는 '꼰대질'이나 다름없다. 각 나라와 민족은 자기들만의 맥락과 역사가 있다. 발전하든 퇴보하든 과거 경로의 영향을 받고 있는 결과다. 모든 진로와 이를 선택하기 위한 의사 결정은 결국 자신들이 할 수밖에 없다. 그들이 도움을 청할 때 인도적 차원의 지원은 가능하지만 그 선은 가능하면 보수적으로 설정하는 것이 좋다고 생각한다. 그들이 한국에 와서 우리의 경험을 배우고 싶어 할 때 원하는 것을 충분히 얻을 수 있도록 도와주는 것으로 족하다.

다시 정리하자면 우리가 '우리 자신을 방법으로 삼는다'고 생각할 때 이것은 모두 각자의 방법에 대한 이야기이지, 한국의 방법이 다른 나라에도 적용되어야 한다는 의미가 아니다. 사회의 발전 정도와도 상관이 없다. 우리도 중화, 일본, 미국이 아니라 더 오래전부터 스스로를 방법으로 삼을 수 있었다면 좋았을 것이다. 그래서 쇄국 정책을 취했어야 한다는 이야기는 물론 아니다. 우리가 낙후한 부분이 있어서 외재적인 지식과 논리를 수용한다고 해도 자신의 현실과 맥락에 맞게 소화해 내재화하는 것이 우선이다. 바깥에서 들어온 것도 궁극적으로 자기 방법이 되어야 한다는 뜻이다.

나는 이것을 다른 식으로도 표현하고 싶은데 '만이蠻夷 국가', '경계 국가'라는 말이 생각났다. 만이 국가는 무슨 말인가? 한반도의 국가들은 오랜 기간 외부에 문명의 중심이 있다고 상상하고 스스로를 변방 오랑캐라고 비하해 왔기 때문에 늘 바깥에서만 방법을 찾았다. 그리고 중심이 쇠락하기 시작하면서 우리가 '패스트 팔로워Fast follower'로서 중심의 기술과 사유를 꽤 많이 따라잡았을 때는 스스로 정통성이 있다고 선포해 왔던 것 같다. 그런데 그 정통성이란 것은 늘 외부에서 온 것이고 온전히 내재화되지 못했기 때문에 우리는 영원히 모방자의 역할에 머물 수밖에 없었다. 그런데 과연 이 경쟁과 추격에 끝이 존재할까?

중요한 것은 우리가 언제쯤 그들을 따라잡아 스스로 '노른자'가 될 수 있을지가 아니라, 늘 중심과 변방, 문명과 오랑캐라는 이분법에 사로잡혀 온 한계를 인식하는 것이라고 생각한다. 만일 우리가 스스로를 오랑캐나 변방이라고 있는 그대로 인정하고 자족할 수 있다면? 자신을 있는 그대로 받아들일 수 있다면 어떨까? 어차피 1등은 하나뿐인데, 훨씬 더 많은 나머지 민족과 국가가 1등이 되지 못했기 때문에 불행해야만 할까? 하나의 중심을 부러워할 게 아니라 나머지 주변, 변방들과 함께 평등하게 어울리기 위해, 남들과 비교할 수 없는 자신만의 만족을 위해 노력하는 것이 더 합리적인 선택 아닐까? 그래서 나는 자기를 방법으로 삼는다는 이야기가 '천상천하 유아독존'이라는 뜻이 아니라 결국 자족함을 알고, 경쟁보다는 어울림과 협력을 중시하고, 적절하게 노력하면서 삶을 즐길 줄 아는 자세를 의미한다고 생각한다.

이 뜻을 조금 확장한 것이 '경계 국가'다. 우리는 실제로 노력하면 노른자의 일부가 될 수 있을지 모르고 실제 그 문턱에 가깝게 다가선 것 같기도 하다. 그래서 G10이나 G5, 또 핵심 국가라는 말에 그렇게 목숨을 거는 것 같다. 이제 한국이 더 이상 발언권도 없는 변방의 낙후한 국가라고 생각하는 사람도 별로 없을 것이다. 그런데 핵심이 되기 위해 애면글면하기보다 핵심과 변방의 사이를 우리 의지와 상황에 맞게 자유롭게 드나들 수 있는 '경계'에 위치한 국가로 남는 것은 어떨까? 이미 우리는 상당 부분 그런 위치와 능력은 갖췄으니 자신의 아이덴티티 설정만 제대로 하면 될 일이다.

이렇게 문명 건설을 위한 핵심에 들어가기 위해 굳이 노력할 필요가 없다고 주장하는 것은 문명의 다른 이름이 보편과 표준화이기 때문이다. 보편이 과도하게 중시되고 표준화가 강요될 때 그 반대급부는 다양성이 사라지는 것을 의미한다. 각자의 맥락에 따른 현실 사정을 무시해서도 안 되고 다양성이 가져다주는 풍성함을 간과해서도 안 된다. 우리는 '영혼까지 끌어모아' 원조보다 더 원조 같은 '스탠다드'를 만들기 위해 발버둥 치며 언제 다시 주변부로 밀려날지 몰라 조바심하는 노른자가 되는 대신, 계속 경계에 머물며 다양성을 제공함으로써 오히려 인류 문명의 발전에 기여할 수 있다. 한국 사회는 성장기를 지나 성

숙기로 접어들고 있다. 모두가 성장의 과실을 누리는 '국민 성공 시대'
는 다시 오지 않는다. 1등은 한 명뿐이기 때문에 나머지 사람들은 자
기만의 의미 추구와 행복 서술이 가능해야 한다.

　보편을 좇고 시대의 흐름을 좇아 정말 나쁜 것들은 점차 바꿔 나갈
수 있다. 하지만 모두가 자기의 리듬과 속도에 맞게 진행해야 한다. 내
생각에는 이것만이 보편의 보편이라 할 수 있는 '그라운드 룰Ground
rule'이다. 그래서 우리는 중심과 문명에 과도하게 집착할 필요가 없다.
자기를 방법으로 삼는다는 또 다른 의미는 이런 태도라고 생각한다.
나는 이것이 '방법으로서의 K'가 되었으면 한다.

한국과 중국, 서로 다른 '도덕과 정의'를 말하다

영웅과 기호

이번에는 '방법으로서의 K'를 조금 더 구체적인 문제에 적용해 보려고 한다. 한국 사회를 지배하는 도덕주의 혹은 도덕 지상주의에 대해 말하고 싶다. 정의를 추구하는 이념과 이상의 과잉이라고 불러도 좋다. 이 현상은 한국 내부에서도 문제를 불러일으키고, 이 책의 주제 중 하나인 혐중 도그마를 만드는 데에도 크게 일조한다. 이 책의 2부에서 나는 중국을 비판하며 '중국 특색 보편주의'에 대해 언급했는데 여기서 조금 더 구체적으로 무엇이 문제인지 짚고 싶다. 이 문제는 한국과 중국 사람들이 평균적으로 '도덕과 정의'를 바라볼 때 서로 양극단에 서 있다는 나의 인식에 기초한다. 중국도 비판받아야 할 지점이 있고, 한국도 치우친 관점 때문에 혐중 도그마에 빠지기 쉽다는 이야기를 하

228

고 싶다.

샹뱌오는 중국 사회의 영웅주의와 기호화 문제를 상당히 우려한다. 아시아에서 정치가들이 특정 가치의 상징이 되기 쉽다고 말하는데, 거명은 하지 않았지만 우리 머릿속에는 최소 2명의 이름이 떠오른다. 이미 '혁명의 정치'에서 종교적 기호로 승격된 마오쩌둥, 그리고 '위대한 신중국 100년사를 완성할 영웅'으로 기호화가 진행 중인 시진핑이다. 중앙 정치인의 기호화는 한국과 같은 대의 민주주의 체제에서, 그리고 주로 미디어를 통해 정치인을 접할 수밖에 없는 현대 사회에서 불가피한 측면이 있다. 하지만 중국의 최고 지도자는 전통 시대의 황제의 권위에 가까운 기호적 지위를 누린다. 중국의 보통 사람들에게 당대에는 무오류의 존재로 비추어져야 하기 때문이다.

한국에서도 진영에 따라 어떤 정치 지도자는 비슷한 수준의 권위를 누린다. 한국의 보수 유권자들에게 박정희는 마오쩌둥에 버금가는 반신반인이고, 상당수의 민주당 지지자들에게 문재인은 도덕 정치의 화신으로 여겨진다. 아주 짧은 기간이었지만 윤석열도 그의 지지자들에게는 '공정과 상식'의 대변자로 여겨지기도 했고, 매우 아이러니하게도 지금은 그를 반대하는 사람들에게 절대 권력에 맞서는 용기를 가진 '정의로운 칼잡이'로 인식되기도 했다.

기호화가 이뤄지는 순간 기호가 만들어지는 과정에 존재했던 모든 실천과 그 의미의 디테일이 사라진다. 바꿔 말하면 그 기호를 지지하는 보통 사람들의 삶의 의미와 그 부근의 존재들이 순식간에 증발해버리는 것이다. 오로지 거대한 기호와, 기호를 넋 놓고 바라보면서 모든 의미를 그에게 양도한 채 초라해진 '자기'만이 남는다. 그래서 '자기'는 더 이상 스스로 사고하고 의미를 만들고 그것을 언어로 만들어 낼 필요가 없어진다. 매번 기호의 발화를 '리트윗'하고, 나와 같이 균질하게 축소된 자기들과 함께 덩어리를 이뤄 기호가 이끄는 대로 몰려간다. 정치적 참여든 소비든 상관없다.

기호와 내가 끊겼다고 느낄 때는 허무의 심연으로 빠져들어 간다. 이 우울과 모호함을 이기기 위해 새로운 기호를 발견해야 한다. 이는 중국 사회에서 국가와 민족을 아이돌로 삼은 신세대 애국주의가 만연한 이유 중 하나다. 그리고 역설적으로 '도덕과 정의의 기호화'에 참여하는 것과 '깨어 있는 시민'이 되는 과정은 같은 일인 것 같지만 정반대 방향의 운동이 될 수도 있다.

그래서 샹뱌오는 "매일 충실히 생활하며 스스로를 변화시키는 보통 사람이 바로 영웅"이라고 말한다. 이는 단순한 민중주의적 이념 선언이 아니다. 그는 정말로 세상을 바꾸는 것은 보통 사람들의 일상과 의례, 그리고 사람들 간의 관계라고 믿는다. 그들은 지식인들이 생각하듯 동정이나 구원의 대상이 아니다. 혹은 '탈식민주의post-colonialism'적 사고방식으로 대리자의 입을 빌어서만 자신의 목소리를 전달할 수 있는 기층 민중인 하위 주체subaltan도 아니다. 그가 중국과 인도의 서민사회를 연구하며 관찰한 것은 자신의 곤경을 충분히 이해하는 동시에 그 곤경에서 벗어나 더 나은 삶을 쟁취하기 위해 일상의 행위로 다양한 노력을 취하는 사람들이었다. 보통 사람들이 '구조적 악에 저항한다'거나 '세상을 진보시키겠다는 위대한 이념' 같은 것을 의식하지 못한 채 생존을 위해 취하는 작은 합리적 행동들이 세상의 흐름에 영향을 끼친다는 것이다. 평범한 사람들의 삶과 역사의 큰 흐름은 일방적인 관계가 아니라 상호 영향을 주고받으며 동적으로 진전된다는 것이다. 한국의 사회학자 조형근도 그의 저서 《나는 글을 쓸 때만 정의롭다》에서 민중은 엘리트들이 멸시하는 "개돼지"도, 반대로 추앙하는 "역사를 이끄는 일방적 주체"도 아니라고 말한다. 삶의 문제를 해결하기 위해 자신의 처지에 맞게 노력하는 민중의 임기응변적이고 창의적인 행위를 '브리콜뢰르bricoleur'라고 표현한다. 이런 행위들이 중첩되면서 역사를 바꿔 나간다는 것이다. 이는 약자의 행위 중 수동적인 저항을 묘사한 제임스 스콧의 《약자의 무기》의 관점과도 다르다. 중요한 것은 강자와 약자를 이분법적으로 나눌 수 없는 경우가 많다는 것이다. 예를 들어 소셜 미디어는 우리의 행동을 엔지니어링하고 통제하기도 하지만 한편으로 약자들은 댓글을 통해 자신의 의견을 표시해 여론을 바꿔 놓기도 한다. 중국 공산당 정부는 자유로운 공론장을 통제하고 봉쇄함으로써 지식인과 언론인의 입을 막지만 한편으로는 다수의 보통 사람의 여론을 살피며 눈치를 본다.

세상에서 가장 의로운 민족

샹뱌오는 진영 논리를 이야기한 적은 없다. 투표를 통한 정치적 선택지 같은 것이 없고 공론장에서 '도를 넘는 토론'이나 분쟁도 허용하지 않는 중국 사회에서 표면적으로는 진영 논리가 존재하지 않는다. 하지만 바깥의 적이나 내부의 약자를 공격할 수는 있다. 이때 사용되는 것이 바로 도덕주의다. 그는 작금의 도덕주의를 "잔혹하다"고 표현한다. 젊은 애국주의자들인 소분홍이나 남권주의자들이 상대를 공격하는 방식이 그렇다는 것이다. 그들은 '나는 진실하고 너는 위선적이다'라고 하는데 여기서 위선이라는 판단의 근거가 되는 것은 상대의 '정치적 올바름PC'이다.

그는 학창 시절에 중국 5·4 운동의 시대정신이었던 과학과 민주에 '도덕'을 더해야 한다고 주장했었다. 도덕을 모자에 비유해 머리에 쓰고 다닐 수 있지만, 항상 벗어서 손바닥 위에 올려놓고 이게 무엇인지, 왜 이렇게 해야 하는지 질문을 던질 수도 있어야 한다고 설명한다. 중국의 도덕주의는 과거에는 주로 정적을 공격하기 위한 정부의 선전 선동 도구로 사용되었는데 그는 일찍부터 그 부조리함에 의문을 제기한 것이다. 그런데 최근 몇 년 사이 공격적 애국주의와 안티 페미니즘을 주장하는 이들이 인터넷상에서 도덕주의를 사용하는 자발성이 두드러져서 그를 근심하게 만든다.

도덕주의는 한국 사회에서는 진영주의와 결합해 중국보다 더 큰 문제를 일으키고 있다. 서로 다른 도덕을 내세우는 진영 간에 가장 높은 고지를 차지하기 위한 경합이 벌어지고 있는 것이다. 이러한 한국의 도덕주의는 문화적으로 그 뿌리도 매우 깊다. 조선의 사상을 연구한 일본 학자 오구라 기조의 《한국은 하나의 철학이다》와 예일대학교의 역사학자 오드 아르네 베스타가 저술한 《제국과 의로운 민족》은 모두 이런 점을 지적하고 있다. 여기서 말하는 '도덕'은 객관적으로 제3자가 볼 때 도덕적이라는 뜻이 아니다. 도덕이라는 대의를 매우 중시하고 그 명분을 쟁취한 편이 상대방을 압도하기 때문에 모두가 대의명분의 전쟁터에 뛰어들고 그 승패에 따라 사회적 담론 권력의 상위를 차지하려 한다는 의미다. 이것은 진영 간, 집단 간, 개인 간에 모두 발생하고 하다못해 연인이나 친구, 가족 사이에도 이 쟁투가 존재한다. 한국 사회 특유의 '인정 투쟁 지옥'이 도덕의 측면에서 열려 있다고 볼 수도 있다.

이태원 참사에서 희생자 명단 보도 문제를 둘러싼 초기의 논쟁은 이런 도덕주의 경쟁의 양상을 잘 보여 준다. '시민언론 민들레'의 보도 시점에 대해 보수 언론과 진보 언론이 입을 맞춰 2차 가해의 발생 가능성을 염려하며 비판했다. 하지만 민들레는 "레거시 언론이 윤석열 정부의 눈치를 보느라 보도를 망설이고 있다고 판단해 우리는 용기를 내어 보도에 임했다"라고 반박했다.

민들레의 행동은 자신들만이 도덕적이고 정의롭다는 생각에 기반한 것이었다. 민들레에 반대하는 레거시 언론들도 할 말이 있다. '타인의 비극을 정쟁의 도구나 선정적 보도의 재료로 삼는다'는 비판을 고려해야 한다는 것이다. 이것은 또 다른 차원의 '도덕적 우위' 설정이 된다. 우리가 이해하는 PC 관점의 섬세한 고려다. 그렇게 '사건의 진상을 밝히고 사회적 정의를 실현하기 위해서는 우선 보도해야 한다'라는 도덕적 대의와, '유족들 개개인의 아픔과 상처를 살피지 않는 대의는 충분히 정의롭지 못하기 때문에 보도하지 말아야 한다'는 도덕이 정면충돌했다.

나는 민들레의 행동에 동의하지 않지만, 명단을 공개하는 것이 과연 맞느냐 틀리느냐의 문제는 흑백 논리로 가르기 힘들다고 생각한다. 그보다는 서로 다른 도덕과 정의에 대한 관념과 기준이 우선순위를 놓고 경합을 벌이는 것으로 이해하는 것이 온당하다. PC적 요구는 원칙적으로 대단히 정당하게 들리지만 여기에는 다른 반문들이 기다리고 있다. "그러면 과연 몇 명의 동의를 구해야 공개가 가능한가?", "그렇게 한 명씩 동의를 구하고 있는 동안 정부는 다른 사회적 이슈를 이용해서 서둘러 이태원 참사를 덮으려고 하지 않을까?"

또 언론인들에게는 가치와 성공의 추구 사이에 명확한 선을 긋기 어려운, 특종에 대한 욕심과 같은 현실주의적 고려도 있을 것이다. 우리는 모두 밥을 먹어야 살 수 있다. '먹고사니즘'은 도덕적으로 비판할 수는 있지만 완전히 배제할 수 없는 생존의 조건이기도 하다. 그래서 같은 이유 때문에 사고의 책임을 져야 할 정부와 여당의 입장을 지지하는 이들을 도덕적으로 비판하고 비난할 수는 있어도 그들을 '박멸의 대상'으로 여기는 것은 매우 위험한 생각이다.

어떤 입장을 취하든 격하게 상대방을 '기레기'라고 손가락질하는 사람들이 있다면 '나만이 진짜 도덕과 정의를 전유하고 너는 거짓 도덕의 탈을 쓴 위선자'라고 생각하는 도덕주의에 빠져 있다는 비판을 면하기 힘들다. 이러한 도덕의 상대적 입장을 이해하지 못하고 네가 나의 도덕을 받아들이지 않으면 사람으로 인정하지 않겠다는 극단적인 태도는 매우 "잔혹한 것"이라고 샹뱌오는 이야기한다.

그래서 근원적인 문제는 진보적 이념이나 PC와 페미니즘 등의 정체성 정치가 아니다. 자유 민주주의나 리버럴, 민족주의, 현실주의, 좌우파처럼 원래 세상에는 다양한 생각과 입장이 존재하기 마련이다. 문제는 우리 진영만이 도덕과 정의를 독점한다는 아집과 도덕 지상주의다. 내 생각에 이런 태도는 자기 도덕을 교조화하는 배타적인 신앙처럼 느껴지기도 하는데, 중국과 중화권의 어떤 지역에서도 발견하기 힘든 매우 한국적인 특성이다.

한국과 중화권에서는 모두 유교 문화가 아직도 사회에 심층적인 영향을 끼치고 있지만 중화권에서는 유교儒教라는 종교적 분류보다는 유가儒家라는 사상적, 학술적 명칭이 훨씬 보편적으로 사용된다. 이것은 한국에서는 유가의 도덕이, 다른 사상과 비교해 보거나 현실의 맥락에 맞게 옳고 그름을 따져 봐야 하는 윤리학의 영역이 아니라 '무조건적 신앙의 대상으로 삼아야 하는 성현의 가르침'이란 뜻으로 해석되고 있었다는 의미일까? 또 그 유교조차 조선에서는 왜 사변적 이론보다 생활에서의 실천을 중시하는 다음 단계로 도약하지 못하고 자기 틀에 갇혀 끊임없이 중심으로 말려드는 '네이쫜內卷, involution'의 상황에 처했던 것일까?

그래서 나랑 무슨 상관인데?

오구라 기조는 한국인들의 도덕 지향을 일본인들과 비교하면서 다양한 예를 들어 알기 쉽게 설명한다. 예를 들어 일본의 밋밋한 감성적 취향 서사와 달리, 한국 드라마 속 주인공들은 하다못해 연애를 하면서도 끊임없이 도덕적인 투쟁을 하는 진짜 '드라마'를 만들기 때문에 어디서나 인기가 있다고 한다. 그는 일본에서 도덕 지향이 강한 사람들은 메이지 유신 직전 유교의 세례를 받은 정치 엘리트들뿐이라고 이야기한다. 이렇게 설명하면 보통 일본 사람들이 한국 등 이웃 나라와의 정치적 갈등에 대해 별로 관심을 기울이지 않는 반면 일본의 우익 정치가들은 왜 한국, 중국, 북한과 끊임없이 불화하는지 금세 이해가 간다. 여기서 각 나라의 도덕이 추구하는 가치는 물론 각자의 민족주의다.

샹뱌오는 도덕성의 문제를 논할 때 우리는 그 문제와 자신의 관계를 분명하게 할 필요가 있다고 말한다. 이것은 주체성을 기르는 훈련과도 관련이 있다. 주체성은 내가 세상에서 가장 중요한 존재라는 식으로 해석되는 경우가 많지만 실은 '천상천하 유아독존'과는 정반대의 자기 인식이다. 나와 세상이 어떤 관계를 맺고 있는지 살펴봄으로써 나 자신을 제대로 이해하고 그에 합당한 당위를 설정하는 것이다.

그래서 공공의 이슈가 발생했을 때 옳고 그름을 판단하기에 앞서 그게 나와 무슨 관련이 있는지 생각해 보라고 권유한다. 그는 베트남 전쟁 당시 한나 아렌트가 미국과 독일에서의 반전 운동이 전혀 다른 현실적 이유를 가지고 있었다고 지적한 점을 예로 든다. 미국의 청년들은 피징집 대상이 될 가능성 때문에 스스로를 보호하려는 분명한 동기가 있었지만 독일 청년들은 이념적인 이유 때문에 반대했다는 것이다. 그래서 그런 사고가 생략된 독일의 반전 시위에 대해 문제를 제기했다. 이러한 권유는 도덕주의 성향이 강한 한국인들에게 거부감을 불러일으킬 수도 있다. 참고로, 맹자孟子와 양혜왕梁惠王이 나눈 대화는 중국인보다 한국인이 훨씬 좋아한다. "왕이시여, 어찌하여 의義를 말하지 않고 이利로움만을 따지십니까?"

내가 이 문제를 깊이 절감했던 2가지 사례를 들고 싶다. 하나는 미얀마의 군부 쿠데타, 그리고 러시아의 우크라이나 침략 사태다. 미얀마의 상황이든 우크라이나의 상황이든 한국 입장에서는 먼 나라의 이야기다. 물론 지금처럼 전 세계의 경제적 가치 사슬이 연결된 상황에서는 사태의 규모에 따라 한국의 사정에도 영향을 끼칠 수 있다.

하지만 전쟁의 초기 국면에는 분명히 한국 사회와의 직접적인 관계를 찾기 어려웠다. 문제는 많은 한국 사람이 일찍부터 특정한 정치적 관점을 받아들이고 이 문제에 대해 성급한 판단을 취한 후 일정한 여론을 형성했다는 점이다. 당시 대부분의 한국인은 동맹국인 미국의 입장에 서서 사태를 바라보는 여론을 따랐다. 미국은 한국이 우크라이나와 그 우방에 러시아와의 전쟁에 사용할 무기를 공급하리라는 기대를 갖고 있었다. 그런데 북방 정책과 연관된 경제 문제나 한반도의 긴장 관계 때문에 한국은 섣불리 러시아를 적으로 돌릴 수 없는 입장이었다. 침략 전쟁의 피해자가 된 우크라이나 시민들의 안전을 기원하고 인권을 보호해야 한다는 보편적인 도덕적 가치 판단과는 다른 차원의 문제였다.

더 중요한 문제가 있다. 이런 복잡한 국제 정치나 지정학, 이에 기반한 국익의 계산법은 보통 사람들의 삶과는 직접 관련이 없다. 어차피 우리에게 주어진 정보들은 제한되어 있고 우리에게는 신경 써야 할 다른 일상의 일도 많기 때문에 충분히 생각한 후 올바른 정치적 판단을 하는 것은 거의 불가능에 가깝다. 그렇다면 판단을 유보하는 것이 좋다. 이 문제가 우리 삶에 직접적인 연관이 있다는 인식을 갖게 되고 더 많은 정보를 얻을 때까지 기다려도 늦지 않다. 그렇지 않으면 스스로는 옳은 판단을 하고 있다고 생각하지만 실제로는 다른 사람의 생각에 일방적인 영향을 받은 채 감정적인 판단을 내리게 될 가능성이 높다. 일단 여론이 형성되면 한국의 민주주의 정부는 이를 존중해야 한다. 그리고 그렇게 내린 결론에 따른 외교 행위가 자승자박의 결과를 초래할 수 있다. 전쟁이 1년 넘게 지속되면서 우크라이나 사태가 초래한 여러 경제적 문제나 외교적 상황의 변화는 우리 삶에 좀 더 큰 영향을 미치고 있다. 하지만 전쟁 발발 초기만큼 많은 사람이 우크라이나 문제에 관심을 두고 있는가?

미얀마 사태의 경우에는 이런 경향이 더욱 두드러졌다. 이것은 동아시아에서 민주주의와 경제 발전을 모두 성공시킨 유일한 나라가 한국이라는 자기 인식에 의한 것이기도 했고, 실제로 미얀마인들이 자국 내 정치적 박해를 피해 한국에 건너온 경우가 많았기 때문에 자연스러운 현상이다. 그런데 한국 내 여론에는 매우 과격하고 우려할 만한 주장들도 있었다. 이를테면 한국군을 파견해 미얀마 군부를 굴복시키고 미얀마 민중에게 민주주의를 돌려줘야 한다는 비현실적인 주장이다.

그보다는 설득력이 있지만 여전히 매우 민감한 주장도 있었는데, 미얀마의 가스전 개발에 투자한 포스코가 군부의 자금줄 역할이 되는 것을 막기 위해 지분을 철회해야 한다는 것이었다. 정의로운 자본 투자와 에너지를 요구하는 것이다. 유럽 국가들이 우크라이나 전쟁 국면에서 러시아의 천연가스를 사들이지 말아야 한다는 일부 독일 시민들의 주장과도 통한다. 물론 국가와 거대한 기업을 운영하는 현실적 입장에서 이런 주장은 받아들여지지 않는다. 오히려 다른 이익을 위해 모종의 행동을 취하고 나서 거기에 도덕적 이유를 갖다 붙이는 경우가 더 많다. 미국의 외교와 국방 정책의 실행 과정에서 우리는 수없이 많은 사례를 목격해 왔다.

당시 내가 곤혹감을 느꼈던 것은 한국의 입장에 대한 논란보다 한국인들이 자신의 가치 판단을 내리고 나서 중국과 중국 사람을 비판하는 현상이었다. 한국인들은 미얀마 군부의 뒤에 중국이 있을 것이라는 의혹을 제기하기도 했고, 마찬가지로 우크라이나를 침략한 러시아를 중국이 지원하고 있다며 비판하기도 했다. 실제로 중국의 보통 사람들 중에는 미국과 서방 국가의 입장을 청개구리식으로 반대한다는 태도를 취하면서 적의 적인 친구, 러시아 정부를 지지한다는 사람이 적지 않았다. 내가 판단하기에 우리 대부분의 보통 사람은 무엇이 진실인지 알 수 없다. 그렇다면 판단을 유보하는 것이 낫다. 하물며 우리의 도덕적 판단 기준을 문제의 당사자도 아닌 제3자에게 들이대는 것은 그 자체로 온당하지 않다. 한국 사람들이 그런 태도를 취한 것은 원래 가지고 있던 반중 감정을 좀 더 강화시킬 이유를 찾고 싶었기 때문일 것이다.

북부 미얀마는 중국의 둥베이?

한국 여론의 영향을 받은 탓에 나도 미얀마나 우크라이나 사태를 바라보는 중국 사람들의 태도에서 아쉬움을 느꼈다. 특히 미얀마의 경우가 그러했다. 중국은 한국과 달리 미얀마와 국경을 맞대고 있고, 미얀마는 중국 정부가 추진하는 일대일로 정책의 중요한 파트너이기도 하다. 오랜 세월 그곳에 거주한 화교들뿐 아니라 많은 중국인이 미얀마로 건너가 다양한 사업을 벌이고 있다. 그런데도 대부분의 중국 사람은 한국과 달리 미얀마 사태에 대해 매우 무관심했다. 전통적으로 중국 사람들에게 미얀마는 그저 자신들이 좋아하는 비취 원석의 생산지일 뿐이다.

또 미얀마의 국경 지대는 한국인이 바라보는 중국의 둥베이 지역과 비슷한 점이 있다. 화교와 중국인 교민이 많이 거주하고 특히 최근 몇 년 사이에 매우 심각한 사회 문제가 된 중국 내 보이스 피싱 범죄의 온상지가 이곳이다. 정부가 프로파간다에 이용하거나 올림픽 등과 같이 애국주의를 자극하는 국제적 사건이 아니라면 중국인들은 대체로 무심하다. 샹뱌오의 권유는 일정 부분 보통 중국인들의 처신을 대변한다고 볼 수 있다. 그래서 중국 내에서 샹뱌오를 비판하는 사람들도 있다. 사적인 이해관계를 벗어나는 공공 차원의 도덕과 정의에 무관심한 중국인들을 더욱 이기적인 존재가 되도록 부추기고 있다는 것이다. 신장과 홍콩의 문제도 애국주의의 거품을 걷어 내고 보면 보통의 중국인들에게는 자국 사정이라기보다 먼 변경 지역의 분쟁 정도로만 받아들여지는 경향이 크다.

과연 우리는 직접적인 이해관계가 없는 존재들에 대해 얼마나 도덕적인 책임감을 느껴야 윤리적인 것일까? 이것은 존재와 관계에 대한 윤리학적 질문이고 하나의 정답만이 존재하지 않는다. 하지만 샹뱌오가 제시하는 조건에 대해 생각해 볼 가치는 있다. 그는 우리가 세계를 제대로 이해하기 위해서는 먼저 자기를 둘러싼 '부근'을 잘 알아야 한다고 말한다. '부근'이라는 것은 임의로 선택하거나 피할 수 없는 물리적 환경으로서 자신과 유기적인 관계를 맺고 있는 존재들로 이뤄진다. 자기 이웃이나 가족과 친척, 직장 동료, 친구들이 대표적인 예다. 태어날 때부터 주어진 고향도 포함된다. 그런데 유기적인 관계는 유한성을 전제로 할 수밖에 없다. 관심을 갖고 신경을 쓴다는 것은 에너지와 자원을 배정해야 한다는 뜻인데, 한 사람이 사용할 수 있는 에너지와 자원은 제한되어 있기 때문이다.

상뱌오는 현대 중국에서 유동성이 급격히 늘어나고 플랫폼 비즈니스가 고도로 발달하면서 보통 사람들을 둘러싼 '부근'이 사라지고 있다고 염려한다. 이는 특히 도시 청년들의 생활에서 두드러지는 현상이다. 공업화와 도시화가 뒤늦게, 그리고 한 세대 내에 매우 급격하게 이뤄졌기 때문에, 또 아직 거대한 농촌이 존재하기 때문에 중국의 지식인에게는 더 눈에 잘 띄었을 것이다. 대부분의 동아시아 국가에서 같은 일이 벌어졌지만 한국을 비롯한 다른 지역의 지식인이 잘 포착하지 못하거나 정확한 언어로 설명하지 못하던 부분이다. '공동체의 붕괴'라고 모호하게 표현되었을 뿐이다. 사회학자 엄기호가 《단속사회》에서 우리는 자기 '편'을 만들 뿐 '곁'을 두지 않는다고 했을 때의 '곁'과 비슷하긴 하지만 그보다 좀 더 중립적인 것, 그냥 내 주위에 자연스럽게 존재하며 부지불식간 생태계를 이루고 있는 사람이나 사물들이 이 '부근'이다.

부근이 사라지면 사람들은 세계를 조망하기 위해 구름 위에 올라서려 한다. 이때 '기호가 된 영웅'이 제시하는 초월적인 '도덕과 정의'에 사로잡힌다. 추상적이고 이념적인 구호가 난무하게 된다. 도덕적 우월감을 느끼며 기분이 좋아질 수는 있겠지만 이 도덕적 문제와 나의 유기적 관계를 설명할 방법은 쉽게 찾을 수 없다. 애국주의가 그러하고 자유 민주주의도 그럴 수 있다. 추상적 대의보다 일상의 정의에 주목한다는 '정치적 올바름'도 마찬가지다. 역사적 맥락을 배제한 채 내 부근의 '낙후된 보수적 현실'을 부정한다고 그것이 일순간에 사라지는 것은 아니다. 오히려 '백래시'로 돌아와 상황을 더 악화시킨다.

미얀마는 한국의 '부근'인가? 사태 발생 당시 뜨거운 관심을 기울였던 한국 사람들 중 지금도 민주주의를 갈망하는 미얀마 시민들의 곤경을 잊지 않고 도움을 주려고 노력하는 이들은 극소수에 불과하다. 대부분의 사람은 일부 활동가들이나 캠페인에 일회성으로 자신의 관심을 외주한 것으로 도덕적 의무를 다했다고 생각할 뿐이다.

윈난의 연인, 우루무치의 친구들

반대로 유기적 관계를 맺을 수 있는 조건을 갖추고 있는데도 관심을 기울이지 않는다면 이 또한 비판을 피할 수 없다. 나는 미얀마와 국경을 접한 중국의 윈난雲南성 주민들 중 미얀마의 사정을 염려한 사람들이 있을 것이라고 짐작했다. 다만 중국 내에서는 중국 정부의 외교정책에 영향을 끼칠 수 있는 민감한 사안에 대해 정치적 입장을 표명할 수 있는 공론장이 봉쇄되어 있기 때문에 이런 의견이 드러나지 않는 것으로 봤다. 일전에 우연히 홍콩에서 발행된 한 예술 잡지를 살펴보다가 흥미로운 글을 발견했다. 미국 유학 중에 만난 미얀마 여성과 윈난성 출신 중국인 남성의 이야기였다. 이들은 이미 각자의 고향으로 귀국했는데 미얀마 여성은 연인과 소통하면서 미얀마 군부를 제재하지 않는 중국 정부에 대한 원망을 감추지 않았다. 만일 두 사람이 결혼하면 두 나라의 관계 때문에 이들이 어떤 감정적 굴곡을 겪게 될지 솔직히 알려 주고 싶었다고 한다. 이들은 여전히 국경을 사이에 두고 만날 수 없는 처지이지만 서신 등을 교환하면서 나눈 이야기를 컬래버레이션 예술 작품으로 만들어 공개했다. 이념만으로는 진정한 연대와 지지의 관계를 만들 수 없고 반대로 유기적인 관계는 거대한 정치적 장애물에 가로막혀 있어도 진심 어린 도덕적 책임감과 지속적인 행동을 이끌어 낸다. 우리는 남이 내려 준 판단이 아니라 자신의 입장에서 세상을 바라보고 무엇이, 그리고 어디까지가 유기적인 관계이며 그 관계가 요구하는 당위는 무엇인지 고민할 수 있는 윤리적 존재로 남아야 한다.

나는 2022년의 우크라이나 전쟁, 2021년의 미얀마 군부 쿠데타, 그리고 2019년의 홍콩 사태와 신장 인권 문제 논쟁을 접하면서 이 상황들을 지켜보는 한국과 중국의 시각 차이 사이에서 상당한 갈등을 느껴야 했다. 양국의 국익이나 민족주의 담론과 관계된 대립보다는 한국인들의 과잉된 도덕주의적 태도와 중국인들의 지나친 무관심 사이에서 어찌할 바를 몰랐다. 특히 홍콩 사태는 내가 사는 광저우에서 불과 수백 킬로미터밖에 떨어지지 않은 곳에서 벌어진 일인 데다가 내게는 많은 홍콩 친구가 있었기 때문에 좌불안석이 되었다.

나는 또 대부분의 중국인 친구들과 달리 2018년에 신장을 직접 방문해 본 적이 있다. 특별한 사건을 경험한 것은 아니지만 중국의 다른 지역과 달리 자유로운 생활이 불가능한 신장 사람들의 처지를 목격했다. 그들은 10년 가까이 '계엄 상태'에 놓여 있었다. 위구르족에 대한 현지 한족들의 차별적 발언을 들었는데 9·11 테러 사태가 발생했을 당시 무슬림에 대한 서구인들의 편견에 찬 태도와 조금도 다르지 않았다. '반식민' 상태에 놓인 위구르인들의 처지를 동정하지 않을 수 없었다.

그래서 2022년 말 중국이 제로 코비드 정책을 급작스레 철회하는 과정에서 많은 중국인이 벌인 항의 시위, 그리고 그 도화선이 된 우루무치 화재 사건을 주목하게 되었다. 신장 지역에서는 2022년 8월부터 3개월이 넘는 기간 동안 과도한 코비드 봉쇄 정책을 취하고 있었는데 대부분의 중국 사람은 이런 사실을 인지하지 못하고 있었다. 오랜 기간 이어진 반인권적인 지역 통제 정책과 코비드 봉쇄 정책이 결합하면서 최악의 상황을 만든 것이다.

2022년 말 중국의 대도시 지역에서 오미크론 확진자가 늘면서 제로 코비드 정책에 대한 비판이 쏟아져 나왔다. 신장 여행 중 운 나쁘게 억류되었다가 간신히 풀려난 사람들의 경험을 접하면서 문제의 심각성이 조금씩 알려지고 있었다. 그런데 우루무치의 한 아파트에서 화재로 수십 명의 주민이 사망하거나 다치는 사건이 발생했다. 확진자가 한 명이라도 발생하면 아파트 단지 전체가 봉쇄되고 자기 집 문밖으로 나오지 못하게 된 베이징과 광저우 시민들이 들고일어나기 시작했다. 기숙사에 갇혀 지내는 대학생들도 이 문제에 공감했다. 만일 내가 사는 아파트, 내가 사는 기숙사에 불이 난다면 과연 나는 안전하게 대피할 수 있을까? 서구 정부와 언론이 신장의 인권 문제를 비판할 때 중국의 보통 사람들은 내정 간섭이라 생각하며 반감이 앞섰다. 내 편인 중국 정부의 도덕과 정의가 남이 강요하는 그것보다 우위를 점한 것이다. 하지만 신장의 위구르족 주민들이 나와 같은 고통과 위험에 처해 있다는 것을 깨달았을 때 그 우선순위가 뒤바뀌었다.

한국의 선비 문화를 오랜 기간 연구하고 《신사와 선비》 등의 책을 펴낸 역사학자 백승종은 중국과 한국의 전통 지식인을 다음과 같이 비교한다. "중국의 지역 지식인, 즉 향신은 마을 주민들의 일상의 이해관계에 개입하는 것을 꺼리지 않았습니다. 반면 한국의 선비는 마을의 구체적 일에 간섭하는 것이 천한 일이라 여기고 항상 중앙의 정치에만 관심을 두었습니다."

　중앙의 정치, 즉 '천하의 일'을 판단할 보편적인 도덕과 정의를 중시하는 사람들을 중국에서는 '공공 지식인'이라고 부른다. 샹뱌오는 향신의 도덕과 정의는 공공 지식인의 그것과 다르다고 설명한다. 예를 들어 설을 앞두고 마을에 닭서리가 횡행한다면 도둑을 잡아 엄벌에 처해야 한다고 주장하거나 조정의 잘못으로 백성들이 굶주리고 있다고 일방적으로 한탄하기에 앞서, 마을의 어떤 이가 설 제사상에 닭 한 마리 올릴 처지도 되지 못할 정도로 가난한지 근심해야 하는 게 향신이라는 것이다.

　조선의 마을 선비의 태도가 공공 지식인에 해당한다. 한국과 중국의 지식인들, 혹은 그 담론에 영향을 받는 대중이 각기 과거의 문화적 전통의 영향을 받고 있다는 것을 짐작할 수 있다. 하지만 양 국민들은 공통적으로 '부근'이 사라지면서 당 국가든 자기 진영의 정치적 지도자와 미디어든 우상이 초월적으로 제시하는 도덕과 정의의 영향을 받고 있기도 하다. '방법으로서의 K'는 우리가 자기와 부근, 세계의 관계를 명확하게 이해한 후 K의 도덕과 정의를 재정립함으로써 도그마에서 빠져나올 가능성을 보여 준다.

한중일, 서로에게
특별한 존재감과 거리감

한중일 동아시아 공동체는 없다

'한중일 동아시아 공동체'는 인위적인 개념 설정에 불과했던 것일까? 20세기 말 혹은 그 후로 10여 년 정도 많은 사람이 학술적으로 동아시아를 논했지만 이 논의는 더 이상 지속되지 않고 있다. 가장 큰 이유는 후속 세대 학자들이 호응하지 않기 때문이다. 한중일 공히 MZ세대가 시큰둥하다. 이런 현상은 이 담론이 실재적이라기보다 이념적인 것이었다는 방증이 된다.

물론 한중일 세 나라의 문화적, 역사적, 심지어 혈연적 친연성 자체는 부인할 수 없다. 하지만 이 관계는 모두 국지적으로 혹은 시기적으로, 그리고 영역에 따라 벌어진 일들에서 비롯한다. 차라리 유교 문화권이나 한자 문화권, 혹은 젓가락 문화권이라고 하면 좀 더 구체적일 수 있겠다. 조공 시스템, 종주국과 번속국의 관계를 아우르는 천하 체제도 있다. 하지만 이렇게 말하면 중국, 조선 반도, 그리고 베트남 세 나라를 묶는 것이 더 맞다. 중원 왕조의 통일 이후 화하족, 혹은 중화 민족과 보다 직접적으로 역사와 피를 섞었던 북방 유목 민족 중 만주족은 이미 중국의 일부가 되었다. 일본은 한자 문화권으로 범위를 확대할 때에만 시야에 들어온다.

그런데 한문은 표의 문자로 이뤄져 글자 하나하나는 뜻이 통하지만 해당 국가들은 모두 다른 언어를 갖고 있는 데다 어족조차 전혀 달라서 실제로는 한자를 읽고 사용하는 방법조차 모두 달랐다. 특히 초기 한자를 전할 때 사용한 불경은 유교와 달리 중화를 중심으로 한 통일적 세계관을 강요하지 않았기 때문에 산스크리트어에서 한자로 번역되었을 때부터 원전과 달리 상당 부분이 중국화되었고, 한문으로 쓰인 불경도 각국에서 받아들여 읽고 사용할 때는 각자의 방식으로 해석되었다. 따라서 기독교 세계나 이슬람권과 비교하면 이 경전들을 사용한 국가들은 가치관도 서로 달랐다고 볼 수 있다. 또 유럽 등과 달리 국가간 지식인들의 내왕도 매우 적었기 때문에 이들이 한자의 경전으로 표현된 중국인들의 실제 생활 세계를 만나거나 체험적인 공감을 할 수 있는 경우는 거의 없었다. 그래서 '동아시아 공동체'라는 기획은 구체적으로 따지고 들면 설득력을 갖기 힘들다.

하지만 한국의 입장에서 보는 중국과 일본은 특별한 점이 있다. 우리가 지리적으로 딱 중간에 위치하기 때문이다. 한국이라는 나라는 20세기 이전에 1000년 넘게 중화권의 강한 자장 속에서 자신의 정체성을 형성해 왔고 그 후 20세기 100년간은 일본과의 관계 속에서 그 정체성을 발전시켜 왔다. 그러므로 우리 자신을 이해하기 위해 양쪽을 두루 살펴볼 필요가 있다.

이렇게 이야기하면 중국과 일본은 상당한 거리감을 느껴야 할 것 같지만 꼭 그렇지는 않다. 중국인들에게 일본은 한국보다 존재감이 크다. 이 감각의 기원은 19세기 말 청일 전쟁에 패한 후, 그리고 중일 전쟁을 겪으면서 중국이 일본에 갖게 된 두려움과 경외심이다. 현대 중국의 민족주의는 일본의 중국 침략이라는 사건이 만들어 낸 것이라고 해도 과언이 아니다. 조선 반도의 한국과 북한도 마찬가지다. 임진왜란이 조선의 엘리트들에게 강렬한 민족의식을 심어 주었다면, 일본의 조선 병탄은 조선 반도의 보통 사람들에게 그것을 확산시키는 데 결정적인 기여를 했다. 일본의 진보나 리버럴 엘리트 중에는 왜 우리만 만날 사과해야 하냐고 억울해하면서 한중의 '쿨하지 못한' 민족주의를 낮춰 보는 사람들도 있는데 어쩔 수 없다. 그들 조상의 업보다.

일본은 중국이 개혁 개방을 추진하면서도 미국보다 먼저 수교한 국가다. 2022년은 한중 수교 30주년이지만 동시에 중일 수교 50주년이 되는 해였다. 자본과 기술을 가까운 곳으로부터 동원하는 것이 유리했기 때문이다. 그런 연고로 중국인과 일본인들, 특히 지식인들 간에는 상호 '리스펙트Respect'가 있다는 느낌을 받게 된다. 중국인들은 일본 내의 100년이 넘는 근대적 한학漢學 전통을 인정하기 때문에 동아시아 역사나 중국사와 관련해 그 논점을 반박하고 싶어 해도 무시하지는 않는다. 500년 전통의 조선 성리학에 대해 거의 알지 못하는 것과는 비교된다. 일본의 대중문화가 전반적으로 전성기를 지났음에도 불구하고 유독 중국 내에서 대도시의 문화 힙스터들에게 큰 인기를 끄는 것도 이런 정서나 분위기와 무관하지 않다. 최근 몇 년간 한국 사회에서 일본을 앞질렀다는 '부심'을 내비치는 것과도 대조적이다.

중국 내에서 일본의 존재감이 한국보다 훨씬 강한 또 다른 이유는 중국이 한국을 동류로 여기기 때문이다. 즉, 일본이 호기심을 불러일으키는 이웃이라면 한국은 친척 동생 같은 존재다. 너무 가깝고 익숙해서 특별하게 여기지 않는다. 물론 젊은 한국인들은 중국의 이런 인식이 못마땅할 것이다. 한중의 젊은이들이 서로를 싫어하게 되었지만 반감이나 혐오감은 한국에서 시작된 것이다. 중국 내의 반한 정서는 그 반작용에 가깝다.

상당수의 중장년 한국인, 특히 남성들이 중국에 호감, 일본에 비호감인 반면 MZ세대 한국인은 정반대 감정을 가지고 있다. 2023년 1월, 코비드19 팬데믹이 실질적으로 종결되고 한일 모두 항공편과 랜딩 비자 발급을 재개하면서 수많은 한국 관광객이 일본으로 몰려갔다. 일본 청년들도 한국 대중문화를 무척 좋아한다는 사실은 잘 알려져 있다. 한일 MZ세대의 감수성이 크게 다르지 않다는 의미로도 받아들여진다. 내게는 개그맨 김경욱의 '부캐'인 '다나카'의 인기가 그렇게밖에 설명이 안 된다. 처음에는 예전 같은 흉내 내기와 조롱이라고 생각했는데 한국 청년들이 정말로 좋아하는 것 같고 일본인들도 그리 기분 나빠하지 않는 것 같다. 그렇다면 중국의 MZ세대는 한국과 많이 다르다는 말인가? 답은 '그렇지 않다'이다. 다만 한국의 MZ세대가 어린 시절부터 중국 사회와 문화에 대한 편견을 키워 온 점이 문제다. 그들에게 중국은 이미 서방 선진 세계에 속하는 한국과는 '전혀 다른 우주에 속한 이상한 나라'다. 하지만 이런 인식은 올바른 것일까? 나는 오히려 한국과 중국이 각기 다른 평행 우주에 놓인 사촌 형제 같다는 느낌을 받기도 한다.

평행 우주 속 한국과 중국

샹뱌오는 자신의 책에서 한국에 대해 거의 언급하지 않았는데 나는 그가 설명하는 중국의 근현대사와 현대 중국인에 대한 해석을 보면서 끊임없이 기시감을 느꼈다. 그래서 한국과 중국, 그리고 중화권이 근대 이전 공통적인 사회 구조를 가지고 있었고 근대화 과정에서 비슷한 역사적 경로를 밟아 왔기 때문에 결과적으로 지금까지도 매우 유사한 정치적 특성을 보이고 있음을 설명하려고 한다.

특히 중국은 한국이나 대만, 홍콩과 외형적으로 완전히 다른 정치적 체제를 가지고 있음에도 불구하고 닮은 점이 많다는 사실을 논증함으로써 우리가 안고 있는 어떤 모순들은 그 뿌리가 같을 수도 있다는 주장을 해 보려고 한다. 이 주장에 공감할 수 있다면 한국의 MZ세대도 위화감을 어느 정도 극복하고 중국 사회에 대해 관심을 기울이게 될지도 모른다. 우선 근대 이전의 공통적인 사회 구조와 그 결과로 나타나는 현상들에 대해 이야기해 보자.

첫째, 중국의 보통 사람들은 일상에서 중앙 정치에 대해 많은 관심을 가지고 있다고 한다. 그리고 이것은 자신의 정치적 성향을 가족에게도 발설하지 않는 일본인과 너무나 다르다. 이렇게 이야기하면 고개를 갸우뚱하는 사람들이 있을지 모른다. 공산당 일당 독재 체제에 변변한 투표권도 없는 중국인들이 정치에 무슨 관심이 있다는 말인가?

직접적으로 개입할 수 없다고 해서 사람들이 정치에 관심을 갖지 않는 것은 아니다. 그리고 과거의 군중 동원 정치에서 중국 민중들은 대단히 격렬한 방법으로 정치에 참여했다. 만일 중국인들이 정치에 관심이 없었다면 애초에 문화대혁명 같은 비극도 일어나지 않았을 것이다. 문화대혁명은 군경이 총칼로 엘리트와 관료 계층을 핍박한 사건이 아니다. 홍위병을 비롯한 보통 사람들, 기층 세력이 일부 공산당 지도자의 선동에 호응해서 행동에 나선 것이다.

우선 유교 사회에는 국가와 가족家國天下, 중앙과 지방을 잇는 이념 교육 시스템과 과거 시험을 통해 그 시스템하에서 길러진 인재를 정치 엘리트인 관료로 선발하는 제도가 있었다. 그리고 지역의 정치, 안보, 교육의 중심이 되는 향약 등에 기반한 마을의 자치 구조하에서 중국은 '모든 사람들'에게 중앙과 지역 정치 참여의 길이 열려 있었다. 신분제가 철폐되어 극히 일부 천민 계층을 제외하면 보통 사람들, 특히 인구의 대부분을 차지하는 농민들은 원칙적으로 모두 과거에 참여할 수 있었다. 잠재적으로는 모두가(물론 공식적으로는 남성에 국한한다) 정치적 발언권을 가졌던 셈이다.

조선은 신분제를 끝내 철폐하지 못했지만 대한민국은 민주정을 도입함으로써 온 국민이 직접 투표에 참여할 수 있게 되었다. 그리고 여전히 현대판 과거 제도인 대학 입시와 각종 후속 고시를 통해 정치적 권력 계층인 행정/사법 관료가 될 수 있다. 정치 참여를 위한 평민과 엘리트의 이중 채널이 확보된 것이다. 현대의 왕실에 비유될 만한 극소수 재벌가를 제외하고, 한국인들 중 가장 강한 '특권 의식'을 지닌 집단인 판검사가 되기 위한 사법 고시와 로스쿨이 지금까지도 사람들의 선망이 되고 있는 것을 보라. 율사 출신들의 정치가나 정치 평론가가 유독 많은 것도 엘리트 경로를 통한 정치 참여에 대한 문화적 열망과 무관하지 않다고 본다. 반면 한국인들은 대통령을 자기 손으로 선출하는 손맛 때문에 내각제를 결코 받아들이지 않을 것이라는 정치 평론가들의 전망은, 평민 경로를 통한 '국민 정치 참여욕'의 증거다.

둘째, 고도로 일체화된 경쟁의 장에서 모든 사람이 표준화된 계층 상승 혹은 계층 유지의 목표를 위해 내달리기 때문에 탈출구를 찾을 수 없고 중심으로 끊임없이 말려든다는 네이쥔 현상이 벌어진다(이 개념은 2020년경부터 현대 중국 사회를 묘사하기 위해 사용되었는데, 원래의 인류학 학술 용어와 의미 차이가 있다). 그리고 대부분의 사람이 이렇게 경쟁에 몰입하는 과정에서 오로지 미래의 성취를 향유하는 삶을 꿈꾸며 끊임없이 현재의 행복을 보류하는 것을 택한다. 이 과정에서 일부는 번아웃burnout되어 '격렬하게 아무것도 하고 싶지 않다는' 탕핑躺平을 선택한다. '헬조선, N포 세대, 노오력' 등 한국에서는 지난 10여 년간 이런 상태를 표현하는 수많은 신조어가 탄생했다. '소확행小確幸'처럼 대만, 홍콩, 일본을 포함한 동아시아인들이 공유하는 조어도 있다.

자본주의 시장 경제 사회에서 경제적 계급의 형성은 피할 수 없다. 동아시아 사회도 고속 경제 성장의 시대가 저물면서 다수의 노력이 보상받는 집단적 성공 서사는 사라져 갔다. 자본주의를 탄생시킨 영국과 같은 사회는 계급 의식과 문화를 분명히 가르고 계급의 이익을 정치 의제화한다. 반면 중국이나 한국에서는 시험에 참여할 공정한 기회가 주어진다는 것을 전제로 여전히 모두가 동일한 성공을 꿈꾼다. '조국 사태'가 한국 사회를 극도의 대립과 분열로 몰아간 배경에는 이런 의식이 존재한다.

한국과 중국의 유일한 차이라면 한국은 이런 갈등과 여기서 파생하는 감정을 노골적으로 정치 현장과 공론의 장에서 드러내고, 대중 매체와 예술을 통해 계급 간의 증오와 격렬한 투쟁을 극화해 표현한다는 것이다. 중국은 이런 자유로운 표현을 용납하지 않는다. 유명 영화 평론가인 베이징대학교의 다이진화戴錦華 교수는 그래서 〈기생충〉이 "절망적인 현실을 용감하게 직시하는" 영화라고 칭찬한다.

하지만 이런 갈등은 중국 사회 안에서도 종종 탈정치화된 영역의 대리 인정 투쟁 양상에서 드러난다. 대중문화 속 극성 팬덤이 바로 그것이다. 인민대학교의 미디어 전문가 류하이룽劉海龍 교수는 저서 《아이돌이 된 국가》에서, 중국 국가를 아이돌로 삼아 외국 네티즌들과 치열하게 싸우는 사람들이 소분홍이라고 설명한다. 그 부작용이 지나쳐 중국 정부가 2021년 팬덤 문화를 강력히 비판하거나 규제하기 시작한 것, 그리고 사드로 시작된 한한령이 지나칠 정도로 길어지는 것도 이런 이유 때문이다. 중국 대중문화 연구가들은 팬덤 문화가 한류와 함께 들어왔다는 사실을 지적한다.

셋째, 중앙과 주변/지역의 관계에서 일본과 달리 한국과 중국은 고도의 중앙 지향성을 갖는다. 앞에서 거론한 국가의 정치 제도 모델이 그 기반이 된다. 중국은 특히 송대에 주자학 이념을 가르치는 지역의 교육 시스템과 과거 제도를 통한 중앙 집권형 관료제 국가 모델을 완성했고, 조선의 통치 집단은 이를 전폭적으로 수용했다.

하지만 원래 이 모델은 지역이 중앙을 일방적으로 추수하는 것이 아니라 둘 사이에 적절한 균형을 잡고 있었다. 그 균형을 깨뜨린 것이 바로 근대화, 공업화, 도시화다. 농업 생산 경제가 중심인 사회에서 생산의 가장 중요한 요소인 토지는 결국 지역에 존재했기 때문이다. 중앙의 관료는 관직을 내려놓으면 낙향해 자신의 근거지로 돌아갔다. 인간관계를 포함한 중요 자원이 모두 지역에 있었기 때문이다. 그런데 현대 사회에서는 인재가 모두 베이징, 상하이와 같은 대도시에 정착하고 더 이상 고향으로 돌아가지 않는다. 이 관계는 단순히 중앙과 지방이라는 지리적 대립뿐 아니라 엘리트와 보통 사람들, 도시와 농촌이라는 다중적 차원의 이원화 구조로 나타난다.

조선도 지역에 위치한 사림이, 왕권과 균형을 이루는 신권의 기반인 사대부 계층의 중심 세력이었음을 상기하게 된다. 물론 조선 후기에 '경화사족京華士族(한양과 근교에 거주하는 사족)'이 형성되면서, 근대화 이전에도 문화 자본이 중앙으로 쏠리는 현상이 존재했다. 하지만 생산력 기반이 여전히 지역에 위치한다는 전제하에서 현재와 같은 극단적 쏠림은 일어날 수 없었다.

향촌 붕괴를 방치할 수 없는 중국 공산당

지금까지 살펴본 중국과 한국 사회의 공통된 보수적 정치의식에서 한 걸음 더 나가면 중국의 도시화율을 토대로 한국과 중국의 정치 체제 차이의 기원과 전망을 유추해 볼 수도 있다. 2020년 기준, 중국의 도시화율은 60퍼센트를 넘고 있는데 80퍼센트를 넘는 한국에 비하면 여전히 낮은 편이다. 농촌 대 도시 구도를 조금 변형시켜 수도권과 비수도권 인구의 차이를 살펴보자. 한국은 전체 인구의 절반가량이 수도권에 살고 있다. 중국에서 이 수도권에 해당하는 것은 단지 베이징뿐 아니라 상하이, 선전, 광저우를 포함한 소위 1선, 항저우, 칭다오와 같은 신新1선의 10여 개 도시, 그리고 각 성의 수도에 해당하는 2선 도시로 분류되는 대도시군이다. 이 인구가 대략 4억 명 정도라고 한다. 나머지 10억 인구는 농촌을 포함한 중소도시에 살고 있다. 국가의 국토 발전 전략 관점으로 보자면 수도권에 자원을 집중할 것인가, 아니면 농촌을 포함한 각 지역을 균형적으로 발전시킬 것인가 하는 것은 전혀 다른 지향성을 갖는다. 그리고 이에 따른 이해 충돌이 발생한다.

중국 공산당 내에서는 개혁 개방 이후 이 상이한 발전 노선 간 투쟁이 존재해 왔다. 덩샤오핑의 남순 강화 이후 대도시와 연안 중심의 발전 전략이 더 큰 목소리를 내고 있었으며, 그 노선의 대표 주자로서 상하이 지역 정치가들과 상하이의 중산층들은 자유주의적 개방 노선을 선호해 왔다. 그런데 시진핑 집권 이후에는 그 반대쪽 스펙트럼에 있는 농민과 농촌을 중심으로 10억 인구의 정치 경제적 이익에 더욱 민감하게 반응하고 있다는 느낌을 준다. '공동 부유'라는 정책 구호가 이를 잘 보여 준다.

여기서 중요한 것은 이 10억 인구의 정치적 성향일 것이다. 극히 단순화시켜 한국의 상황에 빗대어 보자면 보수와 중도 성향 유권자의 상당수를 의미한다. 큰 사고가 없다면 이들은 집권 보수 여당을 지지할 가능성이 높다. 즉, 이들은 다당제보다 공산당의 일당 독재가 가져오는 안정성을 선호할 것이라는 뜻이다.

일당 독재의 전통을 만든 것은 공산당이 아니라 국민당이다. 애초에 참정권도 혁명과 항일 투쟁에 참여한 국민당원에게만 부여했다. 이들은 소련 볼셰비키 정당의 사례를 참고했다. 국공 합작 당시 공산당원들은 국민당에 참여해 하나의 파벌을 이뤘다. 그래서 근대 이후 중국의 정치 체제는 좌우 이념에 따라 설계된 것이 아니다. 중국 공산당은 '친일파'나 '매판 자본'의 후예였던 한국의 보수 정당들과 결이 다르다. 혁명의 성공에 의한 역사적 집권 정당성을 가지고 있고 개혁 개방 이후에 중국을 글로벌 G2로 등극시키는 데 성공한 유능한 정치 집단이다. 이런 점들을 고려한다면 중도 성향 중국인들의 공산당 지지는 한국의 보수 정당 지지에 비해 훨씬 강고한 수준일 것이다.

그들은 미국이나 한국의 최근 사례를 통해 투표로 대표를 뽑는 민주주의 제도가 가진 상당한 불안정성을 목격했고 그래서 유학 경험이 있는 젊은 세대들조차 상당수가 자기 체제의 우월성을 자랑하는 공산당의 애국주의 프로파간다를 지지한다. 그래서 우리는 '심층에서' 중국인들과 정치 문화 의식을 공유하는 한국 유권자의 '보수적 정치 성향'과 그 선택을 관찰하면서, 왜 중국의 정치 체제가 쉽게 바뀔 수 없는가를 짐작할 수 있다.

첫째, 한국에는 '수구 꼴통'으로 불리거나 '태극기 부대'로 대표되는 극우 성향 유권자들이 있다. 대부분 고령이고 특정 지역이나 종교와 일정하게 연관성을 갖는다. 이들 중 상당수는 '나라를 팔아먹어도 보수 정당 정치 지도자라면 지지한다'라는 말을 공공연하게 내뱉는다. 6·25 전쟁에 대한 이야기를 들으며 매우 보수적인 교육을 받았고, 경제가 고도로 성장하는 산업화 시기를 거친 세대들이다. 중국에서도 역시 자신들이 참전하여 항미 원조 전쟁이라 부르는 6·25 전쟁, 격동의 현대사와 급속한 경제 성장을 경험한 중장년 이상의 기성세대들은 정치적 보수 성향을 보일 가능성이 높다. 중국의 보수적 유권자라면 당연히 공산당을 지지할 것이다.

둘째, '합리적 보수와 중도 성향'의 유권자들을 생각해 보자. 중도의 경우 민주당 지지자들이 기대하는 것만큼 리버럴하지 않다. 이것은 정치 경제적 요인과 함께 여전히 전통적인 가치관이 정치의식에 영향을 끼치고 있기 때문이다. 이들이 검찰과 사법 권력의 횡포에 덜 분노하는 것도 시험으로 선발된 '관'의 도덕적 권위를 더 잘 받아들이기 때문일 것이다. 중국에서는 당 정부가 바로 관이고 국가다.

셋째, 민족주의나 특정 정치 지도자에 대한 팬덤 성향으로 보면 민주당 지지자들도 중국인들의 애국주의와 겹치는 부분이 있다. 우리 민족 국가에 적이 존재할 때 이런 성향은 더욱 강화된다. '군국 일본'에 대한 민주당 지지자들의 경계심을, 미국에 대한 중국인들의 경계심에 대입해 보자. 소위 '문빠'를 자처하다가 심지어 대선에서 윤석열 후보를 지지한 사람들을 생각해 보라. 즉, 평소에 리버럴한 성향을 보인다고 하더라도 심층의 민족주의나 극단적 팬덤 성향이 외부 자극에 의해 고양된 순간 얼마든지 보수적 선택으로 기울 수 있다. 중국 공산당은 한국의 보수와 달리 항일 전쟁을 벌여 승리한 역사적, 민족적 집권 정당성도 가지고 있다.

마지막으로, 정부가 시장과 개인의 권리를 압도해야 한다는 권위주의적 사회주의 경제 정책을 지지하는 사람들이라면 그 스펙트럼은 좌파 진보 진영으로 확장된다. 구좌파 의식을 가진 한국인들 중에도 중국 공산당 정부를 지지하는 사람이 꽤 있다. 하물며 중국 내 구좌파라면 당연히 공산당의 절대적 지지자일 것이다. 이 숫자를 모두 합친다면 중국인들 중 공산당을 지지하는 사람은 과반수를 넘을 것으로 짐작된다. 여기에 다시 비수도권에 사는 10억의 인구 통계를 겹쳐 보라.

그렇다면 중국은 어떤 시점에 정치적 개혁이 가능할까? 샹뱌오는 100년 전의 근대 사상가 량수밍과 페이샤오퉁이 왜 당시 중국인들은 서구식 정당 정치와 민주주의 제도를 받아들일 수 없는지 답했다고 말한다. 페이샤오퉁이 《향토중국》에서 서술한 중국인과 서구인의 인간관계 구조의 비교가 답이라는 것이다. 중국인들은 전통적인 향촌의 마을 공동체에서 사람들이 오랜 기간 익숙한 이들과 함께 살아온 방식을 유지했고, 서구인들은 근대화한 도시에서 이 인간관계를 새롭게 정의했다. 즉, 도시로 모인 유동하는 낯선 타인들이 계약에 기반해 일을 도모하는 관계를 의미한다. 이념과 강령을 공유하는 동질한 집단 내 사람들이 서로 동일한 거리를 유지하며 공평무사하게 선거를 치를 수 있는 문화적 기초가 필요한 것이다.

량수밍이 통찰했듯이 중국은 도시를 품은 거대한 향촌의 나라였다. 신중국 수립 후 사회주의 경제 체제로 재편되었지만 도시에서도 일터와 생활 터전이 묶인 '단위單位'라 불리는 회사 조직과 '대원大院'이라 불리는 사택 단지가 자급자족형 향촌 마을 공동체의 구조를 모사하고 있었다. 이 구조가 본격적으로 해체된 것은 대원 내 아파트를 자유롭게 거래할 수 있게 된 21세기 이후다. 불과 20여 년밖에 지나지 않은 것이다.

중국은 같은 시점부터 삼농 정책을 중시하면서 신농촌 건설, 그리고 후속의 향촌 진흥 정책을 국가 주요 전략으로 채택하고 있다. 이 정책은 식량 주권 유지, 생태 자원 보호, 기후 변화 대처, 농민의 권익을 신장시키기 위한 도농의 균형 발전과 같은 다양한 목표를 가지고 있다. 감춰진 어젠다agenda가 하나 더 있다면 나는 아마도 도시화율 제고 속도 조절을 함으로써 정치적 의식이 빠르게 변화할 가능성을 억제하는 것이라고 짐작한다.

그 바다거북의 나이는?

이제 한국과 중국, 혹은 중화권이 공유하는 근현대의 역사적 경험에 대해 설명해 보겠다. 2022년 유엔개발회의UNCTAD에서 한국이 선진국으로 분류되었을 때 나는 대만 사람들이 꽤 속상했을 거라고 추측했다. 대만은 중국 대륙과의 관계 때문에 국가로 인정받지 못하고 있지만 독립적인 민주주의 정치 체제를 가지고 있고, 남한의 절반 정도 되는 인구와 면적과 역시 비슷한 경제, 사회, 문화 수준을 갖추고 있다. 긍정적인 부분과 부정적인 부분 모두 쌍둥이처럼 닮아 있다.

대만이 한국과 매우 유사한 역사적 경로를 밟으며 발전해 온 것을 복기하면 이런 거울상도 충분히 수긍이 간다. 명청 교체기부터 중화제국의 일부였지만 소위 본성인本省人들이 유래한 푸젠성을 포함해 중화 유교 문화권 변방으로서의 위상을 갖고 있었던 점, 일본 식민지 시절의 근대화 경험, 국민당의 중화민국 정통성 계승론을 통해 대륙 정권을 오랑캐 취급한 점, 우파 독재 정권인 국민당의 장기 집권 치하에서 경험한 급속한 경제 성장과 민주화 운동, 그리고 현재 리버럴한 성향의 민진당 집권 속에 실질적으로 선진국 대열에 합류했다는 것까지 공통점이 한두 가지가 아니다.

과거 30년간 중국 대륙과의 경제 협력 관계 속에서 중진국에서 선진국으로 발돋움했으며, 지금은 미국의 대중 포위 전략 속에서 중국과의 관계가 매우 경색되고 있다는 점도 비슷하다. 그래서 대만 청년들은 마치 한국 청년들이 '헬조선'에 절망하듯 자기 나라를 '귀도鬼島'라고 자조한다.

홍콩도 경로가 조금 다르지만 비슷한 배경을 가지고 있다. 현재 청년 세대는 경제적 어려움에 정부의 정치적 탄압이 더해져 현실에 대한 비관주의에 푹 빠져 있다. 한국, 대만, 홍콩은 서구적 개념의 이념적 정의로는 좀체 설명하기 힘든 특색을 가진 세 진영이 극렬한 정치적 대립을 벌이고 있다는 것도 유사하다. 자칭 타칭 '보수'이지만 이념보다는 힘을 숭상하는 현실주의 지향이 강한 세력, '자유 민주주의와 리버럴'한 이념을 앞세우지만 민족주의 성향도 강한 세력, 그리고 소수파로서 아마도 가장 서구적 개념에 근접해 있을 정체성 정치 성향이 강한 '좌파와 진보' 등이 있다. 이들은 상대방에게 극단적 언사를 서슴지 않으며 치열하게 '사이버 내전'을 펼친다.

그렇다면 대륙과 이들 세 지역의 결정적인 차이는 무엇인가? 나는 그것이 대륙의 공산당 정권이라고 생각하지 않는다. 앞에서 설명했듯이 대륙의 정치 지형을 만든 것은 좌우 이념이 아니라 전통 사회에 기반한 초거대 국가가 급진적인 변화를 요구하는 근대화 과정에서 취한 상대적으로 보수적인 경로다. 통일 국가를 유지하기 위해 승자는 늘 하나뿐이어야 했는데 청 왕조를 뒤엎은 '보수적 국민당'을 '보수적 공산당'이 이어받았을 뿐이다.

중국 대륙의 이런 경로는 중국이 다른 세 지역과 비교할 수 없을 만큼 거대했기 때문에 자연스럽게 선택된 것이다. 마치 거대한 물체나 생물이 큰 관성을 가지고 움직이는 것과 같다. 방향 전환에 그만큼 많은 에너지가 필요하다. 나는 중화 민족을 5000살 먹은 거대한 바다거북에 즐겨 비유한다. 지금도 이 거대한 바다거북은 긴 궤적의 유영을 지속하며 서서히 방향을 전환하고 있다(다만 이런 거북 비유에 대해 중국인들과 직접 소통해야 한다면 그 맥락을 잘 설명해야 한다. 한국인들과 마찬가지로 중국인들은 전통적으로 거북을 장수와 지혜의 상징 등으로 생각하지만, 후대에는 다른 몇 가지 이유 때문에 부정적인 이미지도 덧씌워졌다). 토끼라 불리든 호랑이라 부르든 '성마른 한민족'은 이것을 옆에서 지켜보며 발을 동동 구른다. 한반도의 분단은 외세의 영향이 컸지만 내부적으로는 성급한 방향 전환의 대가였을 수도 있다.

한국 사람들을 포함한 외부인들, 혹은 중국 사람들조차 중국 대륙 사회의 이런 관성을 포착하기 어려운 것은 마치 태풍이 불어닥친 바다의 거센 풍랑을 보면서 깊은 밑바닥은 여전히 고요한 것을 느끼지 못하는 것과 비슷하다. 지난 200년간 수많은 엄청난 격변이 일어났고, 지금 현재도 겉으로는 중국 사회가 한국보다 더 빨리 변화하는 것처럼 느껴진다. 시장과 기술, 사람들의 후기 자본주의적 생활 방식 같은 것들이 그러하다. 하지만 중국 사회 구조의 심층적인 부분들은 대단히 느리게 움직이고 있다.

86세대 유 선생은 왜 지칭 세대 원 선생이 반가웠을까

여하튼 중국 대륙은 단일한 프로파일을 가진 사람들의 균질한 집합이 아니라 상이한 인구 통계 집단들이 공존하는 거대한 국가다. 그래서 전체 중국 대신 대도시 거주민들, 그중에서도 청년들을 눈여겨보면 동시대의 한국, 대만, 홍콩 젊은이들과 크게 다르지 않은 삶을 발견할 수 있다.

그 이유를 조금 더 구체적으로 들어 보자. 1980년대, 그리고 1990년대와 밀레니엄 이후 중국 사회의 변화는 의외로 한국과 유사한 점이 많다. 이러한 변화는 모두 서구 사회가 가져온 외부적 요인들이 동아시아 사회에 영향을 끼치면서 벌어진 일들이다. 이를테면 결국 천안문 사태의 비극으로 종결된 1980년대의 '문화열文化熱'이 있다.

개혁 개방 정책이 시작된 후 대도시와 연안 지역을 중심으로 서구의 문화와 지식이 갑작스레 봇물처럼 쏟아져 들어왔다. 문화대혁명 기간에 모든 지적, 예술적 활동이 금기시되었고 통상적인 의미의 지식인과 대학생들은 대학과 도시에서 사라졌었다. 그렇게 하향되었던 도시의 지식 청년들이 돌아와 모처럼의 자유를 만끽하기 시작했다. 금지되었던 문화, 특히 서구와 서구화된 일본 사회의 문화와 지식을 '폭풍 흡입'하던 과열된 분위기를 '문화열'이라고 일컫는다.

문화열은 당연히 부작용도 낳았는데, 단식을 마쳤을 때 미음부터 시작하지 않으면 한참을 쉰 내장 기관이 음식물을 제대로 소화할 수 없는 것과 같은 이치다. 지나치게 급진적인 사고와 요구가 횡행하는 가운데 상황을 통제할 수 없게 되는 것을 두려워한 중국 정부는 극단적인 결정을 내렸다.

내가 주목한 것은 바로 1980년대의 문화열을 이끈 청년 엘리트들이다. 이들은 '지식 청년' 세대로 불린다. 묘하게도 한국의 86세대 엘리트들, 혹은 '범386'으로도 불리는 '민주화 세대'와 많은 점에서 통하는 것 같다. 연령으로는 한국의 86세대보다 연상이다. 청소년 시기에 문혁이 시작되고 하향한 탓에 대학 진학이 10년 가까이 늦춰졌기 때문이다. 하지만 격동의 1980년대를 대학가와 지식인 사회 내부에서 보냈다는 동시대성이 있다. 조금만 더 구체적으로 살펴보자.

첫째, 이들이 외래 지식을 흡수하고 소화시키는 방식이 그러하다. 샹뱌오는 이 당시의 지식인들이 "아는 척하느라 폼만 잡았다姿態化"고 이야기했는데, 자신들이 받아들인 지식을 내재화할 시간적, 정신적 여유가 없었기 때문이다. 사회 전반적으로는 서구와 일본 문화를 무분별하게 모방하면서 잘난 체하는 일종의 '힙스터 현상'이 나타나기도 했다. 어떤 때는 이론 자체를 제대로 이해하지 못한 경우도 있고 완전히 곡해한 경우도 있다. 맥락에 상관없이 교조적으로 정보를 받아들이거나 자기가 하고 싶은 말을 떠벌리기 위해 '단장취의斷腸取義'한 것이다. 하지만 더 큰 이유는 서구 사회의 이론을 동아시아 사회에 이식하여 그대로 적용하는 것은 쉽지 않기 때문이다. 한국에서는 1990년대부터 이러한 풍조에 대한 반성이 없지 않았으나 아직도 문제가 완전히 해결되지 않았다. 비서구 사회 지식인들의 숙명 같은 것인지도 모른다. 어쨌든 한국 사회에서 86세대 이후 청년 지식인들의 서구 이론에 대한 이해가 훨씬 깊어지고 정확해진 것은 사실이다. 학술 연구는 지속적으로 규범화되었고, 유학을 통해 현지에 가서 이를 익히든 아니면 인터넷을 통해 외국어로 된 정보를 직접 수용하든 '원 소스'에 접근할 기회가 급증했기 때문이다.

둘째, '정치적 풍운아'이자 '혁명과 공화국의 자식'이라는 자의식을 가지고 있다. 한국의 86세대는 대학 재학 중 학생 운동에 가담하거나 노동 운동에 참여하면서 치열한 현실 참여 의지를 불태웠다. 투옥 경험을 포함해 현장과 캠퍼스 사이를 오가다 늦게 대학을 졸업한 이가 많다. 중국의 지식 청년 세대도 청소년기를 농촌과 산업 현장에서 보내야 했다. 그래서 서로 대립되는 것처럼 보이는 엘리트 의식과 민중주의적 관점을 자연스럽게 한 몸에 지니게 되었다. 한편 이들은 꼼꼼한 학술적 논증보다는 단시간에 핵심을 짚어 상대를 설득하는 웅변적 화법에 매우 능하다. 그래서 그들의 언어는 역사와 사회를 통으로 묶어 거시적 문제에 대한 답을 주고 싶어 할 뿐 일상생활의 권력관계가 만드는 모순을 세심하게 따지는 것에는 관심이 적다. 한국의 경우 정체성 정치 지향이 강한 MZ세대와 페미니스트, 진보 좌파 운동 세력들이 이들과 쉽게 대립할 수밖에 없는 이유다.

셋째, 이들 대부분은 1990년대와 2000년대를 거치면서 자연스럽게 중산층으로 편입되었고 그중 일부는 양국의 정치 영역과 지식인 사회 내에서 최고위층 자리에 오르게 되었다. 바로 권력자가 된 것이다. 나는 86세대를 포함한 한국의 민주화 세력에 속하는 지식인과 정치인들이 중국에 대해 느끼던 친밀함의 원인 중 하나가 구좌파에 대한 이념적 동질감뿐 아니라 각자의 사회에서 '격랑의 시기'를 보낸 경험과도 관련이 있지 않나 하고 생각할 때가 있다. 특히 '혁명의 자식'이라는 표현이 막연한 동지애를 불러일으킬 것이라는 점은 충분히 상상이

간다. 과거 지식 청년 세대에 속하는 중국 학자 원톄쥔이 방한했을 때 《경향신문》이 기획한 유시민 작가와의 대담이 있었다. 유 작가는 한동 안 이 대담을 근거로 자신의 중국 정치에 대한 이해를 피력하고 강한 공감의 정서를 표시했는데 실제로 정곡을 찌르기 좋아하는 두 사람의 화법은 유사한 점이 적지 않다.

86세대, 특히 민주당 계열의 정치인이나 지식인들은 후배인 X세대 를 비롯해 조카나 자식 세대인 MZ세대에게 애증의 대상이 되고 있다. 이 중에서도 이들을 적대시하는 사람들은 86세대가 가진 지식의 부정 확함을 비웃거나 이들의 선동적인 정치적 언사를 조롱하는 일이 많은 데, 바로 위에 열거한 3가지 배경 때문일 것이다. 물론 중국에서는 그 런 일이 일어나지 않았다. 자유주의 성향의 지식인들은 사회적 발언권 이 매우 약해졌고, 반대로 정부 관료가 되거나 관방 지식인이 된 사람 들은 공개적으로는 비판받지 않는 권력을 지니고 있기 때문이다. 체제 내에 있지만 공산당원은 아닌 왕후이汪暉 같은 지식인들의 처지는 꽤 난처해 보이는데, 상뱌오는 국외에서 조금 더 자유롭게 이들의 입장을 대변해 준다.

동아시아 MZ가 경험하는 풍요와 빈곤

1990년대 후반과 2000년대의 유사성은 국내외적 경제 상황과 관계 가 있다. 우리에게 잘 알려져 있지 않지만 IMF 금융 위기 당시 중국 경 제도 심각한 타격을 입었다. 이게 겉으로 잘 드러나지 않은 이유는 중국 국유 기업 특유의 고용 관행에 기인한다. 실제로는 정리 해고된 것이나 마찬가지인데도 일종의 대기 발령 상태로 파악되어 실업률 통계에는 잡히지 않았기 때문이다. 당시에도 수천만 명이 이런 상태에 놓였었다고 한다. 일반적인 자본주의 체제 국가에서라면 폭동이 일어났을 법한 상황이다. 어쨌든 당시 많은 국유 기업이 도산하고 공장이 문을 닫는 가운데 수많은 사람이 일자리를 잃었다. 특히 대형 중공업 산업체가 많았던 둥베이 지역은 치명적인 내상을 입고 아직도 그 상처가 아물지 못했다. 이 지역을 포함해 많은 내륙 지역의 노동자들이 연안 지역의 대도시로 몰려들었다.

당시 중국은 한국에 비해 국가가 제도로 보장하는 사회적 안전망이 취약했으나, 향촌의 최소 생계 기반과 친족을 중심으로 하는 전통적인 사회적 안전망은 여전히 유지되고 있었다. 그래서 사회 구조와 의식의 변화는 한국만큼 격렬하게 일어나지 않았다. 하지만 이 당시에 청소년기를 보낸 중국의 밀레니얼 세대도 시장의 치열한 생존 경쟁에서 살아남기 위해 자기 경쟁력 자본을 갖춰야 한다는 깨달음을 얻었다고 한다. 또 가장 안전한 자산 증식과 노후 보장 수단은 빚을 내서 도시에 집을 사 두는 것이라는 게 상식이 됐다. 중국의 민간 사회와 시장이 놀라울 정도로 신속하게 글로벌 경제에 편입되고 신자유주의적 자본주의 사회에 적응할 수 있었던 배경 중 하나는 이런 트라우마적 경험과 무관하지 않다. 한국과 중국의 빈곤 문제를 20년 넘게 추적 연구한 인류학자 조문영은 그의 박사 논문인 《The Specter of "the People"》과 공저 《민간중국》에서 각각 하얼빈과 베이징의 연작 문화 기술지를 통해 중국 사회와 행위자들이 상호 작용하면서 만들어 나가는 이런 변화들을 매우 세밀하게 기록하고 있다.

한국과 중국은 1992년 수교 이후 한국 기업의 중국 투자가 시작되면서 2016년의 한한령이나 최근 미중 갈등 속 디커플링이 진행되기 직전까지 '글로벌 경제 체제'라는 거대한 태반 위에서 마치 서로 몸통이 연결된 샴쌍둥이처럼 윈윈 관계를 이루며 성장해 왔다. 하지만 두 나라 모두 전체 사회의 부가 커지는 것과 동시에 경제적 양극화 문제를 겪고 있었다. 경제 발전과 산업화 단계는 차이를 보이고 있었지만 근본적으로는 동일한 성장통을 경험하고 있었던 것이다.

1980년대 문화열 경험이 양국 엘리트들이 겪은 변화의 공통점을 이야기한 것이라면 2000년대 전후 경제 사회 구조의 격변은 경쟁에서 탈락하거나 간신히 살아남은 보통 사람들의 삶과 관계가 깊다. 한국과 중국처럼 크기나 정치 제도의 차이 때문에 겉으로는 매우 달라 보이는 두 사회가 거의 동일한 시기에 유사한 성격을 갖는 거대한 시대적 변곡점을 지나왔다는 사실은, 그 결과도 비슷한 양상으로 드러날 수 있음을 유추하게 한다.

***

지금까지 '한중일 동아시아 공동체'라는 모호한 표현이 왜 적절하지 않은지, 그럼에도 불구하고 한국이 왜 중화권, 특히 중국 대륙과 많은 공통점을 지니고 있는지 설명했다. 겉으로 드러나는 현대성, 그중에서도 서구적 제도 때문에 우리는 스스로를 서방 세계의 일원으로만 규정 짓고 싶어 한다. 일본은 이미 100년도 전에 '탈아입구脫歐入亞'를 외치며 그 길을 걸었는데 결과적으로는 어느 쪽에도 속하지 않는 것으로 드러났다. 그 자체는 문제가 아니지만 그 과정에서 이웃들을 괴롭히고 자신도 고통을 겪은 과거는 유감스럽다.

지금 한국도 새롭게 자신의 정체성을 규정하기 위해 분투하고 있다. 중장년이 여전히 혼란스러운 과거의 정체성을 안고 가야 하는 세대라면, MZ세대는 새로운 정체성을 만들어 충분히 오래 대표할 수 있을 것이다. 이 과정에서 특정 세력을 배척하고 어떤 세력을 편애하는 도그마에 빠지지 않았으면 한다. 우리는 다른 별에서 지구로 뚝 떨어진 사람들이 아니라 과거에서 현재까지의 총합으로 이뤄진 존재들이기 때문이다.

4부

두려움과 부러움 사이에서
발견한 새로움

지금, 중화 민족을
이해해야 하는 이유

Chinese Union vs United States of China

10여 년 전 내가 베이징에 살 때 한 가지 습관이 있었다. 처음 만난 사람에게 어디 출신인지 꼭 물어보는 것이었다. 반대로 누군가가 내게 한국의 어디서 왔냐고 물어보면 조금 짜증스럽게 대답하곤 했다. 나는 서울 토박이라고 말이다. 더불어 모든 한국인에게 이런 질문을 던져 봤자 정보 값 높은 답은 얻기 힘들 거라고 보충 설명도 해 줬다. 그 이유는 이렇다. 중국인들은 어느 곳 출신인가에 따라 말투, 생김새, 성격, 식습관 등이 천양지차다. 그런데 한국인들은 일단 절반이 수도권에 모여 사니 죄다 중국의 시市 하나 정도 크기의 지역에서 온 셈이고, 나머지 절반을 다 합쳐도 중국의 성省 한 곳 규모에 불과하기 때문이다. 그러니까 한국의 어느 곳에서 왔든 중국의 일개 성 출신들의 편차를 벗어나기 힘들다.

더구나 지금처럼 서울 중심주의가 강화되고 수도권이 블랙홀처럼 모든 것을 빨아들이는 상황에서, 한국에 살지도 않고 한국 전문가도 아닌 중국인이 보는 해상도 수준으로 한국인의 지역적 특성을 판별하기란 거의 불가능할 것이라고 나는 생각했다. 그러니까 제발 그런 재미없는 질문은 하지 말아 달라는 게 내 부탁이었고, 반대로 한국에서는 찾아볼 수 없는 중국인들의 출신 지역별 다양성을 관찰하는 게 나에게는 퍽이나 흥미진진했다.

중국에는 한반도 혹은 대한민국 크기만 한 성급 행정 구역이 31곳 존재한다. 인구도 14억 명이 넘으니 면적이나 인구 같은 단순 체급으로만 따졌을 때 중국은 한국을 30개 합쳐 놓은 나라라고 볼 수 있다. 우리는 흔히 스스로를 일본과 비교할 때 국토 면적이나 인구 면에서 상대적 대국에 속하는 일본을 만만하게 보는 경향이 있다. 그래서 한국인들은 허풍이 센 편이라고 농담 삼아 이야기해 왔다. 그런데 2~3배의 일본이 아니라 하물며 그 10배가 넘는 중국과 비교 경쟁하는 것도 마다하지 않는 것을 보면, 제3자가 보기에 풍차에 달려드는 돈키호테를 연상할지도 모르겠다.

그래서 나는 중국을 바라보는 하나의 유효한 관점이 '또 하나의 유럽'에 대한 상상이라고 생각한 적도 있다. 지금은 'EU'라는 지역적 정치, 경제 공동체도 존재하지만 그 역사는 EECEuropean Economic Community 시절부터 따진다고 해도 100년이 되지 않는다. 또 2010년 PIGS 등의 재정 위기와 브렉시트 이후로는 그 지속 가능성 여부에 대해 많은 논란이 존재한다. 그런데 대안 역사적 관점으로 조금 다른 유럽을 상상해 볼 수도 있다.

　고대 문명 중 지금까지 연속적으로 국가 공동체를 이루고 있는 것은 중화 문명이 유일하다고 중국은 강조한다. 만일 고대 그리스 문명을 계승한 서로마 제국이 멸망하지 않고 지금까지 왕조를 교체해 가며 존속했다면 지금 유럽 공화국은 어떤 나라가 되었을까? 그들이 공통의 표준 언어와 단일한 정치 체제를 가진 채 근대 국가로 전환하면서 '범유럽 민족'이라는 개념을 만들어 냈다면 그들 내부에 얼마나 많은 이질성과 공통점이 존재하게 될까? 물론 이런 상상은 게르만, 골, 앵글로·색슨, 라틴 등이 결합되어 한족에 버금갈 만한 규모가 된 '코어 유럽' 민족이 1000년간 서서히 형성된 후 그 외연이 근대에 확장된 '범유럽 민족'이 존재한다는 시나리오에 기초해야 한다.

　터무니없다 싶어 전혀 동의가 되지 않는다면 과거가 아닌 현재에 닻을 내리고 또 다른 시나리오를 상상해 볼 수 있다. 만일 미국이 불과 역사가 200년 된 신생국이 아니라 천년 제국이라면 어떨까? 다수의 민족이 오랜 기간 각축을 벌이며 하나의 정치 문화 공동체를 형성해 지금의 미국 민족을 만들었고 지난 200여 년간 세계의 패권국 노릇을 해 왔다면, 그들의 문화와 정치적 양상은 지금의 미국과 얼마나 다를까? 지금 우리가 관찰하고 있는 중국, 혹은 중화 제국과 아주 많이 다를까?

　너무 뜬금없이 들린다면 의도를 바로 설명하겠다. 나는 너무나 오랜 기간 이웃으로 존재했기 때문에 우리가 당연히 잘 이해한다고 착각하지만 실은 여러 측면에서 불가해한 중국이라는 나라를 이해하는 하나의 방법을 제안한 것이다. 흔히 생각하듯 중국이 유럽처럼 수많은 나라로 쪼개져 존재한다든가, 모든 성이 미국의 주와 같은 수준의 자치권을 가지고 연방 국가를 이루고 있는 상상과는 다른 방법으로 말이다. 반대로 유럽과 미국을 낯설게 보면서 그들의 대안 역사 결과물이 중국과 얼마나 다를지 한번 상상해 보기를 권하는 것이다.

민족이란 무엇인가?

여기서 '민족' 개념을 한번 정리해 보자. 근대 민족 국가 형성의 기초가 되는 '민족' 개념인 '네이션nation'은 우리가 직관적으로 떠올리는 한민족과 같은 점도 있고 다른 점도 있다. 네이션의 개념이 만들어진 유럽은 오랜 기간 소규모 지역 단위의 공국들로 이루어진 봉건제를 유지하다가 근대 시기에 이르러서야 베네딕트 앤더슨Benedict Anderson이 이야기한 '상상된 공동체'로서의 민족이 출현했다. 일반 대중에게도 '민족'과 '국민'이라는 개념을 심어 줄 수 있는 환경을 제공하는 데 출판 기술, 미디어, 근대적 교육 제도가 중요한 역할을 했다.

하지만 중국이나 한국처럼 일찌감치 봉건제를 탈피하고 중앙 집권적 군현제를 유지한 동아시아의 왕조 국가는 중앙뿐 아니라 지방의 엘리트들에게도 이미 근대 이전에 '왕조'를 넘어서는 민족의 개념이 자리 잡을 수 있었다. 희姬씨와 강姜씨 같은 특정 성씨들이 모든 지역과 온 나라를 지배하는 종법 제도가 서주 시대 봉건제의 기반이 되었다. 훗날 공자는 이를 뒷받침하는 유교 이념을 만들어 가국家國이 국가國家로 자연스럽게 진화하면서 국가와 가문의 윤리적 접점을 가지게 했다. 국가는 하나의 커다란 가족이고, 조상과 부모에 대한 효와 군왕에 대한 충성은 같은 이념적 뿌리를 갖게 된 것이다. 국가와 가문, 중앙과 지역의 제도적 접점은 과거 제도였다. 정부의 관료가 되기 위한 과거 시험을 준비시키기 위해 지역에 유교 교육 기관이 들어서면서 이런 이데올로기는 매우 체계적으로 지역의 엘리트들에게 주입되었다. 이런 역사가 500~1000년 가까이 유지되었다.

과거 제도를 포함한 교육과 관료 선발 시스템이 완성된 것은 중국의 경우 북송 시절이다. 지금으로부터 딱 1000년 전이다. 민족이 혈통과는 무관한 문화적 개념이었다는 사실이 반론으로 제기될 수도 있다. 중국인들의 전통적 천하天下관에서 화華와 만이를 구분하는 것은, 중국 왕조들의 핵심 이념인 유교와 여기서 파생한 생활 풍속을 받아들여 교화되었는지 아닌지가 관건이었다. 마찬가지로 지금처럼 명확한 국경과 영토 개념이 확립되기 전에는 강역疆域이라는 넓은 스펙트럼의 회색 지대, 혹은 완충 지대를 사이에 두고 중화 제국과 오랑캐들의 땅이 구분되었다.

그래서 과거에 중국인들이 가졌던 민족 아이덴티티는 지금 우리가 알고 있는 민족 개념과 전혀 다른 것이 아니었겠느냐고 반론을 제기할 수도 있다. 역사학자 거자오광의 저서 《이 중국에 거하라》에 의하면 이 반론의 통념과는 달리, 북송 시기의 정치적 환경이 일찌감치 중국인들에게 한족 중심의 민족 국가라는 개념을 형성시킨 것을 발견할 수 있다. 이유는 북송이 한漢이나 당唐과 같이 대륙을 독점하는 '천하 제국'이 아니었다는 역설 때문이다. 즉, 중국 역사에서 문화적으로 중원 왕조의 적통성을 가진 송은 상대적으로 무력이 취약한 인문 국가였기에 서쪽의 서하나 동북 지역의 요遼와 금金이라는 이민족 왕조와 대등한, 혹은 열세적 외교 관계를 유지할 수밖에 없었다. 이념적으로는 몰라도 외교적으로는 사방의 만이를 복속시키는 천자의 위엄을 갖출 수 없었다. 따라서 이런 이웃 나라들과 명확히 구별되는 '한족 문화를 기반으로 하는 송'이라는 일종의 민족 국가 아이덴티티가 중앙의 엘리트를 중심으로 형성되었다. 그리고 중앙뿐 아니라 지역의 엘리트들도 이런 개념을 점진적으로 수용하게 되었다.

한반도의 경우에도 비슷한 시기에 고려 왕조가 수립되면서, 한반도 내 단일한 왕조 국가와 민족에 대한 개념이 중앙의 엘리트를 중심으로 형성되기 시작했을 것이다. 하지만 유교를 중심 이념으로 삼고 과거 제도를 통해 전국의 엘리트를 선발하는 제도가 확립된 것은 조선 왕조이니, 송과 유사한 수준의 민족 국가 아이덴티티가 형성된 것은 조선 왕조 시기 정도로 추정하는 게 합리적이다. 또 조선이 임진왜란을 거치며 엘리트층을 중심으로 민족 국가의 아이덴티티를 강화했다는 사실은 잘 알려져 있다.

물론 이런 형태의 민족 개념을 근대 국민 국가의 기반이 되는 네이션과 등치시킬 수는 없다. 그리고 네이션 개념이 일반인들, 즉 평민들의 의식에 심어진 것은 당연히 신분제가 철폐되고 의무 교육이 실시되기 시작한 근대 이후다. 하지만 지금까지 설명한 역사적 배경을 바탕으로 생각해 보면 한국과 중국, 특히 생산력과 경제의 발전으로 명청 이래 신분제가 사라져 원칙적으로 거의 모든 남성이 과거에 참여할 수 있었던 중국의 경우 '일종의 민족 공동체' 개념이 세계의 다른 지역에 비해 일찍 왕조 국가 전역으로 확산되었을 가능성이 높아 보인다. 네이션이 아니라 근대 이전의 정치 문화 공동체를 뜻하는 '에스니ethnie' 개념상으로 그러하다는 것이다.

그렇다면 주류인 한족뿐 아니라 56개의 민족을 통합한 '중화 민족' 이라는 개념은 어떻게 정의될 수 있을까? 한국과 같은 소위 단일 민족 국가와 달리, 중국이나 미국과 같은 다민족 국가는 '국족國族, state nation' 이라는 별도의 개념을 가지고 있다. 어떤 연유든 복수의 민족이 하나의 근대 국가를 수립하기 위해서 새로운 민족 공동체를 형성했기 때문이다. 반대로 한반도의 남북한과 같이 하나의 네이션이 복수의 근대 국가, 혹은 '정치 공동체state'를 형성할 수도 있다. 물론 중국은 실제로는 별개의 정치 공동체가 되어 버린 대만에 대해 하나의 '민족 국가nation state'라는 주장을 포기할 생각이 전혀 없다. 원주민인 소수 민족을 제외하고도 수백 년간 대륙 남부에서 이주한 본성本省인과 국공 내전 이후 이주한 외성外省인 모두를 포함해 한족이 다수이기 때문에 같은 민족이라고 본다. 또 대륙과 마찬가지로 소수 민족을 포함해 중화 민족을 하나의 국족이라고 주장하기도 한다. 대만 정부가 중국 대륙 내 최초의 공화국이며 유일한 정부였기 때문에 '중화인민공화국'의 선대라고도 볼 수 있는 '중화민국'을 계승한 또 다른 정부라는 점도 이유가 된다. 여하튼 이처럼 민족과 국가는 다양한 정의와 형태를 가질 수 있다.

대륙을 구르는 눈사람

'중화 민족'은 어떻게 형성된 것일까? 앞에서 설명한 한족 중심의 민족 개념과 달리 이런 오래되고 복잡한 스토리라인을 가진 중화 민족의 개념이 설득력 있게 정리된 것은 100년이 채 되지 않았다. 가장 정교한 개념인 '중화 민족 다원일체多元一體론'은 1980년대 후반에 이르러서야 공개되었다. 그 주인공은 중국 인류학의 비조인 페이샤오퉁이다.

청 말기와 신해혁명 직후인 민국 시기 초기까지 이런 개념들은 반전을 거듭해 왔다. 캉유웨이 같은 복벽파復辟派 사상가들은 여전히 청 왕조가 중화의 정통성을 유지하면서 입헌 군주의 근대 국가로 이행하기를 바랐지만, 쑨원과 같은 국민당 혁명가들은 당초에 청과 만주족을 배격하고 한족 중심의 근대 국가 수립을 원했다. 그들 중 일부는 지금의 동북 지역인 만주 땅을 떼어, 이미 한반도를 병탄하고 만주를 노리던 일본 제국에 할양하는 것이 올바른 선택이라고까지 주장할 지경이었다.

한편으로는 각 성이 독립된 정치 체제를 구축하고 지금의 미국처럼 '중화 연방'을 구성하자는 움직임도 있었는데, 마오쩌둥 자신도 젊은 시절에 이런 정치적 입장을 가지고 있었다. 어쨌든 국민당은 나중에 한족과 다른 소수 민족의 연합체로서의 중화민국 개념을 승인하게 되었고 이는 중국 공산당 정부로 이어지게 된다. 이들은 초기 공산주의의 국제주의적 이념에 입각해 민족을 초월한 무산 계급의 연대를 강조하기도 했다.

일본이 동북 지역에 만주국을 수립했던 1930년대에는 구제강顧頡剛이라는 역사학자가 민족의 혈통과 풍속의 개별성보다는 문명 전통을 강조하여 중화 민족을 단일한 '고도의 유기적 통합 공동체'로 주장하기도 했다. 그의 의도는 한漢족과 만주滿족, 몽골蒙족, 회回족, 티베트의

장藏족을 떼어 내 중국을 '분리해서 통치divide and conquer'하려 한 일본에 맞서기 위한 것이었다. 앞서 언급한 '국족' 개념의 원형에 해당하는 생각이기도 하다. 당시 브로니슬라브 말리노프스키Bronislaw Malinowski의 제자로 런던정경대학교에서 인류학 박사 학위를 받고 갓 귀국한 청년 인류학자 페이샤오퉁은 이에 반대하며 일대 논쟁을 벌이게 된다.

사실 구제강은 청년기에 의고疑古주의를 주장하는 일본 역사학자들의 관점을 좇아 삼황오제와 하상夏商대의 신화를 좇는 중국의 전통적 역사 기술을 철저히 부정했다. 그는 정치와 분리된 학문의 순수성을 추구하는 입장이었다. 하지만 일본이 중국을 침략하고 일본 학자들이 대륙 분할 점령의 이론을 뒷받침하려는 정치적 의도를 드러내자, 이에 반발하여 중화 민족 단일론을 발표하게 된 것이다.

페이샤오퉁은 이런 양극단의 관점에서 벗어나 역사적인 시각에서 합리적인 방법으로 중화 민족의 형성 과정을 설명한다. 3000년 전 황하 중류 유역을 지배하던 화하족에서 출발하여 서주, 춘추 전국 시대와 진한 제국의 통일을 거치며 서서히 '눈덩이처럼 불어나는 과정'을 통해 한족이 형성되었다는 것이다. 남북조 시대에는 다시 북방 유목 민족이 대거 유입되고, 당唐과 송宋을 거치며 이런 과정이 반복되어 남북으로 뚜렷이 구별되는 특성을 가졌지만 문자를 포함한 핵심 문화와 정치 이념은 하나로 통합된 한족이 생겨났다.

명明 시기에 남서부 산악 지역이나 남방 소수 민족이 기미羈縻 제도를 통해 자치권을 인정받으면서 다시 제국에 통합되었다. 비교적 통일성을 가진 왕조 국가와 민족이 형성된 것이다. 하지만 만주족인 청이 마지막 왕조를 이어받고 제국의 판도를 넓혀 지금의 중화인민공화국

영토에서도 주변부에 해당하는 내몽골, 티베트, 신장, 만주족의 땅인 동북 지역이 모두 중원 제국에 속하게 되었다. 자연히 이 지역에 거주하던 비한족들도 중화민국 수립 후에는 중화 민족의 일원으로 합류하게 된다. 다른 지역의 소수 민족 대부분이 한화된 지금도 여전히 문제가 되는 신장과 티베트의 화근은 이때 생겨난 것이다.

광둥과 같은 최남방 지역은 진시황과 한무제의 정벌 이래 일찌감치 한족의 판도로 편입된 것으로 알려져 있다. 하지만 실제로 이 지역의 대다수 농민은 자신들이 개간한 토지 소유권을 국가가 인증하는 대가로 조세와 부역 제도에 등기 편입里甲되었다. 동시에 문중을 일으키면서 유교 질서를 따르는 왕조 국가 신민의 정체성을 갖게 된 것은 명나라 시기로 본다. 주강 삼각 지역의 족보와 비문, 지방지, 그리고 현지인들의 구술사를 통해 얻어 낸 화남학파의 역사 인류학 연구 결과다. 중화 민족은 단순한 근대적 상상의 결과라기보다 3000년에 걸쳐 서서히 몸집을 불려 간 역사적 실체가 있는 공동체라는 설명이다.

한편 화남학파의 대표적 연구자 중 한 명인 홍콩 출신 역사 인류학자 헬렌 시우蕭凤霞는 1970년대 후반부터 광둥의 주강 삼각 지역에서 시작된 연구를 중심으로 40여 년간 남방 교류사의 발자취를 좇아 자신의 필드를 홍콩, 인도, 아랍, 아프리카로 넓혀 간다. 이를 통해 문화와 국가, 민족은 본질적이지 않으며 끊임없이 다이내믹하게 변화하는 과정이라는 주장을 펼친다. 그렇게 경계가 고정된 범주가 아닌 '과정으로서의 중국China as Process'이라는 그의 지론도 완성된다.

중국인들이 즐겨 하는 표현 중에 '합구필분, 분구필합合久必分, 分久必合'이라는 말이 있다. '합쳐서 오래되면 반드시 나눠지고, 나눠져 시간이 지나면 반드시 합쳐진다'라는 뜻으로, 중국이 역사상 '통일과 분열'을 거듭해 온 사실을 설명하는 것이다. 푸단대학교의 원로 역사 지리학자 거젠슝 교수의 동 제목 저서는 중국 역사의 이런 측면을 잘 정리한다. 그는 중국 인구사, 이민사의 대가다. 여기서 이민은 근대 이후의 해외 이민이 아니라 중국 대륙 내에서 민족들이 수천 년간 이동해 온 과정을 설명하는 것이다. 국가의 통일과 분열은 단순히 정치 체제의 변화뿐 아니라 이에 수반하는 사람들의 이동과 융합을 의미하기도 한다. 사람들의 이동은 당연히 문화의 전파와 물자의 이동을 수반한다.

그의 연구에 의하면 중국의 지배적인 국가 이념인 '대일통'은 진시황의 천하 통일 이후 중앙 권력에 필요한 이데올로기로써 유지되어 왔다. 특히 사마천이 《사기》를 통해 이런 단선적인 중국 역사관을 창조해 냈다. 거젠슝은 '통일은 선, 분열은 악'이라는 통념은 역사적 사실이 아니라고 말한다. 통일 제국을 유지한 시기는 전체 중국 역사의 절반에 한참 못 미치고, 분열된 상황이 잦은 내전이나 외침을 불러와 백성들의 평화로운 삶을 지키기 어렵게 만든 것도 아니다. 오히려 통일 제국 유지를 위한 추가적 비용이 필요하지 않을 때는, 상대적으로 환경 조건이 좋은 강남 지역 같은 곳은 수월성 높은 생산력을 바탕으로 상당한 부를 누릴 수 있었다.

분열이 극심했던 춘추 전국 시기와 5·4 운동을 전후한 민국 시기 같은 역사적 상황에서는 다양한 사상이 만개하고 활발한 사회적 토론이 진행되었다. 반대로 통일 제국이 '동문동궤同文同軌'와 같은 표준을 강요할 때는 사상의 자유가 억압되었다. 그래서 청조 말기부터 혁명 공화국을 준비하면서 성省 단위로 재정을 포함한 행정, 군사력이 독립된 각자의 성 정부를 세우고, 이를 미국이나 독일 같은 형태의 합중국이나 연방국을 만들자는 '연성자치聯省自治' 주장도 힘을 얻었다. 혁명파는 스스로를 황제라 칭한 위안스카이와의 대결과 뒤를 이은 군벌의 할거, 그리고 일본의 침략을 겪으며 통일 국가로 방향을 전환했다. 이것이 바로 중국인들의 정체성과 의식 안에 통일과 분열, 그리고 중앙과 지방이라는 대립되는 개념이 혼재될 수밖에 없는 역사적이고 문화적인 이유다.

호랑이도 사자도 피하고 싶다면

페이샤오퉁의 '중화 민족 다원일체론'은 현실적으로 통일 국가라는 현 상황을 유지하기 위해 균형을 잡아 보자는 것이다. 비유하자면 낭떠러지에서 외줄을 타는데 앞과 뒤에 각기 호랑이와 사자가 으르렁거리는 형국이다. 다양성을 지나치게 강조하면서 빠르게 전진하면 비한화 소수 민족들이 사는 신장, 티베트 같은 지역이나 한족이 중심이더라도 보다 다원적인 정체성을 갖게 된 홍콩 같은 지역들의 독립을 용인해야 할 수도 있다. 일체성을 강조하면서 뒷걸음질 치다 보면 민족의 문화적 동일성을 강조하는 '보수적 중화 민족주의'로 후퇴할 수 있다. 유연하지 못한 이 사상은 결국 '한족 중심주의'로 퇴행할 수밖에 없는데 이는 장기적으로 비한화 소수 민족들을 강제로 한화시킬 수밖에 없다는 역사적 결론으로 이어진다. 예를 들어 원元이 명明으로 교체된 이후 원래 한족보다 지위가 높았던 색목인들은 무슬림으로 남을 수 있었지만 혼인 상대자는 반드시 한족이어야만 했다. 몇 세대가 지난 후에도 이들은 이슬람 신앙을 유지할 수 있었지만 인종적으로나 언어적으로는 한족과 동화된 회(回)족으로 남게 되었다.

이러한 변강 지역의 발전 정책들은 과거 내륙의 한족 거주 지역에서도 상당히 강압적으로 진행되던 농촌의 인구 정책이나 개발 정책과 맞물리며 소수 민족 탄압 정책이나 심지어 '종족 말살 정책genocide'으로 비춰지기도 한다. 과거에는 이런 비극적인 일들이 무지와 망각 속에, 혹은 냉전이라는 특수한 상황에서 용인되었겠지만 지금처럼 보편적 인권에 대한 요구가 국제적 규범으로 자리 잡은 세계에서 중국의 특수한 상황만을 내세우는 것은 설득력을 얻기 힘들다.

《주변의 상실》에서 자신이 페이샤오퉁의 학문 전통을 계승하는 것으로 인정한 샹뱌오는 이러한 아슬아슬한 '대일통'의 동적 균형을, 강철판 수십 개를 쇠사슬로 정교하게 엮어 놓은 시스템에 비유한다. 이 강철판들은 중국의 각 지역을 의미한다. 이런 시스템은 내부적인 유연성을 통해 외부에서 온 충격을 쉽게 흡수할 수 있다.

또 강철판들은 각자의 중심에 자원을 모아 자기만의 세계를 구성하되 서로가 서로에게 네트워크로 연결되어 교류가 가능하다. 지금과 같은 글로벌라이제이션 시대에는 외부와도 직접 소통할 수 있다. 마치 인체의 혈 자리가 모두 연결되어 기(氣)가 통하는 것과 같다. 샹뱌오는 대일통이 실은 이런 시스템을 상징적으로 표현한 것이라는 점을 페이샤오퉁이 실증적인 연구를 통해 보여 줬다고 한다.

이 시스템의 또 다른 장점은 적절한 권한 분산에 의해 인력과 자원이 중앙으로 과도하게 집중되지 않는 것이다. 현대의 중국은 하나의 통일된 국가를 운영하기 위해 주로 정치 상층부의 구조가 보다 긴밀하게 연결되어 있다. 시장과 경제를 통합 운영해야 하고, 중앙이 자원을 필요에 따라 배분할 수 있는 능력을 갖춰야 하기 때문이다. 예를 들어 상하이에서 얻은 수익을 경제적으로 낙후한 티베트나 신장의 개발에 사용할 수 있어야 한다.

이런 중앙의 강력한 통제는 이 시스템이 '수십 개의 강철판 대신 하나의 거대하고 단단한 강철판'으로 보이게 할 수도 있다. 하지만 이러면 외부의 충격에 취약해진다. 그러므로 특히 절충을 위해 문화 영역에서 분산과 자치가 필수적이다. 이 임무를 맡아야 하는 것이 지역의 지식인과 문화 예술인들이다. 이렇게 되면 사람들은 지역에서의 삶, 자신들의 소우주에 만족하기 때문에 굳이 중앙으로의 진출을 원하지 않고, 중앙도 지역에 대한 과도한 간섭을 자제한다. 만일 실패한다면 사회에 큰 위기를 초래할 수 있다. 사람들이 경쟁적으로 중앙에 몰리면 도덕적인 문제들이 발생한다. 자기 생활권에 뿌리를 내리지 못하는 기회주의적인 인간들을 양산하기 때문이다. 겉으로 드러나는 모습에서 중국은 2022년부터 이미 총인구가 감소하기 시작했다. 베이징과 상하이 등 초거대 도시에 인구가 집중되고, 과도한 경쟁의 압력에 노출된 사람들이 소진되는 것은 한국 수도권의 문제와 매우 유사하다.

호키엔, 차이니즈, 그리고 대만 사람

앞에서 중국-유럽, 혹은 중국-미국의 대안 역사 상상을 제안해 본

이유는 중국을 조금 더 중립적으로 바라보자는 뜻도 있지만, 한국을 중국이라는 국가와 일대일로 비교하는 것은 별로 의미가 없다는 이야기를 하고 싶었기 때문이다. 우리는 아무도 한국을 유럽 전체와 직접 비교하거나 미국이라는 세계 유일의 슈퍼파워와 비교하지 않는다. 그런데 인구를 비롯한 여러 지표의 규모에서 유럽과 미국을 능가하는 초거대 국가 중국은 이상하게도 단순한 비교나 평가의 대상이 된다.

아무래도 아주 오랜 기간 이웃으로 존재해 와서 너무 친숙하기 때문에 그럴 수 있다. 최근 여러 상황 때문에 부정적인 뉘앙스로 대하게 되는 중국이라는 국가와 중국 시민을 나눠서 봐야 한다고 이야기할 수도 있다. 하지만 비교의 대상으로서 '중국 사람'이라는 범주를 정의하는 것은 더욱 난제다. 과연 어떤 평균적인 중국 사람이 14억 인구를 대표할 수 있을까? 그게 아니라면 어느 지역, 어느 정도 수의 중국인이 '중국 사람'이라는 거대한 그룹을 대표할 수 있을까? 그럼에도 불구하고 우리는 아무렇지 않게 정량적으로는 별 의미가 없는 개인적 만남이나 단편적 정보에 의존해 중국과 중국 사람을 판단하려는 경향이 있다.

그런데 앞에서 설명한 내용을 통해 나는 이런 인지 부조화가 단순히 우리의 착시에 기인한 것만은 아니라는 사실을 알게 되었다. 바로 '강력한 중앙의 통일 담론과 이와 연동된 중화 민족, 중국인의 정체성 이데올로기'가 우리에게 중국과 중국 사람이라는 단일한 실체의 존재감을 각인시켰기 때문이다. 이런 스테레오타입 형성의 원죄는 중국 정부에만 있는 것은 아니다. 북송 시기에 외세와의 경쟁 속에서 한족 중심주의가 형성된 것과 마찬가지로, 중국의 현대적 민족주의는 근대 국가의 형성 과정에서 외세, 특히 일본의 침략과 맞서면서 빠르게 형성된 것이다. 그리고 중국 내에서 최근 인사말처럼 듣게 되는 애국주의 구호인 '중화 민족의 위대한 부흥中華民族的偉大復興'은 미국의 위협적 봉쇄 전략에 대한 위기감 속에서 사용 빈도가 아주 높아졌다.

중국의 윈난에서 태어나 인도네시아에서 성장한 베네딕트 앤더슨이 설명하는 동남아시아 화교의 화인으로서의 정체성 형성 과정은 더욱 흥미롭다. 동남아시아 화교의 상당수를 점하는 남방계 중국인들, 즉 광둥, 푸젠, 하이난海南성 등 출신들은 원래 중국이라는 국가보다 자신의 출신지, 고향에 대한 정체성이 훨씬 강한 사람들이었다. 이들 지역 모두 방언이 다르기도 하지만 이 지역에 퍼져 거주하는 '객가客家'인이나 광둥에 속하는 '차오산潮汕' 사람들, 흔히 푸젠성을 뜻하는 '호키엔 hokkien'이라 불리지만 실은 남부의 일부 지역인 '민난閩南' 출신들은 해당 지역 방언을 구사한다. 전체적으로 보아 이들은 서로 의사소통이 잘 되지 않는 10여 개 가까운 언어군의 복합 집단이다. 그런데 외부인들이 이들을 중국인으로 부르기 시작하면서 그들도 스스로를 화인으로 인식하기 시작했다고 한다. 영어로 '차이니즈Chinese'라 통칭되는 현대 중국인, 혹은 화인의 정체성은 외부와 내부의 필요에 따라서 상호작용하면서 형성된 것이다.

이런 '중국인'이나 '화인'으로서의 정체성, 혹은 '민족 정체성 일반'이 갖는 인위적이고 문화적인 성격은 독립을 주장하는 홍콩이나 대만의 급진적인 청년 세대를 보면 더욱 깊이 실감할 수 있다. 2019년 홍콩 사태가 벌어지기 이전에 나는 이들이 중화인민공화국, 즉 PRCPeople's Republic of China 국적에 반대할 뿐 중국인, 혹은 화인이라는 호칭에 대해서는 거부감이 없다고 생각했다. 하지만 몇 년 전부터 이들과 대화를 나눠 보면 자신들의 조상이 기원한 대륙과의 문화적 연관성을 드러내는 것을 그다지 반기지 않는다는 느낌을 받게 되었다. 이를테면 대만 방언의 주류인 대륙 방언 '민난화閩南話'보다 '타이위台語', 즉 '대만 말'이라는 표현을 선호하는 사람들이 있다. 그들의 설명에 따르면 '대만 말'은 민난화에 일본어의 영향이 많이 반영된 말이라고 한다.

한국인이 들으면 대경실색할 이야기이지만 지금 대만의 독립주의자들은 과거 일본의 식민 정복자들보다 현재 대륙의 잠재적 위협이 더 크다고 느끼고 있다. 한편으로 일본이나 그 배경이 되는 미국의 소프트 파워가 중화의 소프트 파워를 압도하고 있기 때문에 벌어지는 현상이다. 그래서 그들에게는 화인이나 차이니즈보다는 대만 사람台灣人이나 홍콩 사람香港人의 정체성이 더 우선된다. PRC로부터의 정치적 압력을 의식하지 않아도 되는 동남아시아 화교들이 여전히 자신을 화인으로 내세우는 것과 대조적이다.

인터넷에서 재탄생한 네이션

중화인민공화국 시민들, 즉 대륙 중국인들의 통일적 정체성은 단순히 정부의 선무 공작에 의한 이념 교육과 이를 실행하는 강력한 행정력에 의해서만 형성된 것은 아니다. 근대의 네이션 형성에 혁혁한 공을 세운 출판 기술, 미디어, 교육 제도만큼이나 당대에는 인터넷과 모바일 미디어 환경이 빛의 속도로 통일적이고 집중된 여론을 만들어 낸다. 하지만 여기에는 중국 정부의 게이트키핑gatekeeping이 전제가 된다. 중국 정부가 원하지 않는 여론은 걸러지거나 힘을 받지 못한다.

현대 중국은 문화 경제적 차원에서 두세 개의 층으로 구성되어 있다고 볼 수도 있는데, 간단히 도시와 농촌을 분리해서 볼 수 있다. 나는 이를 조금 더 세분화해 중앙을 의미하는 1선 도시들, 두 번째 층으로 지역의 중심을 의미하는 각 성의 수도나 그 하위 행정 구역인 시市의 중심인 2~3선 도시들, 그리고 마지막으로 중소도시와 한국의 군청 혹은 읍면 소재지 등에 해당하는 현성과 향진을 중심으로 하는 농촌 지역을 묶는 3개의 계층으로 분류한다.

가장 발언권이 많은 지역은 당연히 베이징, 상하이, 선전, 광저우 등 상주인구가 1000만~2000만 명 사이인 초대형 1선 도시들이다. 특히 이 지역에 거주하는 젊은 문화 소비 계층은 정보와 문화의 유통 측면에서 해외와 적지 않게 동기화되어 있다. 2선 도시들 중 인구 1000만 명 이하이고 문화와 상업이 매우 발달한 곳들은 신1선 도시라 부르기도 하는데 코비드19 팬데믹을 전후해 아이를 가진 부부를 포함하여 이런 젊은이들이 1선 도시에서 신1선 도시로 이동하는 경향이 두드러지고 있다. 경쟁의 압력과 생활 비용이 낮고 주거 환경도 상대적으로 좋기 때문이다. 탕핑이라는 표현의 실상은 오히려 이렇게 드러나고 있다.

15개 정도 되는 이런 도시들을 다시 1선 도시와 묶어서 생각해 보면 중국 내 도시 문화와 여론을 형성하는 지역의 인구, 즉 첫 번째 층에 속하는 사람의 수는 14억 중 1~2억 명 정도로 볼 수도 있다. 이는 단순히 숫자로만 보면 10퍼센트 전후에 해당하기 때문에 다수는 아니지만 중앙의 담론 권력의 한 축을 차지하는 엘리트, 중산층, 도시민들은 대부분 이에 속하게 된다. 물론 중국의 진짜 권력은 공산당원들에게 귀속된다.

최근 한국과 중국의 민족주의 감정 충돌의 원인이 된 한복이나 김치 논쟁 등은 인터넷이 발원지이다. 한국인 청소년과 청년들이 인터넷 게임 등을 통해 매우 직접적으로 대면하는 소수의 동년배 중국인들은 첫 번째 계층에 속해 있을 가능성이 높다. 하지만 여기서 이야기하는 '여론'은 매우 파편적이고 선정적이다. 마치 한국의 인터넷 댓글, 유튜버나 이를 보도하는 미디어의 행태와 마찬가지다. 대부분의 중국인에게 이런 문제들은 관심 밖 사안이다. 인터넷에서 벌어지는 양국 민족주의의 직접적인 충돌은 매우 격렬해 보이지만 중국 정부가 의도하지 않는 한 중국 내에서 여론의 흐름을 만들어 내는 수준은 아니다.

간단히 말하자면 이런 여론은 두 번째나 세 번째 층으로 그다지 의미 있게 전달될 수 없다. 그들의 생활과 별 관계가 없기 때문이다. 한국 내 반중 감정과 비교해 봤을 때 중국 내에 뚜렷한 반한 기류가 생겨나지 않았던 것은 이런 이유 때문이다. 반대로 중국 정부가 문제를 삼고자 하는 내용은 전체 계층으로 들불처럼 확산되어 나간다. 사드 배치와 같은 일이 벌어졌을 때는 거의 모든 중국인이 이런 사실을 알게 되어 미국에 대한 반감을 품었고, 미국의 요구를 전면적으로 수용한 한국을 곱지 않은 시선으로 바라보게 되었다.

문재인 정부의 조심스러운 행보 때문에 중국 정부는 한국 내 반중 감정이 중국 매체에서 유통되지 않도록 했지만, 윤석열 정부가 반중 정책을 드러내 실행한 이후로는 여과 없이 전달되고 있다.

사실 문재인 정부 시절에도 한국 내 반중 감정에 대한 반작용은 중국 내부에서 조용하게 쌓이고 있었다. 한국에 머무는 특파원을 비롯한 중국 언론인들은 한국 내 반중 정서를 직접적으로 보도하지 못했지만 내심 한국에 대한 반감을 키우고 있었다고 짐작된다. 결과적으로 중국 내에 보도되는 한국 뉴스는 부정적인 면모 일색이었다. 또 이들은 대표적인 K-컬처 드라마나 영화에 대한 평에 이런 분석을 곁들였다. 일종의 '팩트 폭력'으로 복수한 셈이다. 특히 사회와 문화, 역사에 대한 심층적인 해설 기사에서 이런 점이 느껴졌다. 이것은 전통적으로 중국인들이 싫어하는 일본에 대한 글과 비교하면 특히 명확했다. 일본 국가는 싫을지언정 일본 사회는 살기 좋은 곳, 일본 문화는 세련된 것으로 묘사된다. 결과적으로 중국의 젊은이들은 한국 사회를 '도가니, 소원, 기생충, 오징어 게임, 더 글로리'의 상황이 실제로 일어나는 사회로 이해하는 경향이 강하다. 물론 이들은 '동아시아적 맥락' 안에 있는 한국 사회의 모순에서 중국 사회의 그림자를 발견하기도 한다. 그래서 '동아시아계 미국인들의 울분에 찬 심리와 폭주를 그린' 넷플릭스 드라마 〈성난 사람들Beef〉이 중국에서도 큰 공감을 얻고 더불어 한중(베트남)일의 관계가 잘 묘사되었다는 평을 받는 것도 이상한 일이 아니다.

이런 분위기가 수년간 지속된다면 중국 내 한국에 대한 부정적인 인식과 반한 감정은 돌이키기 힘들 정도로 넓고 깊어질 수도 있다.

굿바이 민족주의

이제 중화주의, 즉 중국인들의 민족주의와 애국주의에 대해 생각해 보자. 중국인들은 '민족주의nationalisim'와 '애국주의patriotism'를 구분해 사용하고 후자를 선호한다. 민족주의는 국가주의로 해석되어 부정적일 수 있지만, 애국주의는 절대적으로 긍정할 수 있다고 여기기 때문이다. 자유주의적인 서구 사회에서는 정의롭지 못한 정부에 대한 맹목적인 충성의 가능성 때문에 애국주의를 더 경계하는 것과는 상반된 사고방식이다. 어쨌든 우리 입장에서는 다 같은 중화주의라고 불러도 무방하다.

보통 사람의 언어든, 혹은 고명한 지식인의 언설이든 아주 빈번하게 사용되는 '중화 문명 상하 5000년의 전통'이라는 '클리셰cliché'가 있다. 이런 말은 알게 모르게 나 같은 외국인을 긴장하게 만든다. 하지만 이런 표현들은 꽤 진실성이 있다. 중국의 3000년 역사와 5000년 문명사라는 시간 스케일은 공인된 정확성을 갖기 때문이다. 반면 기술된 역사나 고고학적 사료라는 실증적인 관점에서 평가하자면 '한민족 반만년 역사'라는 과장된 표현이나 소위 '민족 사학자'들이 환인, 단군과 같은 신화를 역사의 차원으로 끌어들이려고 하는 집요한 시도 등은 한국의 '국뽕 민족주의' 수위가 중국보다 덜하지 않다는 것을 시사한다.

조금 더 근본적인 질문을 던져 보자. 만일 내가 한국인으로서 한국의 역사와 정체성을 긍정하는 편이라면, 한국이 타국과의 관계에서 '국가적 이익'을 다투거나 '국가 이미지'를 비교당할 때 팔이 안으로 굽는 정서에서 자유로울 수 있을까? 나 자신도 그렇다고 대답하기 쉽지 않다. 평범한 중국 사람이 '중화 문명'을 자랑스럽게 생각한다고 말한다면 이 사람은 천상 '중화주의자'가 될 것이고 마찬가지로 나는 '한국 중심주의자'가 될 수밖에 없다. 그렇다면 우리는 괜찮고 중국인들은 그러지 말아야 한다고 이야기하는 것은 전형적인 '내로남불' 논리가 된다.

이는 중국과 한국이 반식민지나 식민지 경험을 거쳤기 때문에 서구 사회와 달리 민족주의를 긍정하지 않을 수 없었던 역사적 맥락 때문이다. 근대의 '네이션 스테이트' 나라 만들기 모델 중 영미의 제국주의자들은 '세계가 자신들의 앞마당'인 천상 '글로벌리스트'들이었고, 독일이나 일본은 민족주의에 기반한 파시스트가 되어 끔찍한 전쟁 범죄를 저질렀다. 이렇게 영미의 관점에서 민족주의에 대한 부정적인 인식이 자연스럽게 형성되었다. 그래서 이제는 한국에서도 '저항적 민족주의' 단계를 벗어나 민족주의라는 사다리를 버려야 한다고 이야기하는 지식인이 적지 않다. 이제 공식적으로 국내외가 인정하는 선진국의 대열에 진입한 만큼 서서히 국가의 공동체 이념으로서 혈통과 문화에 국한된 민족주의와는 또 다른 현대적 보편 가치를 선택해야 한다는 것이다. 급속한 인구 감소와 노동력 부족으로 이민자를 허용해야 한다는 고민이 이런 주장을 더욱 정당화한다. 미국과 같은 신흥 이민 국가는 아니지만 출신 민족이나 인종이 아닌 '자유, 평등, 박애'라는 공화국 이념에 대한 동의 여부로 네이션 스테이트로의 귀속을 정하는 '프랑스 모델'이 한 예가 된다.

중국 또한 민족주의를 졸업해야 할 시점에 이르지 않았느냐는 질문도 유효하다. 중국은 질적인 차원의 선진국이 될 때까지는 아직 멀었지만 앞으로 10년 이내에 양적인 측면에서 미국을 앞지르리라는 예상도 있고, 이미 G2 국가로 등극해 세계의 질서를 만들어 가는 위치에 놓여 있다. 중국은 미국이 대표하는 서방 세계와의 격렬한 대립 속에 여전히 내부적 단결을 위해 민족주의 이념을 활용하고 있지만 동시에 외부에는 일국 관점을 벗어난 보편 가치를 제창해야 하는 모순적 위치에 놓여 있다.

한국은 일본과 미국이 판을 깐 '인도 태평양 전략'의 소용돌이에 원치 않게 휘말려 들면서 민족주의 감정을 '자극당하고' 있다. 스스로의 의지와는 무관하게 '반일(과 반미?) vs 반중'의 선택의 기로에 놓이게 되었다. 2023년 4월, 《뉴욕타임스》 오피니언란에 실린 한국 출신 언론인 구세웅이 이를 바라보는 관점은 영미 글로벌리스트들 중 리버럴한 진보 지식인의 시각을 잘 드러낸다. 유년기를 한국에서 보냈지만 미국에서 고등 교육을 받은 그는 한국인들이 어려서부터 "세뇌당해" 모두 "반일주의자"가 되었다고 이야기한다. 또 자신이 직접 접했던 중국의 관영 미디어나 중국 지식인들과의 대만에 대한 논쟁 때문에, 지역과 전 세계에 대한 중국의 위협이 매우 실질적인 것이라고 생각한다. 그래서 한미일 군사 동맹을 통해 중국을 견제하려는 윤석열 대통령이 일본 정부에 통 큰 양보를 한 것이 한국 내 여론의 큰 반발을 사는 건 반일 포퓰리즘에 휘둘리는 한국인들의 어리석음의 발로라고 주장한다.

동시에 나는 한국 언론인 출신의 동남아시아 지역 연구자인 정호재가 구세웅의 이런 주장을 반박하는 의견을 접했는데 여기에 상당 부분 동의하게 되었다. 그런데 흥미롭게도 그는 구세웅과 아주 비슷한 경험을 가진 사람이다. 어린 시절부터 중국 문화를 좋아해 상당한 호감을 가지고 있었는데 싱가포르에서 박사 학위 과정 도중에 중국 출신 지식인들과 대만, 홍콩 문제, 그리고 중화주의 역사관에 대한 논쟁을 하다가 중국인들의 애국주의에 대해 비판적인 관점을 가지게 되었다. 또 그는 중국을 비판함에 있어서 적지 않게 영미 지식인들의 관점을 공유했다. 그런데 그 영미 지식인들이 일본 편을 들어 다시 한국의 민족주의를 비판하자 이를 반박해야 하는 곤혹스러운 입장에 처하게 되었고, 그래서 상당한 실망감을 표시한다. 나는 여기서 누구의 입장이 옳고 그른지 따지지는 않으려 한다.

하지만 여기서 우리는 2가지 사실을 깨달을 수 있다. 첫째는 영어를 사용하는 영미계 글로벌리스트들과 중국어를 사용하는 중화 중심주의자들의 담론 권력 다툼 사이에 낀 '한국어를 모국어로 사용하는 준주변부 출신 지식인'이 느끼는 소외다. 이것은 나에게도 해당된다. 나는 영어와 중국어를 제법 능숙하게 구사할 수 있지만 고급 수준이라 하기는 힘들고 한국에서만 교육을 받고 자란 처지인지라 정호재와 마찬가지로 두 그룹의 담론 권력 투쟁에 끼어들 자격을 부여받지 못했다. 두 번째로 이 사례를 통해 민족주의를 표현하는 수준과 이를 바라보는 다양한 입장과 시각이 있을 수밖에 없다는 것도 알 수 있다. 민족주의는 긍정적인 면과 부정적인 면을 모두 갖고 있지만 그것을 누가 어떻게 사용하는가, 그리고 어떤 담론 권력이 이를 규정하고 판단하느냐에 따라 완전히 다른 모습으로 드러날 수 있다.

젊은 시절 하향을 경험했고 '지식 청년 세대'로 불리는 윗세대의 중국 학자들은 이 문제를 해결하기 위해 '중국학파'와 '중국 담론'을 만들고 싶어 했고 이를 서구의 보편주의에 맞서는 '동아시아 담론'으로 확장하려 했다. 일본인들이 오래전에 시도했던 일이다. 샹뱌오는 중국의 입장을 설명하기 위한 거대한 일반 이론을 만들려고 애쓰기보다는 '구체적인 문제'들을 해결하기 위해 노력하자고 주장한다. 아무리 '중국 특색'을 일반화시키려 해도 견강부회로 들릴 수밖에 없기 때문이다. 과거 세계가 중국 혁명의 성공에 주목했던 이유는, 민족의 특수한 문제에서 출발했지만 그 결과가 좌파의 국제주의적 성격에도 부합했기 때문이다.

그는 자신이 가진 민족적 정체성에 대해 다음과 같이 이야기한다. "저는 1970년대 중국 남방의 한 도시에서 태어난 중국인입니다. 이건 제 운명이지만 이 자체로 자랑스럽거나 부끄러워할 일이 아닙니다. 그래서 저는 이 사실을 잘 씹어 삼키고 소화할 수 있어야 합니다. 하지만 제가 중국인이기 때문에 처음부터 정해진 어떤 가치를 존중해야 하고, 이러저러한 규범을 받아들여야 하고, 특정한 문화적 기질을 계승해야 한다는 주장에는 동의할 수 없습니다."

과연 우리 한국인들의 '민족적 정체성'은 어떻게 설명할 수 있을까? 1970년대 한국의 서울 동대문구에서 태어난 나는 덕분에 불편한 민족주의적 감정이 일 때마다 이 질문을 꿀꺽 집어삼키는 대신 잘 씹어 볼 수 있게 되었다.

중국의 '민족' 대신 '지역'과 '사람'을 만나자

코끼리의 딜레마, 대국의 책임감

앞의 글에서는 현대 '중화 민족' 개념의 형성 과정과 유서 깊은 중국의 대일통 이데올로기에 대해 설명했다. 지금의 현실적 상황을 보자면 대일통 이념을 우선시하는 중국 공산당 중앙은 지방에 대해 압도적인 우월적 지위를 유지하고 있다. 또 중화와 중국인 정체성 이데올로기를 강화하는 여론 형성과 전파의 메커니즘이 형성되어 있다.

한국은 기존 세계 체제의 주변적 위치에서 핵심부로 진입하고 있다. 중국은 새로운 세계 체제를 만들어 나가는 핵심이 되고 있다. 그러니 민족주의 담론을 탈피할 때가 됐지만 전환은 쉽지 않다. 여러 내외적 이유로 인해 아직 충분히 안정적인 동적 균형 상태를 유지할 수 있는 유연한 시스템을 완성하지 못했기 때문이다.

자본주의 체제 내의 시장 중심 사회로 이행한 후 중국의 사회주의 이념과 원칙은 퇴색했다. 불가불 애국주의에 의존한다. 그것을 '중국 특색 사회주의'라고 부르는 것은 '사실에 부합하는 설명'이라 하더라도 본말이 전도된 느낌을 피할 수 없다. 노동자들의 자주적 노동조합 설립을 지원하던 마르크스주의를 신봉하는 청년 이상주의자들이 중국 정부의 극심한 탄압을 받는다거나, 신장 등지에서 더 이상 소수 민족의 기초적 자결권이 보장되지 않는 것은 초기 공산당의 모습과는 거리가 있다. 홍콩에서도 우파 자유주의자들뿐 아니라 좌파적 성향을 갖고 있던 풀뿌리 조직들조차 모두 와해시켰다. 모두 외부 불순 세력의 준동을 막기 위해서라고 한다. 이렇게 내부적인 불관용이 그 특징 중 하나인 '중국 특색'이 지속되는 한, 나는 보통의 중국 사람들이 '중화주의'를 탈피하는 것은 불가능할지도 모른다고 느끼게 된다.

실은 보통 중국 사람뿐 아니라 지식인도 마찬가지다. 이것은 앞에서 말한 시스템의 경직성 문제나 중국인 개개인의 자아가 원래 비대해서라기보다 어떤 의미에서 소위 대국의 지식인으로 태어난 숙명 때문인 것 같기도 하다. 특히 '보편 담론'을 다뤄야 하는 중국의 공공 지식인들은 이런 경향이 두드러진다. 한국의 장년 세대 지식인들의 거대 담론 선호도 이들과 잘 통하는 편이다. 1990년대부터 2010년까지 동아시아 담론을 이끌며 중국 혹은 일본의 지식인들과 활발히 교류하던 모습이 그러하다. 권위주의적인 시진핑 체제가 들어서기 전 미국 주도의 신자유주의 질서에 거부감을 느끼던 한국의 많은 진보 지식인은 중국의 공공 지식인들이 주장하는 '새로운 천하 체제'의 복원에 큰 관심을 가졌었다. 세계 질서를 수립하기 위한 대안 담론으로서의 가치를 발견한 것이다. 중국 출신 인류학자 샹뱌오는 이전 세대의 중국 공공 지식인이 가진 이런 면모를 문화대혁명을 겪은 그들의 역사적 경험을 배경으로 다음과 같이 설명한다.

어린 시절 문화대혁명을 경험했던 '지식 청년 시대'가 우리에게 남긴 유산은 아마도 사회학적 상상의 과잉일지 모른다. 반대로 인류학적 상상력은 부족하다. 미국의 사회학자 밀스는 '사회학적 상상력'을 제창했다. 즉, 자기의 인생 경험과 사회 구조를 연구하고 역사의 변화와 연관시켜 이해하는 것이다. 중국의 지식인, 특히 지식 청년 시대의 학자들에게는 거의 타고난 능력이다. 개인 생활의 궤적이 국가의 중대한 실천을 통해 만들어졌다. 개인 인생의 의의는 국가의 거대 서술 안에서만 체현될 수 있었다. 이런 서술 바깥에서 어떤 다른 담론 체계도 의의를 설명할 수 없다. 하지만 이 서술 바깥으로 벗어나는 대량의 경험은 모두 일상생활의 자잘한 요소밖에 없다. 굳이 고려할 필요가 없었다. 그러나 이미 논할 가치가 있다고 인정받은 것들만 계속 이야기하는 것은 같은 틀 안에서의 반복일 뿐 사상적 돌파구를 찾기 힘들다. 인류학적 상상력은 구체적인 인생 경험과 곤혹스러움에서 출발한다. 자기의 경험을 살려 다른 사람의 경험을 이해해야 한다. 다른 사람의 경험을 살려, 자신의 대안적 생활의 가능성을 상상해야 한다. 보통 사람의 경험과 목소리 그 자체가 무기가 된다. 반드시 이론화가 되는 것을 기다린 후에야 사람들에게 용기와 영감을 줄 필요는 없다. (샹뱌오, '지식 청년 시대의 종언')

나는 이 글을 번역하면서, 비교적 근거리에서 관찰할 기회를 여러 번 얻었던 중국의 삼농 문제 전문가 원톄쥔 선생을 떠올렸다. 그는 무던히도 실천과 필드 조사를 강조하는 활동가이자 정치 경제학자다. 하지만 미국을 우두머리로 하는 서구 사회와 중국의 대결 구도가 기반이 되는 지정학을 세계 체제론의 틀에서 설명하는 것도 그의 주요한 주장 중 하나다. 그의 관점과 태도는 역시 앞의 글에서 샹뱌오가 비판한 중국학파 혹은 이를 확장한 동아시아 서사를 만들고 싶어 하는 욕망에서 벗어나기 힘든 것 같다. 그가 지식 청년 시대의 지식인 중 한 명이기 때문일 것이다.

역사적 경험을 떠나 아주 통속적인, 인간의 정치 경제적 조건도 이런 의식을 형성한다. 한번 상상해 보자. 내가 인구 수천만 명쯤 되는 중국의 모모성에서 태어났는데 공부를 꽤 잘해 어려서부터 수재 소리를 듣고 자랐다. 성 안에서도 몇 손가락에 드는 성적을 거두다가 베이징에 있는 명문 모모대학교에 진학하게 되었다. 그중에서도 베이징대학교나 칭화대학교라면 그야말로 피라미드의 정점에 서게 된 것이다. 이 밖에도 베이징에는 분야별로 '중앙 모모' 혹은 '중국 모모'의 명칭을 가진 학교가 많다. 이를테면 미술 분야의 최고학부로 꼽히는 '중앙 미술 학원'과, 한국으로 치면 연극 영화 학교에 해당하는 '중국 희극 학원'이 있다. 나는 이제 웬만한 국가 규모에 버금가는 지역에서 일등 수재로 꼽히다가 마침내 제국의 수도로 입성한 것이다. 그리고 이런 '중앙'의 일원이라는 자의식을 획득하게 되었다. 주위 사람들이 모두 나를 우러르고 떠받든다. 나는 이제 '천하의 일'을 주관할 예비 자격을 갖추게 된 것이다.

한국에서 서울대학교 혹은 SKY에 진학한 청년들이 누리는 사회적 특권과 이들이 형성하는 아비투스를 제국 규모로 확장하여 상상해 보는 일은, 동일한 문화권의 한국인들로서는 전혀 어렵지 않을 것이다. 상상도 필요 없다. 이미 미국 유수 대학에 진학해 제국의 글로벌 엘리트 계층에 포함된 한국인이 적지 않다. 실제로 이런 글로벌리스트의 관점을 가지게 된 한국인들은 좌우를 막론하고 '글로벌 노른자의 자의식'을 가진다.

나는 중국에서 출간되는 책들의 서평을 쓰면서 수년간 중국의 젊은 문화 예술인들의 글이나 팟캐스트 등을 모니터링하고 있다. 이들은 소위 문화 'KOL'로서 주로 1선 도시, 그중에서도 베이징과 상하이에 거주하고 있으며 문화와 테크놀로지 산업 등에 종사하고 있다. 또 중국 정부의 가혹한 검열과 봉쇄에도 불구하고 인터넷이나 전 세계에 거주하는 화인, 중국인 유학생의 거대한 네트워크를 통해 글로벌 문화 지식 조류를 거의 실시간으로 소화하고 있다.

샹뱌오의 책은 이 그룹 중에서도 상당한 대표성을 갖는 '단독單讀', '단향공간單向空間'이라는 멀티미디어 출판 집단에서 출간되었는데, 이 기업의 대표는 쉬즈위안許知遠이라는 베이징대학교 출신 스타 지식인이다. 그는 아마도 중국의 독립 지식인 중 가장 유명한 사람 중 한 명일 것이다. 불과 100여 명 정도가 일하는 소수 정예 집단인 그의 그룹도 성원들 중 상당수가 베이징대학교 출신인 것으로 짐작된다. '단독'이 운영하는 팟캐스트가 있는데 여기에 출연한 그의 발언이 상당히 인상 깊었다. 그는 자신의 그룹이 만들어 내는 콘텐츠가 서구 유럽 선진국의 초일류 문화 집단의 그것과 비교해 결코 떨어지지 않는 수준일 것이라고 자평했다.

다소 황당하게 들릴 수도 있는 그의 이런 '근자감'은 꼭 근거가 없는 것은 아니다. 그는 중국 혹은 중화권에서 가장 뛰어난 문화 예술 지식인을 늘 접하고 있으며 이 네트워크는 글로벌하기 때문이다. 이를테면 샹뱌오는 영국 옥스퍼드대학교의 인류학과 교수직을 거쳐 지금은 독일 막스플랑크 사회인류학 연구소의 소장으로 재직 중이다. 이런 네트워크를 통해 당대 글로벌 지식과 문화의 최전선을 접하면서 동시에 중화권 문화 예술계의 전위가 되고 있다는 자부심을 '공갈빵'이라 보기는 힘들다.

물론 그의 이런 발언을 지나치게 심각하게 받아들일 필요는 없다. 이 발언의 맥락은 상대적인 저임금와 과도한 노동에 시달리는 자사 직원들을 격려하기 위한 성격이 더 짙다. 중국의 고급 지식과 문화의 선봉에 선다 하더라도, 대학과 같은 안정된 생활 환경이나 대중문화를 다루는 기업의 막대한 금전적 보상을 제공할 수 없는 상황 속에서 반대급부를 강조하기 위한 것이었다. 그는 항시적으로 중화권 각계각층의 '셀럽'들을 인터뷰하고 영상 출판물로 옮기는 자기 일의 성격상 허영심이 꼭 필요하다며 솔직하고 '귀여운' 고백을 하기도 했다.

샹뱌오 자신도 중국이 가진 이런 숙명에 대해 '코끼리의 딜레마', '대국의 책임감'을 이야기한다. 덩치 큰 중국의 작은 변화나 실수가 외부 세계에는 크고 치명적인 영향을 끼칠 수 있다는 것이다. 그래서 중국의 공공 지식인들이 가진 '책임감'과 '허영심'은 동전의 양면 같은 것이고 양날의 칼 같기도 하다. 이렇게 절반쯤 본질화되어 있는 존재 자체의 딜레마는 끊임없이 반성적으로 사유하면서 경계하고 실천하는 것밖에는, 달리 그 위험에서 벗어날 길이 없다. 실존주의 문제와 같이 실천으로 본질적 한계를 극복하고 증명해야 한다.

나는 이 일련의 글에서 샹뱌오라는 새로운 세대의 공공 지식인을 소개했는데 그는 이런 노력을 멈추지 않는 사람으로 보인다. 만나 보면 한없이 겸손하고 점잖은 지식 청년 시대의 공공 지식인 원톄쥔도 개인적인 덕성의 수양 정도와 실천의 진정성 측면에서 같은 부류에 속한다고 생각한다. 하지만 그의 주장은 앞서 언급한 지식 청년 시대의 거대 담론적 접근을 벗어나기 힘든 측면이 있다.

그래서 샹뱌오가 이야기하는 인류학적 접근과 구체적으로 제시하는 '현대의 향신'이라는 지식인 모델은 이런 딜레마를 극복할 수 있는 열쇠 말이 된다. 그는 현대 중국을 대표하는 공공 지식인 중 한 명으로 자리매김했지만 동시에 자기 정체성의 방점은 항상 향신에 놓여 있기 때문이다. 이 두 사람의 차이는 세대에서만 기원하지 않는다. 저장浙江성 원저우溫州 출신의 샹뱌오는 장쑤성 지역의 향신이었던 페이샤오퉁의 전통을 잇고 있다. 원톄쥔은 베이징의 지식인 집안에서 태어나 문화대혁명 시기에 농촌으로 하향해 11년간 농공병 생활을 경험하고 귀경해서 대학에 진학했다. 역시 베이징의 관료 집안 출신으로 자신의 이상을 실천하기 위해 베이징대학 교수직을 박차고 향촌으로 내려간 량수밍의 전통을 잇는다.

향신과 공공 지식인의 가장 큰 차이는 그들이 어떤 집단의 이익과 논리를 대표하는가에 있다. 향신은 자신이 속한 지역과 마을이라는 소우주를 매우 중시하기 때문에 이 소우주가 돌아가는 원리와 그 구성원들의 관계를 잘 이해하고 있으며 누구보다 여기에 대해 잘 설명할 수 있다. 그에게는 외부의 인정도 그리 중요하지 않다. 자신에게 가장 중요한 인간관계와 자원은 모두 이곳에 몰려 있기 때문이다.

반면 공공 지식인은 늘 천하의 일을 걱정하면서 주로 보편 가치와 이론을 설파한다. 향신은 과거에 급제해 중앙 정치에 참여할 수도 있는데 이때는 공공 지식인의 지위를 얻게 된다. 북송의 지식인 범중엄范仲淹이 말했던 "천하의 근심에 앞서 근심하고 백성들이 즐거운 후에야 사사로운 즐거움을 챙긴다.先天下之憂而憂, 後天下之樂而樂"라는 말은 공공 지식인 정신의 정수를 표현한 것으로 볼 수 있다. 범중엄은 같은 문장 안에서 "관직에 머물 때는 백성들을 근심하고 초야로 돌아와서는 왕의 안위를 근심한다.居廟堂之高則憂其民 , 處江湖之遠則憂其君"라는 말도 남겼는데 한마디로 자나 깨나 나라 걱정한다는 의미다.

하지만 향신은 이렇게 높은 도덕과 윤리의 기준을 들어 세상을 내려다보는 것이 아니라 보통 사람들의 눈높이에서 주위 사람들과 벌어지는 일들을 판단한다. 그는 현대적인 향신을 좌파 사상과 결합시켜 안토니오 그람시Antonio Gramsci가 이야기한 유기적 지식인에 빗대기도 한다. 그리고 현대 중국의 중앙과 지역이 조화롭게 유기적인 발전을 지속하려면 되도록 이런 지식인들이 중국 전역에 많이 생겨야 한다고 주장한다.

그의 이런 제안에 착안해 나도 중국을 바라보는 한국인들의 관점과 중국과의 관계 맺기 방법을 재정립해야 한다고 이야기하고 싶다. 그게 바로 이 책의 주제다. 에둘러 돌아온 끝에 결론을 맺어야겠다.

보고 듣고 만져 보는 생활 세계 차이나

"이제 '중국'을 잊어라!" 여기서 말하는 중국은 우리가 상상하는 '민족 국가, 국민 국가, 네이션 스테이트'로서의 중국이다. 마침 '페친' 한 분이 우리가 중국을 바라보는 시각과 관련해 '베이컨의 우상론'을 상기시켜 줬다. 지금 한국인들이 중국을 바라보는 관점은 지나치게 국민 국가화되어 있다. 자기 나라인 대한민국을 대하는 것과 마찬가지다. 또 중화 민족, 혹은 한족을 바라보는 관점도 우리가 단일 민족이라 굳게 믿고 있는 한민족과 비슷한 느낌이다. 한중 간에 문제가 생기면 사안이 무엇이든 국가와 국가, 민족과 민족의 대립 구도로 바라본다.

그런데 이것은 베이컨이 말한 전형적인 '종족의 우상'에 해당한다. 우리 종족은 이러하기 때문에 이웃 부족도 우리와 같은 식으로 사고하고 행동할 것으로 전제한다. 또 소위 '국민 여론'이 만들어지는 메커니즘에 대한 상상도 그렇다. 앞에서 설명했듯이 중국 사회는 사회 구조상 복수의 여론 계층이 존재하기 때문에 국가가 개입하지 않는 이상 한국처럼 인터넷과 레거시 미디어가 상호 작용하며 여론을 증폭시켜 단일한 '국민 여론'을 만들어 낼 수 없다. 그런데 한국인들은 자신의 '키배' 상대인 중국 네티즌이 중국 보통 사람들의 생각과 관심을 대표하는 것으로 착각한다.

물론 이런 인터넷 여론에는 민족주의라는 '극장의 우상', 온갖 페이크 뉴스나 과장된 사실을 진실로 믿게 만드는 '시장의 우상', 중국과 중국 사람에 관한 개인적 경험을 절대화하는 '동굴의 우상'이 고루 버무려져 있다. 하지만 이 글에서는 주로 '종족의 우상'을 들어 우리의 대중국관을 조정하려는 것이 목적이다.

그렇다면 중국을 어떻게 바라봐야 할까? 나는 샹뱌오가 이야기한 지역성, 일상성, 물질성, 그리고 이를 대표하는 향신의 관점이 답을 제시한다고 생각한다. 이제 한국인들도 '중국의 지역', 그리고 그 안에 살고 있는 '뼈와 살로 이루어진 사람'들을 만나야 한다. 물론 나는 중국에 별 관심 없는 한국 사람들이 억지로 중국을 만나야 한다고 말하고 싶은 것은 아니다. 하지만 한국에 살면서 좋은 의미로든 나쁜 의미로든 중국을 의식하지 않기는 어렵다. 그렇다면 많든 적든 중국을 이해하기 위한 노력을 기울일 필요가 있다. 그리고 이를 돕기 위해 실질적 역할을 해야 하는 것은 아마도 한국의 미디어와 지식인, 그리고 문화 예술인들일 것이다.

그런데 불행히도 이들을 오랫동안 사로잡아 온 관점은 '종족의 우상' 이데올로기만 강화시키는 추상적인 중국 담론과 매우 얕은 수준의 스테레오타입 경험들이었다. 이런 일들은 실은 과거 역사에도 늘 있었다. 재일 교포이자 저명한 한학자인 교토대학교의 김문경은 자신이 가진 경계인의 특성 덕분에 어려서부터 한문을 읽는 차이에 궁금증을 가지게 되었고, 동아시아의 여러 민족이 역사적으로 한자를 통해 어떻게 교류했는지를 자신의 연구 주제로 삼아 왔다. 당시 중국 바깥의 지식인들은 한문 서적과 경전을 통해 중국을 상상할 수 있었지만 실제 중국인들의 생활 세계를 접할 수 있던 사람은 극히 드물었다. 또 중국어를 구사할 수 없었기 때문에 중국의 지식인을 만나게 되어도 필담으로밖에 소통할 수 없었다고 한다. 유럽의 지식인들이 비교적 이른 시기부터 대륙을 여행하며 실질적 교류에 기반한 통일된 세계관 속에서 지식과 학문을 진보시킬 수 있었던 것과 대비되는 풍경이다.

그래서 다소 의도적으로라도 중국의 지역에 대한 관심을 불러일으킬 필요가 있다. 하지만 이런 노력은 맛집 찾기나 지역의 기이한 풍속을 쫓아다니는 여행 콘텐츠 활성화 수준에 그치기 십상일 것이다. 보통 중국 사람들의 지역 생활과 그 정서를 이해하기 위한 장기적인 생활 체험과는 거리가 멀다. 결국 긴 안목에서 성별 혹은 권역별로 중국 각 지역의 전문가 네트워크와 유무형 지식 자산의 데이터베이스와 아카이브를 구축하는 정책 등이 필요할 것으로 짐작된다. 물론 이런 일을 하는 것은 정부나 연구 기관 혹은 대학의 몫이지, 나 같은 개인의 일은 아닐 것이다.

하지만 내가 살고 있는 광둥 지역을 예로 들어 이야기해 보면 의미가 있을 것 같다. 그리고 나는 민간의 문화 교류를 돕는 일을 하고 있기 때문에 한국과 광둥 지역의 개인과 단체의 만남을 상상해 볼 수 있다. 한국 사람들은 중국 사람들 못지않게 '메갈로매니악megalomaniac'인데다 중앙 지향적이기 때문에, 중국과의 교류나 협력을 이야기할 때 무턱대고 중국을 대표하는 무엇인가를 찾는 경향이 있다. 중국의 중앙과 만나야 '뽀대도 나고' 스스로도 뭔가 제국의 수준, 대륙의 수준으로 격상된다고 생각하는 것이다.

그런데 광둥 지역, 혹은 주강 삼각 지역이나 다완취를 구체적으로 들여다보면 생각이 바뀔지도 모른다. 2022년, 광둥성의 GDP는 이미 한국 전체 GDP를 초과했다는 보도가 있었다. 또 광둥 지역은 상주인구만 해도 1억 명이 넘는다. 왜냐하면 주강 삼각 지역은 남방의 지역색이 강하면서도 중국 경제를 대표하는 곳 중 하나이기 때문이다. 그냥 일반적인 하나의 성省 정부로 볼 수 없다. 또 광둥성 안에는 중국의 4개 1선 도시 중 광저우와 선전 두 곳이 있고, 다완취에는 홍콩이나 마카오도 포함된다. 어지간한 G10 국가 규모의 실력을 갖춘 곳이다. 그러므로 한국을 이 지역들과 비교한다고 해서 뭔가 손해 보는 느낌을 받을 일은 아니다. 애초에 급이 너무 다르고 조직의 운영 방식이나 구조도 다른 '중국'과 비교하는 것보다 훨씬 더 맞춤한 스케일로 다가온다.

같은 관점을 중국의 다른 지역에 적용해 볼 수도 있다. 이를테면 쓰촨성의 청두 같은 곳은 어떨까? 청두는 윈난, 구이저우貴州 등과 함께 쓰촨성을 묶어 흔히 서남 지역이라 부르는 큰 지역의 중심 도시다. 마찬가지로 시안西安 같은 도시는 소위 서북 지역의 중심이 된다. 이런 지역들은 모두 인구가 수억 명에 이르고 자체적으로 완결된 문화 경제 역량을 가지고 있다. 대부분의 한국인에게 중국은 베이징과 상하이로 등호가 쳐지지만 실제 중국은 바로 이러한 수많은 지역으로 이뤄진 곳이고 여기에 더 많은 중국 사람이 살고 있다.

좀 더 구체적으로 제안하자면 만일 중국 사람들과, 그리고 중국의 어떤 영역과 '장기적인 관계'를 맺고 싶다면 이제 무조건 베이징과 상하이로 달려가는 것은 지양해야 한다. 오히려 다른 지역 거점들을 찾아 이곳에 어떤 사람들이 있고 어떻게 살고 있는지 살펴보는 게 더 재미있고 효율적이다. 왜냐하면 이 사람들은 중화주의의 다른 이름 즉, '중앙의 자의식'을 덧쓰고 있지 않으므로 한국 사람들을 더 환대하고 진지하게 대화를 나누려 할 가능성이 높다. 베이징과 상하이에서도 마찬가지다. 스스로 중국을 대표한다는 자의식을 가진 사람들이나 단체보다 베이징을 비롯한 화베이 지역, 상하이를 비롯한 화둥華東 지역을 자신의 정체성으로 삼는 이들과 어울리는 것이 낫다.

중국 어느 지역에서 왔니?

중국 내뿐 아니라 한국을 비롯한 중국 바깥에서 중국 사람들을 만났을 때도 이런 접근 방법을 취해 볼 것을 권한다. 상대방을 중국 사람으로 의식하기에 앞서 이 사람이 중국의 어느 지역 출신이고 그래서 그 지역의 어떤 문화적 특성을 가지고 있는지 파악하는 것이 좋다. 마치 한국에서 먹는 중화요리가 현지의 실제 중국 음식과 큰 차이를 보이는 것처럼, 이 사람이 즐겨 먹는 자신의 고향 음식은 우리가 알고 있는 중국 음식과는 전혀 다른 것일 가능성이 높다.

개인적으로 정우성이 주연했던 영화 〈호우시절〉을 꽤 좋아한다. 왜냐하면 대부분의 한국 영화는 중국을 그릴 때 베이징, 상하이, 그리고 조선족들이 거주하는 중국 둥베이 지역을 배경으로 하고 한국인들의 머릿속에 기호화한 중국의 비주얼을 다루지만, 이 영화는 드물게 쓰촨성 청두라는 도시의 매력을 잘 보여 주고 있기 때문이다.

나는 2015년 청두를 처음 방문했을 때 영화 속 정우성이 여자 주인공 가오위안위안高圓圓의 권유로 맛을 보고 기겁했던 페이창펀肥腸粉을 첫 끼니로 삼았다가 호된 신고식을 치렀다. 연약한 내 위장이 쓰촨 본토의 강한 마라향과 매운맛을 견디지 못했기 때문이다. 하지만 지금은 그 맛을 좋아하게 되어 마을에 있는 '쓰촨충칭四川重慶 분식점'을 자주 찾는 편이다.

이들의 정체성이 꼭 고향으로 국한될 필요는 없다. 자신이 공부하고 일하고 생활하는 거점도 대상이 된다. 이를테면 내 아내는 장시江西성이 고향이지만 광둥 지역에 이미 10년 넘게 살고 있다. 이곳이 호구 소재지이자 일터이기 때문에 '남방', '화난華南', '링난嶺南'으로 불리는 이 지역에서 자신의 제2의 정체성을 형성하고 있다.

내 설명이 여전히 추상적이거나 감상적으로 들리는 것은 아마 구체적인 사례가 결여되어 있기 때문이라는 점을 인정해야겠다. 중국에 정착한 한국인들 대부분의 사례는 여전히 베이징, 상하이에 집중되어 있고, 중국인들과의 관계 맺기 형식도 과거의 스테레오타입을 벗어나지 못하고 있다. 그래서 결국 오프라인 관계가 더 많이 필요하고 결과적으로는 한국에 머무는 중국 사람, 그리고 중국에 머무는 한국 사람들이 이런 소소한 사례와 디테일을 많이 만들어 나가야 한다고 생각한다.

이 책을 읽는 독자가 한국에 있는 사람들이라면 한국에 와 있는 중국인들과 어떠한 관계 맺기를 출발점으로 삼는 것도 좋다. 중국은 큰 나라고 수많은 사람이 살고 있기 때문에 중국 내에서 한국에 깊은 관심을 가진 사람을 만나는 것은 여전히 쉽지 않다. 내 아내만 해도 한국보다는 일본 문화를 좋아하고 자신이 방문학자로 1년간 머물렀던 북유럽 문화에 더 관심이 많다.

역으로 유학생을 포함해 한국에 장기간 머무는 중국 사람이라면 원래 한국 사회와 한국 문화에 큰 관심을 가지고 있을 가능성이 높다. 그렇다면 결국 이들을 통해 중국을 만나는 것이 가장 효율적이며, 중국을 만나기에 앞서 이들이 자기 정체성을 형성한 중국의 특정 지역을 이해하는 것이 중국을 이해하는 첩경이 될 것이다.

반대로 중국인들 중 한국어와 한국 문화와 사회에 대한 이해 수준이 매우 뛰어난 사례들도 있는데, 이는 효율적이고 지속 가능한 한중 관계를 만들어 나가기 위한 실마리를 제공한다. 한국 사람들이 중국의 매체나 관방에 직접 목소리를 전달하려고 하기보다, 이런 중국 출신 인재들이 한국을 더 잘 이해하도록 돕고 나아가 이들이 중국 사회에 한국의 다양하고 심층적인 면모를 전달할 수 있다면 이보다 더 좋을 수 없다. 중국과 일본은 국가 간 외교 관계에서는 많은 갈등을 겪고 있지만 민간 관계는 더할 나위 없이 좋은 편이다. 이유는 중국의 지식인과 중산층이 일본 문화에 대단히 큰 호감을 가지고 있기 때문이다. 특히 엄청나게 많은 수의 중국 유학생이 일본의 사회, 역사, 문화에 대해 심도 있는 지식을 중국으로 전달한다. 중국 내에서 한국에 대해 같은 활동을 하는, 한국 유학 경험이 있는 중국인들은 절반의 절반에도 미치지 못하는 것 같다.

안옥화가 안유화가 된 사연

사실 한국은 수교 이후 초기에 조선족 동포라는 디아스포라의 이중 정체성 집단을 통해 이와 비슷한 이점을 누리기도 했다. 하지만 한국에 들어와 있는 조선족 동포들에 대한 편견과 차별이 누적되면서 그들의 반감을 사게 되었다. 그래서 중국에 있는 젊은 3세대, 4세대 조선족 동포들은 한족 주류 사회에 편입하는 것을 선호하고 한국과 한국어를 멀리하는 경향도 눈에 띈다. 확산되는 반중 감정이 한국에 들어와 있는 중국 유학생들을 조선족 동포들처럼 한국에 거부감을 갖는 집단으로 키우게 되지 않을까 염려된다.

한국인들은 이제 중국과의 관계를 재정립하기 위해 우선 조선족 동포들과의 관계를 살펴볼 필요가 있다. KBS라디오의 유튜브 방송 중 홍사훈 기자와 성균관대학교의 안유화 교수가 함께 출연하는 경제 관련 프로그램이 있다. 그런데 두 사람의 '관계 코드' 설정이 매우 흥미롭다. 중국 경제와 금융 산업 전문가인 안유화 교수가 선생님 노릇을 하고, 경제에 대해 전문 지식을 갖지 못한 탐사 보도 전문 홍사훈 기자는 늘 핀잔을 듣는 학생 역할을 맡는다. 과거에 한국인들은 조선족 동포들을 하대하고 부리는 것에 익숙해져 있는데 이제 그 처지가 역전된 것을 코믹하게 비유하는 듯하다. 사실 이제 우리에게 필요한 것은 상하 복종 관계도 아니고 민족 감정이 과잉된 동포애도 아니다. 실력에 따라 제대로 대접하는 공정하고 동등한 파트너십이다.

안유화의 본명은 안옥화安玉花라고 한다. 중국어 발음으로는 '안위화'인데 그는 영리하게도 이에 착안해 한국인들의 귀에 익숙한 '안유화'를 방송 활동용 이름으로 사용하게 된 것이다. 그는 자기 나름의 한국 현지화에 성공한 것인데 마찬가지로 필자와 같이 중국에서 생활하는 한국인들도 자신이 거주하는 지역을 이해하려는 노력을 더욱 많이 기울여야 한다. 그리고 아마도 이 지점이 한국인들 입장에서는 가장 중요한 한중 관계 빌드업의 초석이 될 것 같다. 왜냐하면 중국은 결국 하나의 플랫폼으로 진화할 수밖에 없기 때문이다. 그것은 중국 대륙 자체나 중화권이라는 거대한 물리적, 관념적 지역을 의미하기도 하고,

중국과 그 동맹국들이 미국의 압력에 맞서기 위해 구축하고 있는 하나의 더 큰 진영이나 세계를 의미할 수도 있다.

중국은 일대일로 전략을 천명한 이후 에너지 무역 교역로를 포함한 자신의 라이프 라인을 구축하려 했고, 아프리카나 중남미, 다수의 동남아시아, 서남아시아 국가들에 코비드19 백신이나 방역 물자를 제공하는 노력을 기울여 왔다. 러시아의 우크라이나 침략과 중국을 봉쇄하기 위한 미국의 전략은 '북중러'를 군사적, 경제적 동맹으로 묶는 효과도 가져오고 있다. 윤석열 정부는 시대착오적인 미국 중심의 대외관에 빠져 한미일 동맹에 필요 이상으로 집착하고 있지만, 절반이 넘는 한국인은 대통령 선거 전에도 반중 감정과 무관하게 이런 외교 전략에 찬성하지 않고 있었다. 중국과의 지나친 갈등과 대립이 장기적으로 한국에 유리하지 않다는 것을 직관적으로 깨닫고 있었기 때문이다. 윤석열 대통령의 취임 이후 한국의 대중 무역 적자가 눈덩이처럼 불어나면서 한국 경제 전체의 안정을 위협하는 상황이 된 것을 보면, 보통 사람들의 상식적인 감각이 교조적인 미국 중심주의 이념에 좌우되는 윤석열 정부의 고위 관료들의 그것보다 낫다는 것을 알 수 있다.

현재 중국의 대한국 영향력에서 가장 신경이 쓰이는 부분은 아마 한국 경제의 중국 종속일 것이다. 중국이 굴기하는 과정에서, 특히 중국의 경제적 성장은 한국인들의 피부에 와닿는 가장 큰 위협 요소로 여겨진다. 중국의 기술적, 문화적 역량이 높아지는 가운데 한국과 중국 경제는 블루 오션을 찾아 지금까지와 같은 일종의 윈윈 관계를 만들어 낼 수 있을까? 내 생각에 그런 답을 찾기 위한 방법 중 하나는 한국 사람들, 특히 청년들이 중국에 와서 활동하는 것이다. 마치 많은 한국 청년이 미국과 서구 사회로 진출해 공부하고 일하는 것과 마찬가지다. 삶 속에서 매일 얼굴을 맞대고 일상의 구체적인 필요를 나누면서 맺는 관계는 결코 녹녹한 것이 아니다. 삶을 구성하고 유지하는 모든 과정과 여기서 마주하게 되는 문제들은 게임이나 영상과 달리 하나도 그냥 스킵하고 건너뛸 수 없기 때문이다.

개인적으로는 다국적 기업에서의 재직 경험이 길었을 뿐 '한중이 직접 만나는 현장 비즈니스' 전문가로 활동한 경험은 적은 내가 거들 수 있는 이야기는 많지 않다. 그래서 다시 비유를 들고 싶다. 내가 사는 광둥 지역은 열대 기후에 가까운지라 큰 나무에 붙어 사는 작은 식물이 많다. 이런 식물 중에 나무를 지지대로 삼아 자라는 착생 식물이 있고 나무를 숙주로 삼아 영양분을 취하는 기생 식물이 있다. 전자의 경우에는 나무와 좋은 공생 관계를 유지하지만 후자의 경우에는 기생 식물이 잘 자랄수록 나무는 영양 부족으로 성장에 제약을 받거나 심지어 말라 죽을 수도 있다. 숙주가 죽어 버리면 결국 기생 식물도 생을 마감하게 된다. 한민족과 중화 민족은 오랜 세월 공생해 왔으니 아마 전자의 관계에 가까웠을 것이다. 구체적인 협력의 모습은 시대에 따라 달라지겠지만 이런 윈윈 관계의 원칙을 유지하기 위한 지혜가 필요하다.

악마는 디테일에 숨어 있다

그런데 이 과정에서 필요한 게 한 가지 있다. 중국에 머무는 외국인들에 대한 정책적 배려다. 중국은 역사적으로 국제화의 경험이 있다.

소위 성당盛唐 시기 중국의 모습은 현재의 미국을 떠올리게 한다. 하지만 현재의 중국은 외국인들에게 개방적인 국가가 아니다. 생활 환경도 외국인들에 대한 배려가 부족한 편이다. 중국 정부는 정치적 목적을 가지고 장학금 혜택 등을 제공해 소수의 '친중파'를 키우는 것에만 집중하는 경향이 있다. 그보다는 지역에 따라 생활과 일에 있어 외국인들이 보편적으로 편안함을 느낄 수 있는 환경을 만드는 것이 더 중요하다. 예를 들어 상하이는 대표적인 국제도시였고 그래서 많은 외국인이 선호하는 곳이었다. 그런데 2022년 오미크론 확산 당시 과도한 봉쇄 정책으로 이곳에 거주하던 많은 외국인으로 하여금 중국을 떠나게 만드는 실책을 저질렀다. 이보다 더 오래된 국제화의 역사를 가진 광둥 지역의 홍콩이나 이에 인접한 선전은 두말할 필요도 없다.

기업 문화도 마찬가지다. 한국의 전문가들 중 중국의 거대 기업에 좋은 조건으로 취업했다가 '단물만 빨리고' 쫓겨났다는 사람이 적지 않은 것 같다. 그래서 "중국 기업과 중국인들을 믿을 수 없다"라고 험담한다. 나는 이런 이야기들의 디테일을 살펴봐야 한다고 생각한다. 요는 중국 기업에 본질적인 문제가 있다기보다, 상호 간의 언어와 문화의 차이에서 비롯한 소통 문제 해결이나 기대 관리expectation management에 실패했을 수도 있고 중국 기업들의 기업 문화 성숙도나 국제화 수준이 모두 부족했을 가능성도 높다. 마치 삼성이나 LG와 같은 한국 대기업들이 글로벌라이제이션을 추구하면서 외국인 직원들을 채용하기 시작했을 때 벌어진 일들과 다르지 않다.

중국 생활을 하는 외국인들의 입장에서 고려해야 할 점도 있다. 중국은 설사 영어를 국제어로 인정한다 해도 중국어 자체가 하나의 표준으로 받아들여지는 것에 대한 기대를 어느 정도 가지고 있다. 일본의 도쿄처럼 국제도시라 생각되는 환경에서도 장기간 머무는 외국인들은 대개 일본어를 능숙하게 구사하는 경우가 많다. 앞으로 더 많은 한국인이 중국 기업에서 일할 기회를 얻는다면 이런 차이들을 염두에 두고 상황에 적응해 나갈 필요가 있다. 무조건 서구화된 '글로벌 스탠다드'의 잣대로 평가해서는 안 된다. 나는 미국계 글로벌 대기업과 유럽계 글로벌 중소기업에서 10년 넘게 일해 봤지만 그들 간에도 큰 차이를 느낄 수 있었다. 물론 중국 기업들도 중국 내 기준이든 글로벌 기준이든 기업 문화를 성숙하게 키워 나갈 필요가 있다.

끝으로 중국 혹은 중앙을 어떻게 볼 것인가에 대해서도 이야기하고 싶다. '무엇무엇은 없다'라고 선언한다고 그 존재가 사라질 수는 없으니까. 직업 외교관이나 국가 대표처럼 국가 대 국가로 중국을 만나야 하는 경우를 이야기하는 것은 아니다. 어떤 의미로든 중국을 대표하는 자의식을 가진 집단을 민간이 어떻게 상대해야 할까에 대한 검토다. 이를테면 중국 기업 알리바바나 텐센트를 보자. 확실히 이런 기업들은 특정 지역이나 집단이 아니라 중국을 대표하는 플랫폼의 성격을 띨 수밖에 없다. 그래서 늘 자신들을 허브로 설정하고 외부 세계를 대한다. 자연히 상대방은 온전한 하나가 아니라 N분의 1이 된다. 이것은 지나치게 마음 쓰지 말고 그냥 기계적으로 받아들이는 게 낫다. 플랫폼은 규칙에 맞게 사용하면 되는 도구지, 인격을 부여하고 그 관계와 과정에 정서적 공간을 만들어야 하는 대상이 아니기 때문이다. 이런 성향은 세계적인 위치를 차지하고 있는 거대 집단이나 개인에게서도 드러난다. 한국의 삼성전자가 국내외를 막론하고 규모가 훨씬 작은 비즈니스 파트너들을 살갑게 대해 줄까? 그들에게 기대해야 하는 것은 시스템의 전문성과 효율성이지 인간적인 면모는 아니다.

남쪽으로 열린 새로운 차이나: 이상국 문학상 수상작이 그린 남방 해양 중국

동방의 근대는 '저주받은 아이'

홍콩의 오래된 거리 상환上環에는 지금도 샥스핀이나 제비집, 녹용 같은 물건을 거래하는 약재상과 건어물 가게가 많다. 예전 화인 무역 상들이 남북의 물건을 교역하던 '남박홍南北行'의 흔적이다. 여기서 북은 광둥성 북쪽의 중국 대륙 전체를 의미하고 남은 동남아시아, 그중에서도 싱가포르와 말레이시아, 인도네시아 등을 칭하는 남쪽 바다 '난양南洋', 그리고 서양을 뜻한다. 중국에서 흔히 말하는 남방과 북방은 대륙을 가로지르는 장강이나 친링秦嶺과 화이허淮河를 경계로 한다. 하지만 스스로를 '진짜 남쪽 사람'으로 여기는 이들의 '남방 해양 중국'은 그런 것이 아니라 푸젠, 광둥, 광시廣西, 하이난, 대만臺灣의 항구들을 점으로 이으며 남진하고 서진하는 광대무변한 세계다.

2022년 5회째를 맞는 중국 신예 작가들의 등용문 '이상국理想國 문학상'은 광둥 출신 80허우 여성 작가 린자오林棹에게 돌아갔다. 그의 두 번째 장편 소설《조석도潮汐圖》의 주인공은 19세기 중반 광저우, 마카오, 런던을 떠돌며 살았던 허구적 존재 '거인 개구리巨蛙'다. 돼지만큼 큰 이 개구리는 사람과 대화를 나눌 수 있는 영물이다. 탄카라 불리며 뭍이 아니라 배 위에 사는 중국 남방 원주민 무녀 카이가제, 스코틀랜드에서 온 박물학자 H, 탈출한 혼혈 흑인 노예 디에고, 은퇴한 영국인 노교수에게 차례로 양육된다. 개구리는 이 과정에서 만난 이야기꾼들과 자신의 경험을 통해 세상의 온갖 신기한 것들을 보고 듣는다.

이 책은 문단의 높은 평가에도 불구하고 시대를 넘나드는 다양한 남방 방언의 혼용과 난해하면서 수다스럽고 번잡한 스토리의 문턱이 높은 탓에 완독하려면 대단한 인내심이 필요하다. 적지 않은 평론가와 열성 독자가 한 마디 보태기 위해 책을 최소 3번은 넘겨 봤다고 고백한다. "작가는 독자들을 이토록 심란하게 만들면서 도대체 무슨 이야기를 하고 싶었던 것일까요?"

누군가는 책의 말미에 언급되는 '인류세'와 런던으로 추정되는 제국의 수도가 팬데믹으로 텅 비게 된 상황을 떠올리며 인간 중심주의에 대한 비판이라고 풀이하고 싶어 한다. 작가도 인터뷰에서 모든 것에 영혼이 깃들어 있다는 의미를 갖고 있는 '만물유령萬物有靈'이라는 애니미즘적 키워드를 제시한다. 또 다른 이는 아편 전쟁 전후 19세기의 식민사와 해양사를 떠올리며 후기 식민주의적 시각을 강조하려 한다. 초반에는 성별이 분명치 않던 개구리가 자신이 암컷임을 자각하면서 배란하는 장면을 통해 '여성의 경험'에 초점을 맞추는 이들도 있다. 주인공이 소설의 도입부부터 자신이 허구의 존재일 뿐이라고 직설적으로 고백하고 작중에서 이 점을 반복적으로 드러내는 것에 주목하는 사람들도 있다. 문학과 소설이라는 장르의 본질인 허구적 서사와 그 주역인 이야기꾼에 대해 말하고 싶었을 것이라고 보는 해석이다.

상하이 출신으로 홍콩의 링난대학교에서 중국 근현대 문학사를 가르치는 쉬즈둥 교수는 물과 뭍을 오가며 사는 양서류인 이 개구리의 출생과 관련한 짧은 일화에 주목한다. 작가가 일부러 이야기의 숲 한 구석에 감춰 놓은 것처럼 사소하게 들려서 독자들이 놓치기 쉬운 부분이다. 그는 이 개구리가 '동방의 근대'를 은유한다고 해석한다. 어머니는 무덥고 축축한 습지를 품은 광둥의 주강 유역 현지인이고 아버지는 서구의 근대적 가치관을 들고 온 백인 지배자다. 동방의 근대는 이 충돌하는 만남으로 태어난 '저주받은 아이'인 '귀태鬼胎'라는 것이다. 모두 겉으로 드러나는 '중국스러움中國性'에 그토록 집착하지만 현대 중국인들의 의식을 압도적으로 지배하는 것은 'GDP 제일주의'라는 서구적 가치다. 홍콩과 마카오는 바로 이 존재의 역사를 물리적으로 상징하는 지역들이다.

홍콩 문단과 학술계에 대한 쉬즈둥의 평가는 그래서 더욱 시니컬하다. 그는 2가지 문제점을 지적한다. 홍콩 문단은 지나치게 '홍콩이라는 지역성과 로컬 창작'에 집착한다고 한다. 그래서 그들이야말로 중국의 5·4 운동 정신을 가장 잘 계승하고 있다고 비꼰다. 대륙의 문단이 5·4 운동을 중국 문학의 중요한 전환점으로 삼는 한편 이 당시의 문학을 '중화 민족의 부흥'이라는 거대한 국가적 목표에 봉사하는 도구로 삼는 경향을 보여 왔기 때문이다. 한편으로 홍콩 학계에서는 오로지 영어 담론만이 권위를 인정받는 탓에 대륙뿐 아니라 대만에서 생산된 중국어 지식조차 비주류로 취급당한다고 한다. 그에 따르면 이렇게 모순적인 상황에 놓여 있는 홍콩 문학계가 중국 대륙과의 통합을 강요받는 정치적 상황하에서 스스로 새로운 길을 모색하는 것은 매우 어려운 과제일 수밖에 없다.

남방 해양 중국의 잊혀진 역사

2022년 문학상의 심사 위원장을 맡은 하버드대학교의 중국 문학사 연구자 왕더웨이王德威 교수는 일찍부터 저서《중국 현대 문학사》에서 화어華語, Sinophone, 마화馬華(말레이싱가포르 화교), 남방 문학에 주목해 왔다. 대륙의 고전 문학에 집착하는 중국 내 수많은 중국 문학사 연구자들과 달리 대륙을 넘어서는 시야를 갖추게 된 것이 그가 '남방의 남방, 대만 출신'이라는 것과 무관하지 않다. 그는 '남방'이 고정된 지역을 의미하는 것이 아니라 이들 지역과 시대를 살았던 사람들의 관계와 자신의 정체성에 대한 자각 안에서 폭넓게 정의될 수 있다고 말한다. 예를 들어 남방이라는 개념은 자원, 생태, 바다와 연관된 상상을 불러일으킬 수도 있고, 제1세계에 대응하는 제3세계의 '글로벌 사우스global south'로 해석될 수도 있다. '주변과 중심'을 나누어 차별하고 착취하는 세계 체제에 대한 도전의 영역인 동시에 국민 국가의 경계를 넘어 함께 존재하고 생활하는 새로운 시민 의식의 요람이 될 수도 있다. 이는 인위적 이념성이 강하고 이미 계급과 신분 의식을 내재한 서구 사회

중산층의 시민 의식과는 다른 시도로 읽힐 수 있다.

'중화란 무엇인가?'라는 질문을 하나의 맥락으로 꿰어 답하고 싶어 하는 베이징, 상하이의 주류 지식인들에게 이는 대륙 남북의 농경과 유목 문명의 조합으로 설명되는 경우가 많다. 중화의 심상 지도에서 '남방의 남방'은 충분히 교화되지 못한 '남만'의 땅일 뿐이다. 중국 황제의 위엄을 세상에 알리기 위해 기획된 '정화의 대항해'는 삶의 필요와 무관한 정치적 해프닝일 뿐이라 왕조의 정사에는 이민 노동자와 상인, 혹은 해적들이 만든 '해양 중화'의 역사가 존재하지 않는다.

명말明末 청초淸初 다국적 출신 해양 세력을 이끌며 남방의 바다를 제패하고 끝내 대만을 반청복명反淸復明의 근거지로 삼았던 정성공의 어머니가 일본인이었다는 사실을 아는 중국인은 매우 적다. 정성공의 후예들은 청말 광둥에 새로운 해양 세력을 만들었는데 이 중 가장 규모가 큰 홍기방紅旗幫을 이끌던 정이鄭―와 그의 후계자인 장바오자이張保仔는 아편 전쟁 직전까지 서구 상인들과 세력 다툼을 벌였다. 이 해적들의 실질적 우두머리가 심지어 이 두 남자의 연인이었던 탄카 출신 여성 정이사오鄭―嫂였다는 사실은 중국의 역사에서도 잊혀졌다. 홍콩 TVB의 드라마 시리즈에 등장해 다시 알려지고, 할리우드 영화 〈캐리비안의 해적〉 시리즈에서 칭 여사Mistress Ching라는 전설 속 캐릭터로 남아 있는 수준이다. 그러니 대만과 홍콩이 '온전히 중화의 품으로 복속되지 못하는 것'에 대해 중국인들은 남 탓만 할 것이 아니다. 그들이 '서구와 일본의 식민지 역사관과 서구 중심주의 담론에 경도되어 있는 것'이 하나의 이유일 수 있지만, 또 다른 이유는 당 국가의 관리 대상인 '중화사상'과 그 역사관의 포용성과 확장성에 한계가 명확하기 때문이다.

화어권 지역을 넘나드는 홍콩의 문화 평론가 량원다오는 《조석도》에 각별한 애착을 보인다. 국민 국가가 형성되기 전 해상 실크로드를 오가던 다양한 인종, 그들이 사용한 언어와 방언들, 다기한 생활 습관을 가진 상인과 이민 노동자들이 만들어 간 남방 해양 중국의 풍토, 문화와 역사가 유려한 문장으로 묘사되어 있기 때문이다.

베네딕트 앤더슨이 설명한 것처럼 동남아시아의 화인들은 원래 중국인이라는 정체성을 갖고 있지 않았다. 그들이 사용하던 지역 방언도 출신지에 따라 달라서 상호 의사소통이 쉽지 않았다. 이민 정착지를 일구는 과정에서 혈연과 지연을 중심으로 뭉쳐 작은 세력들을 이루고 서로 간에 계투械鬪라 불리는 치열한 폭력 투쟁을 벌였다. 훗날 화교 재벌들이 거대한 부를 일굴 수 있었던 것은 자신의 동포인 중국인 이민 노동자들에 대한 착취와, 그들이 고단한 생활과 향수를 잊기 위해 찾은 아편과 매음굴을 운영하며 다시 한번 짜낸 고혈이 그 기반이 되었다고 한다.

덩샤오핑의 개혁 개방 정책 이후 이들은 대륙으로 귀환하여 동남 연안의 수출 중심 제조업 경제를 이끌며 지금의 풍요를 만들어 낸 중국 경제 신화의 선봉에 섰다. 그 100년 전에도 화교 상인들은 '고향으로 돌아와 학교와 병원을 세우는 등의 공적에 힘입어 근대 민족 국가 만들기의 영웅'으로 칭송되었다. 그런데 이들의 진짜 동기는 후대에 상상되는 '사업을 일으켜 나라를 구한다는實業救國' 애국심 이상으로 애향심과 가문의 영광에 대한 집착, 그리고 기독교 선교에 대한 열정이었다고 한다.

린자오의 문장이 가진 또 다른 미덕은 난해한 후기 식민주의 이론을 완전히 소화한 후 젠체함 없이 자연스럽게 자신의 화법으로 풀어 설명하는 것이다. 백인 지식인 H는 자신이 주강의 갈대밭에서 개구리를 발견했다고 주장하지만 개구리는 자기가 먼저 H를 발견하고 스스로 그의 그물 속으로 뛰어들었다고 설명한다. 개구리에게 원래 세상은 우리와 같은 것이고, 세상을 이해하고 되감아 삼켜 보기 위해 그는 그 안을 탐험하는 것에 주저함이 없다. 개구리는 H가 죽은 후 범선 '세계호'에 승선하여 긴 항해 끝에 제국의 수도 런던에 도착한다. 런던의 시민들이 팬데믹 기침병을 피해 모두 굴속으로 도망치고 긴 여정을 함께했던 사육사 디에고가 죽었을 때 그는 자신의 힘으로 우리 밖으로 걸어 나와 생전 처음 보는 새하얀 눈을 경험한다.

남방 해양에서 발견하는 제3의 차이나

량원다오에 따르면 3부로 나눠진 이 작품은 장면의 진행에 따라 3단계의 언어로 정교하게 구성된다. 처음에는 광둥어, 차오산화潮汕話, 탄카 방언, 민난화처럼 근현대 중국 남방어 계열 방언들, 두 번째로 만다린 표준어, 마지막으로 청말 광저우의 상인들이 영단어를 중국어 문법으로 흡수해 의사소통에 사용한 '피진pidgin 영어'를 흉내 낸 번역 투 중국어다.

이런 방언이 혼용될 때 뜻밖의 장소에서 예기치 않은 변화와 영향을 만들어 낸다. 예를 들어 수세미를 뜻하는 표준 만다린 '쓰과絲瓜, SiGua'

는 광둥어로 손해나 패배를 뜻하는 'syu, 輸'로 들리기 때문에 사용이 기피된다. 그래서 광둥 사람들은 행운을 빌기 위해 패배 대신 승리를 의미하는 싱과勝瓜, SingGwaa라는 이름을 따로 붙였다. 중국에서도 특히 남방인들은 지금도 이런 벽사避邪와 기복祈福적 언어 습관을 많이 유지하고 있다. 광둥과 홍콩 지역 출신 이민자가 많은 서구 사회의 중국인 마켓에서는 이를 '쓰과' 대신 '싱과'로 표기하는 경우가 많다고 한다. 그래서 수세미Sponge gourd라는 채소에 익숙하지 않은 현지인들도 '싱과'라는 이름으로 기억하게 된다.

외국인 혹은 표준어 만다린만을 구사하는 중국인들도 감지하기 쉽지 않지만, 광둥어로 《조석도》의 문장을 낭독하면 특별히 그 울림이 아름답다고 한다. 이백의 시와 같은 당송의 시가는, 만다린보다 그 시기의 관화에 가깝다고 여겨지는 광둥어로 낭독하는 것이 제맛이라는 주장과 마찬가지다.

"그렇다면 이것은 과연 누구를 위한 언어인가?" 말레이시아 출신 화인이자 마화 문학의 대표 작가인 장구이싱張貴興은 대륙에는 존재하지 않는 자신의 고향 보르네오섬의 열대 우림을 묘사하기 위해 새로운 중국어를 만들어 냈는데, 량원다오는 이 언어의 생동감을 늘 찬탄한다. 그래서 이 작품은 남방 문화를 표현하는 또 다른 전범을 제시하고 중국어의 새로운 지평을 여는 것으로 해석할 수도 있다. 새로운 언어가 전통의 무게와 애국주의로 '쪼그라든 중화'가 아닌 '남방으로 열려 있는 제3의 차이나'를 창조하는 것이다.

그것은 농경과 유목의 대륙 세계에 더한 해양의 세계이며, 이념으로 규정된 학술과 전쟁의 정치 행위에 더해진 생계 도모와 상업적 이윤

동기의 탐색이다. 5000년의 문명 전통, 200년의 근대와 사회주의 건설을 이어 가는 새로운 역사와 지리의 장으로 볼 수도 있다. 싱가포르의 화인 역사학자 왕경우王賡武는 현대 중국이 '동'에서 '서'로 확장해 나가는 관점을 남북의 대응으로도 살펴야 한다고 말한다. '북'이 황토 평원, 농업, 내향과 봉건을 상징한다면 '남'은 바다와 동태성, 교역을 통한 외부 세계와의 관계 맺기를 의미하기 때문이다. 그는 이를 하나의 새로운 어휘로 정리해 '차이나 사우스China South, 中國南'라는 새로운 시공간적 개념을 제시한다. 2019년 한참 반송중 시위가 격화하던 홍콩으로부터 타이베이를 강연차 방문한 역사 인류학자 헬렌 시우가 동서, 남북의 프레임에 다인종, 다민족의 관점을 더했다. 그는 친중파에 의해 시민들에게 가해진 백색 테러를 홍콩 정부가 묵인하는 것에 대해 분노를 감추지 못하며 중국 정부가 이런 다중적인 관점을 갖추지 못한 채 일대일로 전략을 취한다면 성공 가능성은 높지 않다고 경고했다.

그리하여 우리가 만나는 제3의 차이나는 한국과 같은 주변국을 자기 이익을 위한 도구로 삼거나 번속국 정도로 취급하는 과거형 패권이 아니라 개방적이면서도 지속 가능한 공생을 추구하는 새로운 문명으로 진화할 것을 기대해 본다.

내가 전통 중화와는 결이 다른 남방 문화에 관심을 가지는 또 다른 이유가 있다. 이 책의 3부에서 언급했던, 남방 중국을 포함한 싱가포르, 베트남과 같은 세계에서 발견할 수 있는 '만이 국가'와 '경계 국가'의 모델 때문이다. 이들은 모두 한반도와 같이 소중화의 아이덴티티를 가진 적이 있고, 근대의 피식민 지배 상태를 거치는 역사적 경험을 했으며, 여전히 근대화의 발전 도상에 있다는 공통점을 가지고 있다. 하지만 콤플렉스와 인정 투쟁의 개미지옥에 빠지지 않고 상대적으로 건강한 국가와 민족적 정체성을 창조해 낸 것으로 보인다.

싱가포르는 지정학적으로는 따로 존재할 이유가 없는 인공 국가였지만 말레이시아에 의해 강제로 분리가 이뤄진 후 생존을 위한 분투를 거듭한 끝에 거대한 동남아시아 지역을 이끄는 선진국으로 거듭났다. 자기보다 몇 곱절이나 크고 자원과 인구가 많은 나라들 사이에 위태롭게 존재하지만 그러한 운명을 원망하며 열패감에 빠지지 않고 스스로를 모두에게 필요한 존재로 정립시켰다. 자기 자신과 그 부근을 잘 이해한 까닭이다. 싱가포르 건국의 아버지 리콴유를 비롯한 엘리트 지도자들이 그런 자기 인식을 가졌기 때문인 것이다.

동남아시아 화인 연구자인 김종호는 싱가포르 지역의 화교 지도자로 리콴유에게도 많은 영향을 끼친 엘리트 림분켕Lin Boon Keng에 대해 재미있는 설명을 남긴다. 림분켕은 말레이인의 피가 섞인 페라나칸peranakan이라 불리는 혼혈 화교였는데 말레이 노동자와 화인 노동자를 비교하면서 근대화된 자본주의 국가를 만들기 위해 쉬지 않고 노력하는 화인의 '워커홀릭'적 속성이 유리하다는 사실을 깨달았다고 한다. 그래서 자신의 중국 혈통에 집착하고 유교와 한자를 공부하려 노력했으며 화인 2세와 3세들이 이를 잊지 말아야 한다고 생각했다. 그래서 그는 중국인에 대한 종족적 콤플렉스와 서구에 대한 문명적 콤플렉스를 동시에 가지고 있었다. 하지만 푸젠성 방언인 민난화 화자로서의 자기 정체성을 잃지 않았고, 대륙의 명문 샤먼廈門대학교의 총장을 사퇴한 후 다시 싱가포르로 돌아와 말년을 보냈다. 푸젠 출신 화인이자 페라나칸 혼혈인, 서구식 교육을 받고 자란 초국가적 정체성을 지녔던 이들이 영국과 일본에 의해 지배된 식민지 경험과 민족주의적 갈등을 극복하고 국가 만들기에 성공했을 뿐 아니라 여전히 번영을 누리고 있다는 점은 참고할 만하다.

유교 국가권의 마지막 발전 주자로서 견조한 성장을 유지하고 있는 베트남의 태도도 주목할 만하다. 그들은 한국과 마찬가지로 역사적으로 자기들에게 큰 영향을 끼쳤던 중국, 프랑스, 미국과 같은 대국에 불편한 감정이 없지 않다. 그러나 거기에 휘둘리기보다 실질적 국익에 도움이 되는 외교 정책에 집중한다. 2000년의 역사적 긴장과 갈등 때문에 중국을 미워한다고 하지만 한편으로는 월남 왕조의 기원인 남월南越국을 세웠던 중원 사람 조타趙佗에게 제사를 지내기도 한다. 미국의 용병으로 자기 나라를 침략하고 양민 학살 범죄를 저지른 적이 있는 한국인들에게도 직접적으로는 책임을 묻지 않는다. 베트남에 대한 제1투자국이자 산업화를 도울 파트너로서 한국의 역할을 인정하기 때문이다.

한국은 이들과 달리 왜 '르상+'와 같은 자기감정에 몰입해 헤어 나오지 못할까? 그 결과 늘 중국, 일본, 때로는 미국에 대한 애증의 기복 사이에서 널뛰기를 한다. 그것을 이념으로 포장하다 보니 어떨 때는 스스로를 '자유 민주주의 진영의 선봉'으로 자부하며 '악의 축'인 중국, 러시아와의 대결을 자처하고 또 한편에서는 '미 제국주의자'를 타도하기 위한 '북중러의 우군'을 자임한다. 물론 이런 국가들뿐 아니라 우리와 비슷한 '비교 경쟁주의'의 지옥에 빠진 홍콩이나 대만과 같은 이웃들도 있다. 그래서 나는 우리와 비슷하면서도 다른 남방 세계의 여러 국가와 지역의 민족 정체성 모델들을 비교 연구해 볼 가치가 있다고 생각한다. 특히 이들이 일정한 수준의 탈중국을 시도하며 비중비미 독자 세력의 연대를 모색하는 한국의 대안인 아세안에 속한다는 것도 더욱 뜻깊은 점이다.

동아시아 화합을 모색할 새로운 무대: 중국식 판타지 현환 작품 속 둥베이

아니메형 판타지 영화의 원작은 웹소설이 아니었다

서구의 철학이나 과학과 같이 논리적으로 일관된 하나의 체계적 틀을 갖지 않는 중국의 사상들을 현학이라 부르는 것처럼, 무협 등을 비롯해 다양한 중국적 요소를 갖춘 판타지 장르에 '현환玄幻'이라는 이름이 붙여져 있다. 나는 순전히 현환과 이미 5억 명의 독자를 확보하고 있다는 중국 웹소설에 대한 호기심 때문에, 2021년 설맞이 영화 대목에 앞자리를 차지하고 있던 영화《소설가를 암살하라刺殺小說家》를 보러 갔다. 나뿐 아니라 함께 영화를 본 중국 친구들 모두 트레일러만 보고, 성공한 웹소설을 영화화한 것이라 지레짐작했었다. 한 유명 출판사가 영화의 원작이 된 중편 소설집《비행가飛行家》와 작가인 쌍쉐타오를 띄우는 것을 보고 중국 웹소설의 수준이 대체 어느 정도인지 궁금해졌다.

이 영화는 현재 진짜 디스토피아가 되어 버린 홍콩을 대체해 대륙의 영화 촬영지로 입지를 굳힌, 입체감 넘치는 수직 도시 충칭重慶에서 촬영했다. 또 다른 배경은 액자 소설에 등장하는 백두산 인근 전설의 도시 '경성京城'이다. 나중에 깨달았지만 현실의 경성은 동북쪽 백두산과 정반대 위치인 서남쪽에 위치한 충칭이 아니라 작가의 고향인 선양瀋陽을 상징한다. 선양의 옛 이름은 청나라를 세운 여진족이 베이징에 입성하기 전 수도로 삼았던 성경盛京이다. 어쨌든 충칭과 경성의 몽환적이면서도 화려한 배경, 빠른 이야기 전개와 게임을 방불케 하는 그래픽이 압도적이었다.

알리바바의 마윈을 노골적으로 상징하는 재벌 기업의 총수가 빌런으로 등장한다. 그는 주인공이자 '신박한' 돌팔매질 능력을 가진 전직 은행원을 킬러로 고용해 자신이 빼앗은 기업의 정당한 상속자이자 또 다른 주인공인 젊은 소설가를 암살하도록 강요한다. 그 대가는 기업이 가진 화상 정보, 안면 인식 정보와 각종 빅 데이터를 이용해 주인공의 잃어버린 딸을 찾아주는 것이었다. 총수는 소설가가 쓰고 있는 소설이 마무리되면 자신도 죽을 것이라 믿고 있다. 그는 소설가의 소설 속에서, 아편에 빠져 나라를 돌보지 않다가 병들어 죽은 황제 대신 경성을 다스리는 재상으로 등장한다. 소설가는 극중극에서 청년 무사로 분하는데, 재상은 그의 아버지인 충신 장군을 죽이고 경성을 조각조각 팔아 치워 제 배를 불렸다. 재상은 결국 악신 '적발귀赤髮鬼'로 진화해 오랜 기간 경성을 다스리다가 아버지의 복수를 다짐하며 찾아온 청년 무사를 맞이한다.

경성에서 은행원은 빨간 갑옷을 입은 채 청년 무사 대신 악신과 최후의 대결을 벌여 승리하고 딸을 되찾는다. 충칭에서도 소설가를 암살하는 대신 총수가 보낸 다른 암살자들을 물리치고 소설가를 지켜 낸다. 빨간 갑옷의 기사는 일본 아니메 〈세일러 문〉의 캐릭터를 흉내 내고, 되는대로 우스꽝스러운 '브리콜라주Bricolage' 초능력을 실행하는 코믹한 암살자들은 〈히어로즈〉 등의 미국 드라마 캐릭터를 풍자했다. 이렇게 중국의 MZ세대가 일본과 서구 대중문화에 영향을 받아 만든 B급 상상력이 넘치는 작품들을 '2차원 문화'라고 부른다. 만화 혹은 '망가'가 펼쳐지는 '2차원 공간'을 의미한다.

영화의 주인공인 루저 웹소설가와 전직 은행원은 둘 다 작가 쌍쉐타오의 분신이다. 알고 보니 그는 대학을 졸업하고 은행원으로 일하다가 10년 만에 소설가로 데뷔했다고 한다. "그런데 중국은 한국과 마찬가지로 '신자유주의' 사회가 된 지 이미 오래다. 여기서 시장과 사회를 지배하는 대자본가를 처단하겠다는 뻔한 결기 말고는 대체 무슨 이야기를 하고 싶은 거지?" 마침 자신이 대주주인 앤트파이낸셜 등 금융산업 정부 규제에 대해 불만을 토로하다가 공산당의 눈 밖에 난 마윈이 공중의 시야에서 사라진 지 얼마 되지 않은 시점이었다. 뒤늦게 《비행가》를 찾아 읽고 원작이 웹소설과 아무 연관 없는 80허우 소설가의 순문학 작품이라는 사실을 알게 되었다. 쌍쉐타오는 등단 직후부터 대만과 대륙의 문학상을 차례로 휩쓸어 왔다.

다시 자본주의의 야만으로 돌아간 사회주의

《역사, 기억, 생산》이라는 둥베이 지역 문화 연구서를 보면, 조선족 자치구가 있는 그 지역에 대해 우리가 흔히 가진 편견과는 다른 역사적 사실을 알게 된다. 일제의 만주국이 남겨 놓은 공업 기반과 6·25 전쟁을 계기로 시작된 소련의 지원에 힘입어 1949년에 갓 건국한 '공화국의 장자' 노릇을 톡톡히 해낸 곳이다. 이곳은 1950년대에서 1970년대 사이에 중국에서 가장 부유한 지역이었다. 그리고 사회주의식 노동자 문화를 꽃피워 민중들이 노동자 신분을 자랑스럽게 여기던 한 시대를 만들어 냈다.

1978년 중국의 개혁 개방은 한때 농촌과 지역에 일시적인 경제적 부흥을 가져왔다. 하지만 1990년대 중국 경제가 동남 연안 지역의 수출 공단을 중심으로 글로벌 경제에 편입되기 시작하면서 둥베이의 대공장은 구조 조정으로 문을 닫게 되었다. 특히 공장의 자산들이 조각조각 나뉘어 사기업에 팔려 나갔다. 소설의 소설 속 경성이 적발귀에게 매각당한 것은 선양 등의 둥베이 도시들이 당시에 실제로 겪었던 일이다. 이를 반대하고 공공의 자산을 보호하고 싶어 하던 이상주의자들은 사적 이익을 노리는 소인배들에게 문자 그대로 '암살'되었다. 이는 적발귀에게 죽임을 당한 청년 무사의 아버지 지우텐ㅅ天 장군의 이야기이자, 총수에게 암살된 청년 소설가의 아버지 이야기이다. 《비행가》 안의 다른 소설 속에서도 유사한 공장의 비극들이 직접적으로 묘사된다. 그렇게 둥베이는 점점 슬픈 광야가 되어 갔다. 둥베이 문학과 영상 예술은 이 과정에서 벌어진 비루하면서 아름답고, 비장하면서 익

살스러운 이곳 사람들의 만인보萬人步를 그려 나간 작품들이다.

인류학자 조문영의 민족 기술지에 의하면 이때 정리 해고를 당해 길거리의 노점상으로 나앉은 후에도 체면에 죽고 사는 둥베이의 노동자들은 자신들의 곤궁조차 마음 놓고 호소하지 못했다고 한다. 하지만 그 자녀 세대인 80허우 노동자들은 자본주의 정글에서 생존하기 위해 필살기를 갖춰야 한다는 사실을 일찌감치 터득했다. 쌍쉐타오도 이들 중 한 명일 것이다. 청소년기에 IMF 사태를 겪은 한국의 밀레니얼 세대와 크게 다르지 않다.

2000년대 초반 둥베이의 향토적인 사회주의 오락 문화가 키워 낸 희극인 자오번산趙本山이 주도하는 드라마들이 큰 인기를 끌었다. 해고된 둥베이 노동자들이 베이징을 비롯한 대도시에 진입하기 위해 분투하는 이야기다. '촌스럽고 거친' 둥베이인들의 위화감이 주요한 웃음 소재였다. 이를 전후해 '둥베이 문예 부흥'이라는 말도 유행하기 시작했다.

리얼리즘의 대가 지아장커도 둥베이에 대한 기억을 가상 다큐멘터리 〈24성 이야기二十四城記〉로 제작했다. 이 영화는 1960~1970년대 서부 내륙의 후방 지대로 군수용 공업 시설을 이전하는 삼선 발전 정책에 따라 랴오닝遼寧성의 선양에서 수천 킬로미터 떨어진 쓰촨성 청두로 이주한 한 군수 공장 단지에 거주했던 노동자 군상과 그 가족들의 연대기다. 국영 기업의 일터와 그 임직원이 거주하는 사택 단지가 하나의 독립된 공동체이자 세계였던 중국의 '대원' 문화를 잘 묘사했다. 한국의 강우석 감독이 투자한 블랙 코미디 〈공장의 피아노鋼的琴〉도 둥베이의 회한을 연극적 연출로 표현한다. 둥베이의 황금 시절에 대한 노동자들의 향수와 이를 재현하고 싶은 의지는 극중극의 환상 속에서만 아름다운 기억으로 재생된다.

2010년대에 들어 이번에는 80허우 희극 배우 따펑大鵬이 둥베이 출신 농민을 지식 노동자와 사업가로 업그레이드시킨 〈루저남屌絲男士〉 시리즈를 내놓아 성공을 거뒀다. 그런데 2020년, 그는 뜻밖에도 자신의 실제 고향 마을을 배경으로 친지들을 배우로 동원해 '하나도 웃기지 않은' 극영화를 선보였다. 영화 〈길상여의吉祥如意〉는 치매에 걸린 아버지와 고향에 돌아와 아버지의 장례를 치르는 딸을 주인공으로 삼아 동아시아의 향촌 마을과 징글징글한 친족 관계가 '살아 있는 화석'처럼 남아 있는 둥베이 이야기를 극사실주의적으로 표현했다. 젊은 희극 배우가 둥베이 문예 부흥을 이어 가는 셈이다.

"영화 속에선 소설의 시작 배경인 백두산도 이름을 지워 둥베이라는 장소성을 희석했더군요. 마윈을 현실에서 물러나게 한 건 소설로 현실을 바꿀 수 있다고 믿는 예술가가 아니라, 소설 속에서는 이미 죽어 버린 '시황제'잖아요? 지금 중국에서 대자본 욕하는 것만큼 쉬운 일이 어디 있어요? 중국 평론가들은 둥베이 문학을 웰메이드 차이니즈 판타지로 완전히 탈바꿈시킨 감독의 역량을 극찬하더군요. 결국 자신들이 느끼는 현실의 무력감을 철 지난 포스트모던 타령으로 때우려는 것 아닌가요?" 이러한 직설적인 질문에 젊은 중국인 평론가는 의미심장하게 답한다. "제가 보니 이 소설은 왕샤오보王小波의 대표작《완쇼우쓰萬壽寺》의 형식을 차용하고 있네요."

중국의 카프카나 조이스로 불리는 요절한 천재 작가 왕샤오보는 글 좀 쓰고 싶어 하는 중국 젊은이들이 한시절의 성장통처럼 빠져드는 대표적인 자유주의 지식인이다. 쌍쉐타오도 예외가 아니었다. 액자 소설 형식을 가진 이 소설은 명문가 출신 한족 무장으로 한때 안녹산의 난에 가담했다가 다시 황제에게 투항한 역사적 인물 설숭薛嵩(그의 할아버지가 바로 고구려를 멸망시킨 설인귀다!)과 그 주위 여성들의 이야기가 중심이다. 이 설화를 이리 비틀고 저리 뒤집어 변주하는 수많은 '리셋' 서사를 반복하면서 권력자와 지식인을 통렬하게 풍자한 소설 속 작가의 입담에 배꼽을 잡게 된다. 만일 쌍쉐타오가 정말로 이 소설을 왕샤오보에게 헌정하려는 의도가 있었다면 그의 중국 근대성 비판은 실로 매우 중층적일 것이다.

둥베이 기질, 한반도와의 특별한 인연

쌍쉐타오는 앞에서 다룬 '이상국 문학상'의 제3회 수상자다. 그의 또 다른 대표작 《평원 위의 모세》는 2021년에 영화화되었고, 2022년에는 드라마로 만들어져 베를린 영화제에 출품되었다. 쌍쉐타오 외에도 적지 않은 둥베이 출신 소설가가 문학 애호가들의 입길에 오르내리고 있다. 둥베이 문학은 중국에서 남방 문학과 함께 가장 주목받는 지역 문학이다. 그래서 앞으로는 한국과 둥베이 문학 혹은 한국과 남방 문학, 이런 식의 교류가 더 많이 진행되면 어떨까 하는 생각을 하게 된다.

나는 '한중 문화 교류'와 같은 이름을 가진 행사에 거부감을 가지고 있는데 '중국'으로 대표되는 '차이나 유니버스'의 폭이 한국과 비교하면 너무 거대하고 깊기 때문이다. 이렇게 추상화된 표제도 그 나름의 의미야 없지 않겠지만 스테레오타입만을 다루기 쉬워서 사람과 사람의 지속적인 소통과 교류를 가능하게 하기는 무리라고 생각한다. 오히려 이런 만남은 지역에서 출발해 필요할 때만 전체로 폭을 넓혀 가는 것이 좋다.

'둥베이 문예 부흥'이라는 말이 시사하는 바처럼 둥베이 문학뿐 아니라 둥베이 출신 영화감독, 배우, 평론가들이 중국 문화 예술계에 폭넓게 포진하고 있는 것도 주목할 만하다. 앞에 소개한 영화에서도 빌런 역할을 맡은 위허웨이於和偉, 그를 물리치는 전직 은행원 레이자인雷佳音 모두 둥베이 출신이다.

젊은 평론가들을 중심으로 주의를 기울여 그들의 이야기를 들어 보면 한민족이나 한반도에 특별한 감정을 품고 있는 것 같다. 성장 과정에서 조선족 동포들과의 잦은 교류가 낳은 지식과 경험, 6·25 전쟁을 통해 한반도 양쪽 국가와 그들의 조상들이 맺게 된 남다른 인연, 그리고 1990년대 이후 다양한 한류 문화를 접할 기회가 상대적으로 많았기 때문에 생긴 감각들이다.

이 '애증'에 가까운 감정은 우리가 공유하는 문화와 역사가 만들어 낸 결과다. 둥베이의 한족은 특히 조상들이 산둥반도에서 이주한 경우가 많기 때문에 이 역사는 고대로부터 이어진 다양하고 복잡한 서사의 선을 가지고 있다. 예를 들어 이들의 식문화는 조선족과 매우 다르면서도 유사한 부분이 적지 않은데 이는 다른 지역의 중국인들에게서 발견하기 힘든 점이다. 그들은 조선족의 김치나 된장에도 익숙하지만 원래 그들의 음식인 '배추 쑤안차이酸菜'나 '둥베이 따장大醬'도 제조 과정이나 맛에서 유사한 점이 적지 않다. 심지어 생채소, 그리고 특히 자극성이 강한 대파를 따장에 찍어 먹는 습관은 우리가 마늘이나 고추를 쌈장에 찍어 먹는 것을 떠올리게 한다. 이 습관은 산둥 사람들도 공유하고 있다고 하니 이런 식문화가 언제부터 어떻게 상호 간에 영향을 끼치고 공유되었는지 궁금증을 자아내게 한다.

한국인들이 이 지역의 조선족에 대해 품고 있던 복잡한 심경, 특히 부정적인 편견과 멸시의 감정은 조금 더 거리를 두고 둥베이 출신 한족들에게도 투사되어 있다고 말할 수 있다. 고구려 역사 귀속 문제를 두고 한국인과 감정적 대립을 벌이는 이들은 주로 둥베이의 역사학자들이고 베이징 동계 올림픽 쇼트트랙 경기에서 금메달을 두고 한국인들과 거친 몸싸움과 설전을 벌였던 이들도 둥베이 출신이다. 지금은 서로 이렇게 많은 갈등을 빚고 있지만 편견을 거둬들이고 상호 이해를 넓히는 소통을 진행한다면 충분히 긍정적인 에너지를 창출할 수 있다는 '느낌적 느낌'을 나는 늘 가지고 있다. '무플'보다는 '악플'이 낫기 때문이다.

둥베이의 쇠퇴와 인구 유실 문제가 가볍지 않다고 본 중국 정부는 둥베이 진흥東北振興을 외치며 지역 경제와 그 기반이 되는 대형 국유기업을 살리기 위해 뒤늦게 돈을 쏟아붓고 있다. 하지만 둥베이 문예 부흥과 달리 중국 정부의 대규모 투자는 별다른 효과를 거두지 못하고 있다.

둥베이의 대표 도시 중 한 곳인 항구 도시 다롄大連은 원래 한국이나 일본과의 교류가 많은 곳이고 한때 광둥성의 홍콩이나 심천 같은 발전을 꿈꿨다고 한다. 하지만 둥베이 지역과 한일 사이를 가로막고 있는 북한의 존재 때문에 한계에 부딪힌 채 정체 상태에서 벗어나지 못하고

있다. 둥베이 쇠퇴의 주요 원인 중 하나가 어디에 있는지 짐작하게 하
는 사례다. 2010년대의 10년간 둥베이 지역은 인구가 30퍼센트 감소
했다고 한다. 지금과 같은 동아시아와 동북아의 갈등이 지속된다면 둥
베이 진흥은 영원한 숙제로 남을 것이다.

100년 전 이 지역에서 저들이 내세운 구호인 '협력 및 화합協和'과
달리 이곳에 거주하던 만주족, 조선족, 한족, 몽골족, 일본의 오족五族
을 고통에 빠뜨린 일본 제국주의의 만행은 여전히 역사의 트라우마로
남아 있다. 백약이 무효라지만 북한과 한국, 일본, 중국, 러시아, 미국
이 열린 마음으로 '신오국협화新五國協和'를 이룰 수 있다면 둥베이에 다
시 공화국의 봄이 찾아올지도 모르겠다.

중국인의 '생활 세계'를 찾아서

내가 처음으로 중국 문화에 관심을 갖게 된 것은 1980년대 초에 방영되었던 NHK의 다큐멘터리 〈실크로드〉를 보고 난 직후였다. 일본의 신시사이저 음악가 키타로의 배경 음악이 흐르는 가운데 펼쳐지는 둔황 천불동의 아름다운 벽화가 너무나 강렬한 인상을 남긴 나머지 당시 중학생이었던 나는 한때 역사학도가 되고 싶다는 꿈을 꾸었다.

본문에서도 소개하고 있지만 내 지인들 중 어린 시절에 중국 고전 문화 등을 접하고 중국에 대한 환상적 이미지를 가지게 된 사람이 여럿 있다. 바로 중장년 세대가 기억하는 우아하고 장엄한 중화 문명의 세계다. 그래서 이들은 중국에 대해 상당한 호감을 품고 있었는데 성인이 된 후 여행객으로 혹은 출장차 중국을 방문했을 때도 이 점은 크게 달라지지 않았다. 주로 2010년 이전까지 한국과 함께 성장하고 번영하되 위협적이지는 않은 중국, 현실에서 우리보다는 '한 수 아래인 개발 도상국, 중국'을 기억하고 있기 때문이다.

최근 몇 년 사이 이들 중에 크고 작은 반중 정서를 품게 된 사람이 있다. 이들의 공통적인 경험 가운데 하나는 해외에서 만난 중국 출신 유학생들과 벌인 불쾌한 설전이다. 대부분 중화와 조선의 역사적 관계, 대만과 홍콩의 정치적 위상, 신장과 티베트의 인권 문제가 도화선이 되었다. 반면 한국의 MZ세대가 혐중 감정을 품게 된 주요한 이유 중 하나는 이들이 어린 시절부터 '대륙의 ○○○'이라는 중국 관련 밈들을 보고 자랐기 때문이라고 한다. 대부분 기초적인 한자 독해 능력도 없는 이들에게 애당초 '우아한 중국'의 세계라는 것은 존재하지 않는다.

하지만 내가 보기에 두 그룹은 공통점을 갖고 있다. 그들은 현실에서 '중국인들의 생활 세계'를 제대로 경험해 본 적이 없다. 고전 문명의 판타지와 대륙 밈의 우스꽝스런 이미지 사이에 '살과 피로 이뤄진 진짜 중국인'들은 존재하지 않는다. 그럼에도 불구하고 이들이 중국인을 잘 안다고 생각하는 이유는 한국을 비롯해 중국 바깥에서 만났던 중국 유학생들과의 조우 경험 때문이다. 문제는 그들이 중국인들의 입체적인 면모를 파악할 수 있을 정도로 깊은 교류를 나누지 않는 이상, 이 경험이 보통 중국인들의 평범한 생활 세계와 맥락을 제대로 대변한다고 보기 힘들다는 점이다.

MZ세대의 중국 유학생들은 과거의 중국 유학생들과 상당한 의식의 차이를 보인다. 과거에는 기본적으로 서구 사회 체제와 문화에 대한 동경 때문에 중국을 떠났던 사람들이 주류였는데, 지금의 중국 청년들은 극소수의 자유주의자들을 제외하면 서구 체제의 우월성을 인정하지 않는다고 한다. 그런데 해외에서 접하는 중국에 대한 부정적인 눈길 때문에 그들은 방어적인 자세를 취하거나 혹은 역으로 공세적인 태도를 보인다. 특히 이들의 직접적인 공격 상대는 홍콩이나 대만 사람들인데 그다음으로는 한국 사람이 제일 '만만한 것' 같다. 이유는 간단하다. '자기편'일 거라고 생각하는 사람들이 오히려 자기를 적대시한다고 느끼면 사람들은 '생판 남'보다 더 미워하는 경향이 있다. 나는 책의 본문에서 홍콩이나 대만은 일종의 내부 소중화, 한국이나 베트남은 외부 소중화의 역사를 가지고 있다는 주장을 펼쳤는데 그래서 중국인들도 오랫동안 이들을 '자기편'이라 인식해 왔던 것이다.

내가 들어가는 글에서 언급했던 장년의 중국인들도 실은 해외에서 동양인 차별에 대한 억눌린 정서를 갖고 있었을 것이다. 하지만 과거에는 감히 이를 마음대로 표출할 수 없었다. 그래서 자신의 홈그라운드인 중국의 베이징, 상하이에 돌아와서만 애꿎은 나에게 화풀이를 할 수 있었던 것이다. 나는 그런 경험들이 무척 기분 나쁘긴 했지만 오랜 기간에 걸쳐 중국 내외부의 변화를 목격할 수 있었고 세대별로, 그리고 장소에 따라 중국인들이 어떻게 다르게 생각하고 행동하는지 관찰했기 때문에 그들을 어느 정도 이해할 수 있게 되었다. 결정적으로 나는 2015년경부터 예전과 달리 농촌이나 교외 지역에서 중국인들과 함께 가족처럼 혹은 가족으로 생활하면서 더 깊이 중국 사람들의 '생활 세계'를 경험할 수 있었다.

과거에도 한일과 같은 중국의 주변 국가 사람들은 중화 문명과 중국인들의 생활 세계에 대한 거대한 인식의 갭을 지니고 있었다고 한다. 재일 교포 출신으로 교토대학교의 한학 전문가인 김문경은 유교의 고전과 당송 시가唐宋詩歌를 통해 중국 고전 문학을 공부했던 자신이 1970년대 홍콩에서 전통 음악극을 접하고 충격을 받았던 경험을 술회한다. 책에 기록된 문인과 상류층의 고급문화와 시청각을 통해 접한, 보통 사람들이 즐기던 대중문화에서 표현되는 언어와 생활 모습의 차이가 무척 컸기 때문이다. 전통 시대에는 극소수의 사신을 제외하면 중국 사람들의 생활을 접할 기회가 있던 사람들은 훨씬 더 적었을 것이다. 나는 이 책에서 한중 민간의 관계를 개선하기 위한 몇 가지 제안을 하고 있는데, 가장 중요한 것은 결국 이들의 '생활 세계'를 경험하는 것이다.

중국인 연구자 주효뢰는 《식민지 조선 지식인, 혼돈의 중국으로 가다》라는 박사 연구 결과에서 근대 계몽기(1895~1910년)와 1920년대 조선 지식인들의 대중국관을 추적하고 비교한다. 특히 1920년대 각각 중국의 만주, 상하이, 베이징을 방문했던 지식인들이 자신들의 배경과 장소성, 교류했던 사람들, 그리고 근대화의 참조점으로 삼고자 했던 대상에 따라 전혀 다른 관찰 결과들을 보이는 것을 설명하고 해석한다. 신기하게도 내가 중학생 시절 이래 오랜 기간 중국을 바라보며 가졌던 관점들이 100년 전 조선의 지식인들의 생각 거의 모두를 망라하고 있다는 것을 깨달았다. 특히 전통적인 유교 지식인들이 가졌던 모화사상으로부터 고토 회복을 꿈꾸는 유사 제국주의적 성격을 가진 초기 민족주의와 반제 연대 의식 속에 동맹을 얻고자 하는 민족주의, 일본과 서구를 근대의 준거로 삼을 때 가졌던 중국을 낮춰 보는 인식, 그리고 다시 중국을 같은 눈높이에서 바라보며 다원적 근대관 속에 한국 사회를 생각하게 되는 과정이 그러하다. 심지어 소소하게 자본주의와 근대가 과잉된 상하이에 대해 한때 가졌던 멸시와 경계의 감정까지 포함된다. 결과적으로 나는 내가 그들을 어떻게 바라보는지가 아니라 중국의 지식인이나 보통 사람들이 세상을 어떻게 바라보는지 오랜 시간 되새김질해 본 후에야 그들의 생활 세계를 어느 정도 이해할 수 있게 되었다.

그래서 이제 들어가는 글에서 이야기했던 아껴 둔 방법 한 가지를 이야기해 볼까 한다. 우리가 다른 국가나 민족의 성원과 관계를 맺는 것을 흔히 국제國際 관계 혹은 '인터내셔널international'이라고 말하지만 '트랜스내셔널transnational'이라는 표현도 있다. 두 어휘의 차이는 무엇인가? 인터내셔널은 피차의 국가 정체성이 매우 명확한 경우다. 나는 한국인, 너는 중국인 이런 식으로 선을 긋는다. 대표적인 것이 외교 관계나 스포츠 국가 대항전 같은 것이다. 이런 만남에서 우리는 자국, 자기 민족의 입장과 이익을 극대화하는 프로토콜을 취해야 한다. 국가 원수나 외교관들의 언행과 처신에서는 두말할 필요가 없다.

'트랜스내셔널'은 이런 국가나 민족에 대한 정체성보다 다른 신분, 가치, 주제가 더 중요해 민족 정체성을 상대적으로 덜 고려하는 경우다. 한국인인 나와 중국인 아내는 국적은 다르지만 우리는 가정을 이루고 있기 때문에 단지 상대방이 다른 민족이거나 다른 국적을 가졌다는 이유만으로 상호 간의 이익을 다투어서는 안 된다. 조선족 동포들 같은 경우라면 국적과 민족이 다르기 때문에 역시 단일한 정체성을 가질 수 없다. 그것은 재일 교포든 재미 교포든 모두 마찬가지다. 그래서 우리와 같이 트랜스내셔널한 정체성을 갖게 되면 한쪽 국가나 민족의 입장을 일방적으로 두둔하기보다 양쪽의 입장을 번갈아 가며 생각해

볼 수밖에 없게 된다. 예전에는 이런 태도가 '박쥐 같다'며 놀림의 대
상으로 삼기도 했지만 개방성을 지향해야 하는 오늘날 한국의 입장에
서는 더 요긴해진 관점이라고 생각한다.

들어가는 글에서 중화주의와의 불쾌한 접촉 사례로 언급했던 '한
글', 즉 훈민정음의 창제와 관련된 트랜스내셔널한 역사를 살펴보면
역설적인 사실도 발견할 수 있다. 여기서 말하는 트랜스내셔널은 '초
국가적'으로 번역되는데, 위에서 설명한 개인의 정체성이 아니라 톱다
운top-down 관점에서 바라본 것이다. 국가와 민족의 정체성을 뛰어넘는
글로벌 문명과 패권은 초국가적 성격을 갖는다. 현재 미국이 가진 자
유 민주주의의 담론 권력이나 달러 패권 같은 것이 예다. 전통 시대의
중화 문명도 동아시아 지역에서 초국가적 성격을 띠고 있었다.

한국사 연구자 정다함에 따르면 훈민정음이 만들어진 주요한 목적
중 하나는 명나라의 주원장이 새롭게 정의한 표준어인 홍무정운洪武正
韻의 발음을 정확히 표기함으로써 명과 조선이라는 두 신생국이 사대
관계를 재정립하고 불안정한 지역 정세를 안정시키는 것이었다고 한
다. 동시에 이와 구별되는 동국정운東國正韻으로 조선의 한자어 발음을
따로 정의한 것은, 당시의 보편 문명인 중화의 체계 안에서 조선의 왕
권을 강화하기 위한 것이었기 때문에 훈민정음은 기실 중국화와 탈중
국화의 2가지 역설적 의미를 함께 가진 것이었다고 한다. 한문학자 강
명관도 훗날 이뤄진 한글의 창제가 당대 가장 글로벌한 환경을 가지고
있던 원나라의 수도 베이징에 고려의 지식인들이 머물면서 다양한 표
음 문자를 접할 기회가 있었기에 가능한 기획이었다고 추정한다. 일국
의 자주성만을 강조하는 민족주의적 관점과 전체 그림을 함께 바라볼

수 있는 트랜스내셔널한 관점 중 어떤 것이 역사적 사실의 입체성을 드러낼 수 있는지 보여 주는 좋은 사례다.

물론 사실이 그러하다고 해서 우리가 글로벌 혹은 지역적 패권의 초국가적 작용을 무비판적으로 수용해야 한다는 의미는 아니다. 나는 우리가 이를 조금 중립적으로 받아들이기를 희망할 뿐이다. 다시 전자의 트랜스내셔널한 관점을 경험할 수 있는 아주 좋은 예술적 사례가 있다. 조선족 출신의 장률張律 감독은 한중 양국 모두를 대표하는 소설가 출신의 예술 영화 작가다. 〈경주〉와 같은 그의 영화 대부분은 동아시아 지역에서 경계인의 정서적 세계를 탐험한다. 무대가 되는 소도시에서 다양한 정체성을 가진 인물이 등장하고 남녀 간 애정을 포함한 희로애락의 심리와 일상의 소역사, 대역사가 교차하는 그의 영화에서, 긴장을 풀고 이 모호한 감각을 느껴 볼 수 있다. 장률의 영화들은 사람들의 왕래를 통해 국경 너머의 도시 두세 개를 시공간적으로 잇고 있다. 보다 정확히 이야기하자면 이는 트랜스내셔널인 동시에 아마도 트랜스로컬이라고 불릴 수 있을 것이고, 여행자도 디아스포라도 아닌 요새 청년들의 물리적 유동과 지역에 대한 애매한 심리적 귀속감sentimental attachment을 잘 표현하는 것으로 여겨진다. '○○○에서 한 달 살기'와 같은 솔깃한 제안들 말이다.

또 다른 예로, 우리가 중국과 심하게 다퉜던 김치의 경우처럼 국경을 넘나드는 음식 문화를 트랜스내셔널한 관점으로 바라보면 아주 재미난 사실들을 발견하게 된다. 한중일 삼국 모두 간장, 된장이 있는데 제조 방법은 같으면서도 다른 점이 있다. 특히 중국은 남쪽과 북쪽의 제조 방법이 다른데 남쪽은 콩을 찐 후 밀가루를 묻혀 낱알 그대로 발효시키지만 북쪽, 특히 동북 지방은 메주를 성형해 발효시킨다는 점이 한국과 매우 유사하다. 하지만 한중일 모두 원재료는 동일하게 콩, 물, 소금이다. 또 중국과 일본은 간장과 된장을 처음부터 나눠 만드는데 한국만은 간장과 된장을 한 독에서 발효시키다가 중간에 장 가름을 하고 다시 따로 숙성시키는 과정을 거친다. 왜 이런 차이가 발생한 것일까? 정확한 이유는 알 수 없지만 기후와 지역의 미생물과 같은 미묘한 환경 차이가 이런 공정과 맛의 차이를 가져왔을 것이다. 이런 질문들에 대한 답을 찾아가는 과정은 한 편의 추리 소설을 읽는 것처럼 흥미진진한데, 여기서 원조가 어느 나라인지만을 따지는 것은 마치 소설은 읽기 싫으니 범인이 누구인지 결론만 알려 달라고 떼를 쓰는 짓처럼 느껴진다. 물론 우리 사회에 만연한 '과정을 즐기기보다는 결과만을 중시하는' 풍조도 영향을 끼치고 있을 것이다.

트랜스내셔널이란 말이 근사하게 들리긴 하지만 아마도 대부분의 사람에게는 더 궁금한 점이 있을 것이다. 과연 한국은 앞으로 중국과 상호 협력적인 윈윈의 관계를 회복할 수 있을까? 경제적 협력 관계에서 상호 간의 블루 오션을 발견할 수 있을까? 나는 경제 전문가가 아니라 이 질문에 답할 만한 식견은 없다. 하지만 내가 늘 재미있게 살펴보는 사례 한 가지를 들어 어떤 미래가 예견되는지 설명해 보겠다. 나는 우리 동네 슈퍼마켓에 갈 때마다 라면 매대를 눈여겨보는 습관이 있다. 중국은 나라가 크고 지역별로 식습관이 다양한 탓에 문자 그대로 수천 종, 수만 종 이상의 면 식문화가 존재한다. 그리고 라면 브랜드도 엄청나게 많지만 개중에도 전국적 브랜드 파워를 가진 업체는 두세 곳 정도에 불과하다. 나머지는 지역의 밀면이나 쌀국수 문화로 특화된 로컬 브랜드인 경우가 많다. 그런데 이런 전국 브랜드 라면의 경우 신제품이 지속적으로 출시됨에도 불구하고 마치 한국의 모 제품들처럼 항상 인기를 끄는 클래식은 3~4개 정도뿐이다. 그리고 매장에 주로 깔리는 것은 5~7가지 맛에 불과하다. 흥미로운 것은 이 중에 '한국 소고기 탕면'이 눈에 띈다는 것이다.

예전 중국 내 한국 특수가 있었을 때 한국산 특정 제품이나 브랜드가 중국 시장의 30퍼센트 이상을 차지한다고 열광하던 시절이 있었다. 그런데 이는 과도기적 현상일 뿐 지속 가능한 것은 아니다. 어떤 나라든 제조업이 발전하면 자국 브랜드의 시장 점유율이 높아질 수밖에 없기 때문이다. 예외는 특수한 시장이나 특수한 제품군의 글로벌 브랜드 영향력이 엄청나게 강한 경우다. 이를테면 네슬레의 믹스커피라든가 아이폰이나 나이키 신발 같은 것이 좋은 사례다. 한국도 삼성의 스마트폰처럼 이런 브랜드들이 몇 개 있긴 하지만 중국 시장에서 이런 위치를 계속 점하리라는 보장은 애초에 없었다. 나이키는 아직 건재하지만 아디다스는 갈수록 중국에서 부진하다. 그 자리를 중국산 브랜드들이 잠식하고 있다.

중국은 결국 하나의 '문명권'으로 복귀하고 싶어 하기 때문에 자국 시장을 키우고 일정한 개방성을 유지해야 하는 플랫폼 국가를 지향할 수밖에 없다. 미국의 시대가 저물면서 하나의 제국이 전 세계를 호령하던 시기도 저물겠지만 대신 복수의 중심이 형성될 것으로 보인다. 중국은 유력한 그 후보 중의 한 곳이다. 그래서 아무리 자국의 산업이 발전한다고 해도 자국 시장 내에 해외 브랜드와 수입 문화의 공간을 마련할 수밖에 없다. 제국의 문화와 문명은 다양한 지역의 것을 받아들여 융합하고 주조하는 과정을 통해 성장하기 때문이다.

책 속에서 여러 차례 인정한 것처럼 우리는 민족주의를 완전히 탈피할 수 없다. 반중도, 반일도 사안에 따라 냉온탕을 오갈 수밖에 없는 감정이다. 하지만 여전히 경계해야 할 것은 문화 결정론이다. 나는 일본에 3년간 거주한 경험이 있어서 직장에 다니면서 보통 일본 사람들과 어울릴 기회가 있었고 나중에 직장을 그만둔 후에는 진보적인 생태주의자들과 더 많이 알고 지내기도 했다. 그래서 일본인들의 비교적 다양한 삶의 방식과 시각을 관찰할 수 있었다.

그런데 문재인 대통령 재임 기간 중 한일 관계의 변화를 목도하면서 적지 않은 당혹감을 느꼈다. 가장 핵심적인 것은 '한국의 민족주의'를 일본인 친구들이 어떻게 받아들이느냐는 것이었다. 그전까지만 해도 나는 민족주의를 상당히 긍정하는 편이었고 한국의 동료 시민들처럼 한국 사회의 병폐와 만악의 근원은 일제 식민지 경험이라고 생각했다. 또 내가 알던 일본의 좌파 진보나 리버럴 시민들도 대체적으로 식민지, 내전, 독재정의 100년을 극복하고 민주정 사회로 발전하는 데 기여한 한국의 민족주의적 입장을 지지하고 있다고 느꼈다. 어느 날 한 일본 친구가 페이스북을 통해 당황스러운 질문을 던진 적이 있다. "문재인 대통령은 반일주의자가 아닙니까?" 나는 "내가 생각하기에 문 대통령은 한국 내에서 일종의 역사 바로잡기 작업을 하고 있을 뿐 반일 감정을 가진 것은 아닙니다. 특히 극우적인 아베 정부와 그 지지자들을 반대하는 것이지, 우리와 오랜 우의를 유지해 온 일본의 시민들에게 반감을 품고 있는 것이 아닙니다"라고 차분히 설명했다. 하지만 일본 친구는 반신반의했다.

위안부나 강제 징용 배상 등의 문제 해결이 쉽지 않은 것은 이 사안들이 과거의 전통적인 이념적 논의, 그리고 정체성 정치와 같은 새로운 도덕의 층위를 어지럽게 교차할 뿐 아니라 '민족 감정'과 '부족주의'라는, 이념만으로는 설명할 수 없는 심층적인 감정선을 건드리기 때문이다. 사람들이 화를 내고 서로를 증오하면서도 겉으로는 이런저런 도덕적 정당성을 앞세우는 논쟁을 벌이지만, 도대체 왜 이렇게 감정적이 되는지에 대해서는 말하고 싶어 하지 않는다. 나는 일본 친구에게 아마도 이런 보충 답변이 필요할 것이라고 생각하게 되었다.

"문재인 정부의 정치적 대의는 반일주의는 아니라고 생각합니다. 하지만 지지자들 중에 민족주의적 정서가 강한 분도 많이 있고 반일 감정을 품고 계신 분들도 있지요. 이런저런 도덕적 가치 판단과 민족 감정의 충돌이 있지만 한일 청년들은 서로의 문화를 꽤 좋아하는 것 같습니다. 그래서 가능하면 한일이 국가나 민족 공동체의 성원이라는 정체성의 수위를 조금 낮추고 일상의 필요에 따라 즐겁게 만날 수 있는 작은 공간과 기회가 더 많아졌으면 좋겠습니다. 하나의 거대한 분위기의 장에 사로잡히기보다 구체적인 사안에 따라 대처하고 문제를 해결하는 것이 합리적이라고 생각합니다."

한국인들에게는 분명히 '반일 정서'가 있다. 2019년 이후 한국 국가의 국제적 위상이 등락을 거듭하는 가운데 많은 한국인, 특히 그중에서도 상당수의 전문가가 일본을 과도하게 얕보거나 일본이라는 나라가 앞으로 잘 안되기를 바라는 자기 충족적인 예언을 하는 것을 보면서 확실히 그렇게 느꼈다.

넷플릭스 드라마 〈더 글로리〉가 세계적인 성공을 거두면서 일본인들은 이 드라마를 한국인과 다르게 받아들인다는 주장을 하는 사람들이 있었다. 일본인들은 원래 강자에 굴종하고 약자에게 잔인하게 굴기 때문에, 드라마에 묘사되는 것처럼 약자가 강자에게 반격을 가하는 서사에 공감을 하지 못한다는 설명이다. 이는 '문화 결정론'적이고 매우 '본질주의'적인 주장이다. 엄밀한 연구 결과가 아니라 개인이 한두 가지 사례를 들어 주장하는 것이기 때문에 실증성도 떨어진다.

이것을 한국의 극우 세력이 '반일 종족주의'라고 부르는 것에 나는 동의하지 않는다. 일본이 한국을 식민 지배하고 한국인들이 많은 고통을 당한 역사적 사실이 있는데 이 때문에 일본인을 원망하는 감정이 생긴 것 자체가 어째서 부당한 일이겠는가? 한국이 오랜 기간 일본에 이 문제를 지적했고, 일본 정부나 시민들이 이에 부분적으로 호응하기는 했지만 속 시원히 사과했다고 보기 힘들다.

중요한 것은 그런 역사적 은원보다 한국이라는 나라의 위상이 예전과 달리 일본과 대등한 입장이 되었다는 점에 있을 것이다. 이제 한일 관계가 그렇게 재조정되어야 하는데 한일 양측의 기성세대의 고정 관념은 잘 바뀌지 않는다. 위에서 내려다보던 일본 사람들은 이를 인정하기 힘들고, 그동안 쌓인 감정이 있는 한국인들은 쉽게 분노와 원망을 삭이지 못한다. 이것은 이념적으로 동지적 연대 관계를 맺고 있다고 믿었던 양국의 진보, 좌파, 생태주의자, 시민 영역에서도 마찬가지다. 차마 겉으로 드러내지 못하던 감정적 앙금이 없지 않았던 것이다. 이런 묵은 감정의 배출과 자연스러운 해소에는 더 많은 시간이 필요하다.

내가 이 책에서 주장한 한중 두 나라 국민들의 집단적인 잠재의식과 감정들, 특히 '르상+' 같은 내용은 이런 문화적, 역사적 배경에 기반한 설명들이다. 어쩔 수 없이 '문화적 결정론'의 형태를 띠게 된다. 하지만 나는 이런 주장이 우리의 과거와 현재를 설명하는 데 유용하게 사용되기를 바랄 뿐 우리의 미래에는 영향을 끼치지 않았으면 한다. 여기서 내가 제안하는 내용들은 그런 차원의 시각 전환을 촉구하는 것이다. 왜냐하면 문화는 우리의 사고방식과 행동에 영향을 끼치긴 하지만 '한 번 결정되면 영구불변'하는 것은 아니기 때문이다.

무명의 필자를 추천해 주신 조문영, 하남석 교수와《한겨레》의 박민희 논설위원, 부족한 글을 다듬어 주신 한겨레 출판사 편집진 여러분께 감사의 마음을 전하고 싶다. 나는 이 책을 통해 세간에 유행하는 '뒤집어 보기'를 유도하는 것은 아니다. '가치의 전도'가 아니라 '가치의 상대화'를 권할 뿐이다. 나, 우리와 그들의 유기적인 관계 속에서 세상을 이해하려는 작은 노력이다. 내 시도가 한 사람의 생각에 작은 변화라도 이끌어 낼 수 있을까? 그것은 알 수 없지만 독자 여러분의 의견은 내 생각에 변화를 만들 수 있을 것이다. 여러분들의 피드백도 기대해 본다.

참고문헌

들어가는 글

김유익, 〈지금 중국에는 딱히 '반한 정서'라고 할 만한 게 존재하지 않는다〉, 《시사인》, 2021년 6월 15일.

1부

김초엽, 《우리가 빛의 속도로 갈 수 없다면》, 허블, 2019.

정보라, 《저주토끼》, 래빗홀, 2023.

조석, 《문유》, 위즈덤하우스, 2017.

최병천, 《좋은 불평등》, 메디치미디어, 2022.

임명묵, 《K를 생각한다》, 사이드웨이, 2021.

천현우, 《쇳밥일지》, 문학동네, 2022.

거자오광, 이원석 옮김, 《이 중국에 거하라》, 글항아리, 2012.

류츠신, 이현아 옮김, 《삼체 1부: 삼체문제》, 자음과모음, 2022.

류츠신, 허유영 옮김, 《삼체 2부: 암흑의 숲》, 자음과모음, 2022.

류츠신, 허유영 옮김, 《삼체 3부: 사신의 영생》, 자음과모음, 2022.

하오징팡, 강초아 옮김, 《고독 깊은 곳》, 글항아리, 2018.

원톄쥔, 김진공 옮김, 《백년의 급진》, 돌베개, 2013.

원톄쥔, 김진공 옮김, 《여덟 번의 위기》, 돌베개, 2016.

나가오카 겐메이, 허보윤 옮김, 《디앤디파트먼트에서 배운다, 사람들이 모여드는 〈전하는 가게〉 만드는 법》, 에피그람, 2014.

야나기 무네요시, 이길진 옮김, 《공예의 길》, 신구문화사, 1994.

야나기 무네요시, 민병산 옮김, 《공예문화》, 신구문화사, 1994.

야나기 무네요시, 이길진 옮김, 《조선과 그 예술》, 신구문화사, 2006.

趙冬梅, 人間煙火: 掩埋在歷史裡的日常與人生, 中信出版集團, 2021.

趙冬梅, 法度與人心: 帝制時期人與制度的互動, 中信出版集團, 2021.

趙冬梅, 大宋之變, 1063-1086, 廣西師範大學出版社, 2020.

許紀霖, 脈動中國: 許紀霖的50堂傳統文化課, 上海三聯書店, 2021.

沐羽, 煙街, 木馬文化, 2022.

劉廣成, *被消失的香港*, 蓋亞, 2020.

王瑤, *未來的座標: 全球時代的中國科幻論集*, 上海文藝出版社, 2019.

夏笳, *寂寞的伏兵: 當代中國科幻短篇精選*, 三聯書店, 2017.

許子東, *重讀20世紀中國小說*, 上海三聯書店, 2021.

長角羚 蚊滋滋, *土里不土氣: 知識農夫的里山生活*, 上海人民出版社, 2022.

陸銘, *大國大城: 當代中國的統一, 發展與平衡*, 上海人民出版社, 2016.

陸銘, *向心城市: 邁向未來的活力, 宜居與和諧*, 上海人民出版社, 2022.

潘偉, *百工記*, 廣西師範大學出版社, 2021.

左靖, *百工01*, 同濟大學出版社, 2016.

王安憶, *天香*, 人民文學出版社, 2011.

TISM, "未竟的兩岸三地公民社會: 從《我們的青春, 在台灣》說起", *Matters*, 2021. 4. 7.

2부

쯔진천, 서성애 옮김, 《나쁜아이들》, 리플레이, 2021.

쯔진천, 최정숙 옮김, 《동트기 힘든 긴 밤》, 한스미디어, 2018.

홍호펑, 하남석 옮김, 《차이나 붐》, 글항아리, 2021.

波音, *無字史記*, 中信出版社, 2021.

錢德樑 (Erica Brindley), *古代中國與越 : 中國南方邊境的自我認知與族群認同 Ancient China and the Yue*, 八旗文化出版, 2022.

羅新, *有所不為的反叛者: 批判, 懷疑與想像力*, 上海三聯書店, 2019.

楊奎松, *鬼子來了: 現代中國之惑*, 廣西師範大學出版社, 2016.

【明】許仲琳, *封神演義*, 中華書局, 2009.

何懷宏, *世襲社會: 西周至春秋社會形態研究*, 北京大學出版社, 2011.

何懷宏, *選舉社會: 秦漢至晚清社會形態研究*, 北京大學出版社, 2017.

楊華, *縣鄉中國: 縣域治理現代化*, 中國人民大學出版社, 2022.

黃宗智, "'參與式社會主義'的中國道路？", 文化中橫, 第1期, 2023.

羅翔, *法治的細節*, 雲南人民出版社, 2021.

羅翔, *刑法學講義*, 雲南人民出版社, 2020.

贺雪峰, 김유익 옮김, "행정인가 자치인가?: 마을 단위에서의 거버넌스(行政还是自治: 村级治理向何处去)", 한역본 '다른백년' 웹사이트 *华中农业大学学报(社会科学版)*, 第6期, 2019.

Martine Robbeets, "Triangulation supports agricultural spread of the Transeurasian languages", Nature, Vol599, 2021, pp. 616~621.

Melinda A. Yang, "Ancient DNA indicates human population shifts and admixture in northern and southern China", Science, 369, 2020, pp. 282~288.

Chao Ning, "Ancient genomes from northern China suggest links between subsistence changes and human migration", *Nature Communication*, 2020.

3부

백승종,《신사와 선비》, 사우, 2018.

윤여일,《사상의 번역》, 현암사, 2014.

임동근, 김종배,《메트로폴리스 서울의 탄생》, 반비, 2015.

조문영 외,《민간중국》, 책과함께, 2022.

조형근,《우리 안의 친일》, 역사비평사, 2022.

에이미 추아, 김승진 옮김,《정치적 부족주의》, 부키, 2020.

샹뱌오, 우치, 김유익, 김명준, 우자한 옮김,《주변의 상실》, 글항아리, 2022.

제임스 C. 스콧, 이상국 옮김,《조미아, 지배받지 않는 사람들》, 삼천리, 2015.

오구라 기조, 조성환 옮김,《한국은 하나의 철학이다》, 모시는사람들, 2017.

오드 아르네 베스타, 옥창준 옮김,《제국과 의로운 민족》, 너머북스, 2022.

류하이룽, 김태연, 이현정, 홍주연 옮김,《아이돌이 된 국가》, 갈무리, 2022.

에드워드 왕, 김병순 옮김,《젓가락》, 따비, 2017.

페이샤오퉁, 장영석 옮김,《중국 사회문화의 원형》, 비봉출판사, 2011.

주효뢰,《식민지 조선 지식인, 혼돈의 중국으로 가다》, 소명출판, 2020.

패트릭 스미스, 노시내 옮김,《다른 누군가의 세기》, 마티, 2011.

김문경, 김용태 옮김,《한문과 동아시아》, 성균관대학교출판부, 2023.

김유익,〈중국에 대한 복잡한 감정들〉,《한편》6호, 2021.

정태인,〈미·중에 맞서는 '제3지대'〉,《시사인》, 2020년 11월 5일.

박민희,〈미-중 신냉전과 '천하삼분지계'〉,《한겨레신문》, 2020년 10월 29일.

박주연,〈[한중지식인 '중국을 말하다'] "중국 혁명은 사회주의가 아닌 민족자본주의 건설이었다"〉,《경향신문》, 2013년 10월 20일.

박노자,〈[박노자의 한국, 안과 밖] 한국인의 전례없는 친미화를 어떻게 볼 것인가〉,《한겨레신문》, 2023년 5월 16일.

曹雨, *中國食辣史: 辣椒在中國的四百年*, 北京聯合出版公司, 2019.

曹雨, *一嚼兩千年: 從藥品到癮品, 檳榔在中國的流行史*, 中信出版社, 2022.

葛劍雄, *統一與分裂: 中國歷史的啟示*, 商務印書館, 2013.

F. Helen Siu, *Tracing China: A Forty-Year Ethnographic Journey*, HongKong
   University Press, 2016.

Ho-fung Hung, City on the Edge: *HongKong under Chinese Rule*, Cambridge
   University Press, 2022.

Mun Young Cho, *The Spectre of "the People": Urban Poverty in Northeast China*,
   Cornell University Press, 2013.

Diana Zaw Win, Alson ZHAO, "Letters from Yangon", 藝術界LEAP, pp.46~63.

Japan's Indo-Pacific Plan-Have Japan's Investments Helped Alleviate ASEAN's
   Infrastructure Bottlenecks?, *Channel News Asia*, 2023. 1. 15.

Brian Murphy and Nicole Tung, "In Some of HongKong's neighborhoods, Chinese
   nationals are not welcome anymore", *The Washington Post*, 2019. 9. 13.

4부

백영서,《핵심현장에서 동아시아를 다시 묻다》, 창비, 2013.

홍명교,《사라진 나의 중국 친구에게》, 빨간소금, 2021.

박민희,《중국 딜레마》, 한겨레출판, 2021.

베네딕트 앤더슨, 서지원 옮김,《상상된 공동체》, 길, 2018.

자오팅양, 노승현 옮김,《천하체계》, 길, 2010.

費孝通, "中华民族的多元一体格局", 北京大学学报(哲学社会科学版), 1989. 4.

王笛, 碌碌有為: 微觀歷史視野下的中國社會與民眾, 中信出版社, 2022.

許紀霖, 家國天下: 現代中國的個人, 國家與世界認同, 上海人民出版社, 2017.

王華震, "金文京: 漢文如何在東亞世界傳播與變遷", 南方週末, 2022. 11. 24.

林棹, 潮汐圖, 上海文藝出版社, 2022.

程美寶, 遇見黃東, 北京師範大學出版社, 2021.

朱崇科, 馬華文學12家, 三聯書店, 2019.

張貴興, 猴杯, 四川人民出版社, 2020.

雙雪濤, 飛行家, 廣西師範大學出版社, 2017.

劉岩, 歷史, 記憶, 生產: 東北老工業基地文化研究, 中國言實業出版社, 2016.

王小波, 青銅時代, 長江文藝出版社, 2013.

雙雪濤, 平原上的摩西, 北京日報出版社, 2021.

項飆, 김유익 옮김, "중국의 사회과학, 지식 청년 시대의 종언(中国社会科学"知青时代"的终

結)", 한역본 '다른백년' 웹사이트 文化中橫, 12月號, 2015.

David Faure, *Emperor and Ancestor: State and Lineage in South China*, Standford University Press, 2007.

Se-Woong Koo, "I love the country I was told to hate and I'm not alone", *NY Times*, 2023. 4. 10.

나가는 글

정다함, 〈麗末鮮初의 동아시아 질서와 朝鮮에서의 漢語, 漢吏文, 訓民正音〉, 《한국사학보》36호, 2009, 269~305쪽.